药 学 导 论

主　编　徐德锋　王建浩

副主编　胡　航　孟　启　周舒文

编　者（按姓氏笔画排序）

　　　　王建浩　朱天宇

　　　　周舒文　孟　启

　　　　胡　航　徐德锋

科学出版社

北　京

内 容 简 介

药学导论是一门介绍药学学科的基础课程，涵盖了药学的多个方面，是医学和化学的交叉学科，旨在提供全面的指导和丰富的参考价值。通过深入探究药学学科的各个方面，读者能够获取有关药物研发、制造、分析、应用和管理等方面的广泛知识，为未来的学术学习和职业发展打下坚实基础。

本教材适用于药学专业的本科生、研究生以及从事药学相关工作的专业人士。

图书在版编目（CIP）数据

药学导论/徐德锋，王建浩主编.— 北京：科学出版社，2024.11.— ISBN 978-7-03-079796-4

Ⅰ.R9

中国国家版本馆 CIP 数据核字第 2024V8D593 号

责任编辑：王锞韫/责任校对：宁辉彩
责任印制：张　伟/封面设计：陈　敬

科 学 出 版 社　出版
北京东黄城根北街 16 号
邮政编码：100717
http://www.sciencep.com

北京天宇星印刷厂印刷
科学出版社发行　各地新华书店经销
*

2024 年 11 月第　一　版　开本：787×1092　1/16
2024 年 11 月第一次印刷　印张：10 1/2
字数：310 000
定价：55.00 元
（如有印装质量问题，我社负责调换）

前　言

药学作为一门关乎人类健康的应用性学科，在医药领域发挥着至关重要的作用。随着我国药学事业的蓬勃发展和教育改革的深入推进，药学教育也迎来了崭新的阶段。为了顺应新时代人才培养的需求，我们荣幸地推出《药学导论》这本面向药学及相关专业的大学本科生和研究生的教材，旨在与药学教育的发展趋势同步发展。

本教材共分为九章，涵盖了药学主干课程以及药学教育体系内的核心内容，探讨了天然药物、化学制药、生物制药、药理学、药物分析学、药剂学、药事管理学及药师与药学服务等方面的知识，为学生们构建了扎实的药学基础。

在编写过程中，我们坚持系统性和针对性的原则，根据药学及相关学科的特点，特意设置了六个二级学科课程介绍及三个相关学科课程的介绍。这样的安排有助于学生全面了解药学专业的多个领域，拓展他们对药学主干课程的理解。同时，我们注重实用性，以通俗易懂的语言，引入实际案例，使得知识不仅深入浅出，而且具备强烈的实用性。案例被视为理论知识的载体和引导者，有助于学生更好地理解和掌握课程内容。每章末尾的思考题则有助于学生巩固所学知识，加深思考。

本教材有机结合红色文化、思政元素和药学教育，以弘扬中华民族的优秀传统文化和社会主义核心价值观为己任，培养学生的思想道德素质和爱国情感。我们通过对中国药文化的介绍，向读者展现了我国悠久的药学历史和文化底蕴。同时，本书也引导学生关注当前药学领域的热点问题和伦理道德等方面的挑战，以培养他们的社会责任感和职业道德观念。

创新性和前瞻性是本教材的另一个特点，我们介绍了一些反映药学各学科发展和学科前沿的内容，帮助学生拓宽视野，站在"面向世界，面向未来"的高度来学习药学专业。我们坚持"系统、全面、易懂"的编写原则，通过通俗易懂的语言和生动形象的案例，将药学领域的知识和发展动态呈现给读者。同时，我们也充分考虑了当前药学领域的最新进展和热点问题，确保本教材的全面性。

本教材由常州大学的徐德锋、王建浩、胡航、孟启、周舒文和朱天宇编写，全书由徐德锋和王建浩统稿，并担任主编。在具体章节编写方面，第一章、第二章、第三章由徐德锋编写，第四章由孟启编写，第五章由胡航编写，第六章和第九章由王建浩编写，第七章由周舒文编写，第八章由朱天宇编写。

本教材的编写得到了常州大学教务处和药学院领导的大力支持，对此表示由衷感谢！鉴于编者能力有限，本教材中难免存在不足之处，我们真诚地期望广大读者能够提供宝贵意见，以助于我们不断改进和完善。我们期待这本教材能够为广大药学学子和从业人员提供有益的指导和帮助，促进药学本科生和研究生教育以及实践的进步，推动我国医药事业的繁荣和发展。

编　者
2024 年 1 月

目 录

第一章 开启药学之门 ... 1
- 第一节 药学发展简史 ... 1
- 第二节 新时代药学发展趋势 ... 4
- 第三节 药学学科及其特点 ... 8
- 第四节 药学的地位与作用 ... 9
- 第五节 药学专业教育与就业 ... 11

第二章 天然药物 ... 15
- 第一节 天然药物的起源与发展 ... 16
- 第二节 中药学及中药现代化 ... 18
- 第三节 生药学 ... 25
- 第四节 天然药物化学 ... 32
- 第五节 天然药物在祖国医药学中的作用 ... 42

第三章 化学制药 ... 44
- 第一节 化学制药的研究内容与发展概况 ... 45
- 第二节 化学制药的研发过程 ... 50
- 第三节 药物化学 ... 52
- 第四节 化学制药在我国制造行业的作用 ... 59

第四章 生物制药 ... 63
- 第一节 生物制药的发展简史与应用 ... 63
- 第二节 生物制药主要方法与技术 ... 66
- 第三节 生物制药研究动态及发展方向 ... 70
- 第四节 生命科学技术在化学药物与中药开发中的应用 ... 74
- 第五节 生物药物实例 ... 78

第五章 药理学 ... 83
- 第一节 药理学的性质与任务 ... 83
- 第二节 药理学的发展简史 ... 85
- 第三节 药理学研究内容 ... 87
- 第四节 新时代药理学研究现状及发展趋势 ... 93

第六章 药物分析学 ... 96
- 第一节 药物分析的性质和任务 ... 96
- 第二节 药品质量与管理规范 ... 100
- 第三节 国家药品标准与药典 ... 101

第四节　药物分析的发展概况 ……………………………………………………………… 106
　　第五节　药物分析学研究现状及发展趋势 ………………………………………………… 107

第七章　药剂学 …………………………………………………………………………………… 111
　　第一节　药剂学的概念与任务 ……………………………………………………………… 111
　　第二节　药剂学的发展简史 ………………………………………………………………… 117
　　第三节　药物剂型的作用与分类 …………………………………………………………… 120
　　第四节　药剂学的发展与任务 ……………………………………………………………… 123
　　第五节　药物制剂的新技术与新剂型 ……………………………………………………… 125

第八章　药事管理学 ……………………………………………………………………………… 129
　　第一节　药事管理学概述 …………………………………………………………………… 129
　　第二节　药事管理对象的特殊性 …………………………………………………………… 134
　　第三节　药事管理的内容 …………………………………………………………………… 136
　　第四节　药事管理组织 ……………………………………………………………………… 146
　　第五节　药事管理学的研究方法 …………………………………………………………… 148

第九章　药师与药学服务 ………………………………………………………………………… 152
　　第一节　药师的社会价值 …………………………………………………………………… 152
　　第二节　药学服务的基本要求 ……………………………………………………………… 154
　　第三节　药学服务的能力要求 ……………………………………………………………… 155
　　第四节　药学服务的主要内容 ……………………………………………………………… 157
　　第五节　药学服务的新进展 ………………………………………………………………… 159
　　第六节　"互联网+药学服务"的新进展 …………………………………………………… 160

第一章　开启药学之门

学习目标
　　1. 掌握：药品的含义和药学的概念。
　　2. 熟悉：药学的任务、药学与化学和医学的关系、药学与其他学科的关联。药物化学的定义、研究内容和主要任务。
　　3. 了解：药学的发展及其地位。

　　药学是一门研究药物及其应用的综合性学科，其研究范围涉及药物的研发、制备、质量控制、药理作用、药物代谢、药物治疗等多个方面。药学不仅是医学领域中的重要学科，也是化学、生物学、医药工程等学科的交叉融合。在现代医学发展中，药学扮演着不可替代的角色。

　　药学的起源可以追溯到古代，当时的药学主要研究天然药物的性能和用途。古代人类通过观察动植物的行为和食用经验，逐渐发现了一些具有治疗作用的草药，并将这些草药用于治疗疾病。随着时间的推移，药学逐渐演变，涉及药物的化学制备、分析检验等方面。特别是近现代，随着生物技术和纳米技术的发展，药学的研究内容又不断扩展和深化，为临床医学的发展提供了强有力的支撑。

　　药学的主要研究内容包括如下。
　　1. 天然药物　研究植物、动物等天然来源的药物，探索其活性成分及药理作用。
　　2. 化学制药　研究合成新药和化学改良现有药物，提高药物的药效和安全性。
　　3. 生物制药　利用生物技术生产药物，如基因工程药物、蛋白质药物等。
　　4. 药理学　研究药物与生物体之间的相互作用机制，包括药物的吸收、分布、代谢和排泄等过程。
　　5. 药物分析学　研究药物的质量控制和检测方法，确保药物质量符合标准。
　　6. 药剂学　研究药物的制剂形式和用药途径，为药物的合理使用提供依据。
　　7. 药事管理学　研究药物在医疗机构的合理使用和管理，确保药物治疗的安全性和有效性。
　　8. 药师与药学服务　药师作为专业人员在临床上提供药学知识和服务，确保患者正确用药。

　　药学的研究方法包括实验研究、临床研究、药物分析、药效学研究等。实验研究通过体外和体内试验，对药物的活性、毒性等进行评估。临床研究则在人体上进行，评价药物的疗效和安全性。药物分析则是检测药物成分和质量的重要手段。药效学研究探究药物的作用机制和效果。

　　通过学习本章内容，读者将对药学这门学科有一个初步的认识和了解。药学的发展将继续推动医学进步，带来更多新药的研发和临床应用，为人类健康事业作出更大的贡献。在后续章节中，我们将深入探讨药学的各个分支领域，让读者更全面地了解药学的精彩世界。

第一节　药学发展简史

　　药学是一门专门研究药物的学科，其涵盖了药物研发、制备、生产、应用和安全等多个方面，是医药学中的一个重要分支。药学的历史可以追溯到古代，人类对药物的认识和使用历程是药学发展历程的重要组成部分。随着时间的推移，药学学科不断演变和发展，成为一门独立的学科体系，同时也深刻地影响了人类的生活和健康。随着时代的发展，药学不断演变和发展，涌现出许多杰出的药学家，他们在不同的时期作出了巨大的贡献，对药学的发展和推进都起到了重要的作用。

一、人类对药物的认识和使用历程

人类对药物的认识和使用历程可以追溯到远古时期。早期的人类通过观察动物的行为，发现某些植物能够帮助它们治愈疾病或缓解症状。随着时间的推移，人们开始对自己和家畜使用这些植物，从而逐渐形成了民间的草药医学传统。

在古代，药物的使用主要依赖于经验和传统知识。在中国，《神农本草经》和《黄帝内经》等古籍成为中医药学的重要基础。这些古籍中记载了大量的中草药应用方法，奠定了中国药学基础。

在古希腊，古代医学家希波克拉底提出了"食疗为主"的治疗理念，他的著作《希波克拉底医学著作选》被誉为现代医学的起源之一。在罗马，著名的哲学家、医学家盖伦提出了"药物治疗"理论，认为药物可以通过影响身体的气质和体液来治疗疾病。这些古代学者的贡献为后世医学和药学的发展奠定了坚实的基础。

在欧洲中世纪，药物的制备和使用主要由修道院和医院负责，药学与医学研究密切相关。当时的药物主要来源于植物、矿物和动物，如柳树皮、铜矾和豆腐渣等。这个时期，草药医学在欧洲得到广泛传播，草药配方被用于治疗各种疾病，对民众的健康起到了积极作用。

文艺复兴时期，人们开始使用显微镜观察微生物和细胞，开始了对病原体和药物相互作用的研究。这一时期，药学逐渐脱离宗教和神秘因素，越来越多地与实验科学相结合。药学家开始用科学的方法研究药物的成分和作用机制，为后来的药物研发奠定了基础。

随着现代科学的发展，化学合成药物的出现使得药物制备的效率得到了大幅提升。在19世纪末20世纪初，药学发生了重大的变革，药物化学和药物分析学得到迅速发展，为现代药物的研发和质量控制提供了坚实的科学支持。

现代技术的发展也为药学研究提供了新的思路和方法，如生物技术和基因工程技术的应用，使得药学研究进入了一个全新的时代。药学家们利用生物技术研发了许多重要的生物药物，如重组蛋白质药物、抗体药物等，这些药物在治疗重大疾病方面发挥着重要的作用。

人类对药物的认识和使用经历了漫长的发展，从简单的草药医学到现代的生物制药技术，药学正日益深入人类的生活和健康。药学的历史是一部承载智慧和探索的历史，每一位杰出的药学家都为药学发展贡献了一份力量。在未来，随着科技的不断进步，药学将继续为人类的健康事业作出更大的贡献。

二、药学学科的演变和发展历程

药学是研究药物的性质、制剂、作用、剂量、毒性及对人体的影响等方面的学科。药学的发展历程可以追溯到古代的草药医学和传统医学，而在现代科学技术的推动下，药学得到了空前的发展和演变。

1. 古代草药医学 早期的人类通过观察动物的行为和植物的特点，发现某些植物能够治愈疾病或缓解症状，逐渐形成了民间的草药医学传统。在不同文明古国，如中国、古印度、古埃及、古希腊和古罗马等，都存在着丰富的草药医学传统。这些传统知识和经验为后来的药学研究提供了重要的基础。

2. 中世纪修道院药物研究 中世纪药学主要由修道院和医院负责，药物的制备和使用与医学研究密切相关，药学主要研究草药、矿物和动物的性质和用途。当时的药学以天然物质为主，药物的制备和应用主要依赖于传统知识和经验。

3. 文艺复兴时期的显微镜发现 文艺复兴时期，研究者开始运用显微镜技术观察微生物和细胞，开启了对病原体和药物相互作用的研究。通过观察微生物的存在和活动，人们开始意识到可能是微生物导致某些疾病，并且药物可能通过干预微生物的生长和活动来治疗疾病。

4. 化学合成药物的出现 19世纪后期，化学合成药物的出现使得药物制备的效率得到了大幅提升。例如，阿司匹林的发现，彻底改变了传统的疼痛治疗方式。药物的化学合成和纯化技术的进步为药学的发展带来了革命性的改变，使得药物研发变得更加高效和精确。

5. 现代药学的诞生　20世纪，随着生物技术和分子生物学等现代科技的出现，药学研究进入了一个全新的时代。研究人员开始对药物的分子结构和作用机制进行深入研究，现代药学诞生，分子药学、基因药学、蛋白质药学等新兴分支相继涌现，为药物研发和个体化治疗提供了新的思路和方法。

6. 药物管理制度的建立　随着医学和药学的不断发展，各国纷纷建立药物管理制度，制定了一系列药物安全和效果的评价标准，确保患者使用药物的安全性和有效性。药学的管理和监管成为重要的议题，涉及药品注册、质量控制、临床试验和药物安全等方面。

7. 药物个体化和前沿技术　近年来，随着分子医学、基因组学和生物信息学等领域的快速发展，药学逐渐走向个体化。个体化药物研究将药物的研发和治疗定制化，考虑个体患者的基因差异和生理特点，以实现更精准的治疗效果。同时，纳米技术、生物制药技术、仿生药物等前沿技术也不断涌现，为药学的未来发展开辟了新的可能性。

药学作为一门综合性学科，不断吸收和整合来自化学、生物学、医学等多个领域的知识，为药物的研发、制备、应用和管理提供了坚实的理论与技术支持。药学的发展历程是人类智慧的结晶，也是对健康事业不断探索的历史记录。

三、国内外药学发展历史及其主要代表人物

药学作为一门综合性学科，其在国内外都有着丰富而独特的发展历史，下面将对国内外药学发展历史及其主要代表人物进行拓展和完善。

（一）中国药学的发展历史

1.《神农本草经》与《黄帝内经》　《神农本草经》是中国古代最早的一部药物学著作，记载了大量草药的性能和用途，成为中医药学的奠基之作。《黄帝内经》是中国最早的一部医学经典，其中也包含了药物的应用和治疗理念。

2. 张仲景与《伤寒杂病论》　张仲景是中国古代著名的医学家，他创作了《伤寒杂病论》，其中记录了大量的草药治疗方案，被誉为中药学的奠基之作。

3. 李时珍与《本草纲目》　明朝药学家李时珍所著《本草纲目》是中国药学史上的巨著，对中药的分类、性味归经、毒性评估等方面进行了深入研究，成为后来中药材的鉴定、收集、储存和加工的重要依据。

4. 屠呦呦与青蒿素　屠呦呦是当代中国药学界最杰出的代表人物之一，她发现了青蒿素，并在疟疾的治疗中取得了巨大成功，为全球抗疟疾事业作出了卓越贡献。

5. 钱乙、孙思邈等　这些古代和近现代的中国药学家都是中国药学发展史上的重要代表人物，他们对中药学和西方药学的融合、发展作出了杰出贡献。

（二）国外药学的发展历史

1. Andreas Vesalius 与现代药学奠基　Andreas Vesalius 是文艺复兴时期一位杰出的解剖学家和药学家，他的解剖学和药物研究为现代药学的发展奠定了基础。

2. John Rockefeller 与阿司匹林　John Rockefeller 发明了阿司匹林，这是一种革命性的药物，不仅改变了疼痛治疗方式，也开创了化学合成药物的研究领域。

3. Paul Ehrlich 与疫苗　Paul Ehrlich 是一位德国的生化学家，他发明了疫苗，对医学和药学领域作出了巨大贡献。

4. 亚历山大·弗莱明与青霉素　亚历山大·弗莱明（Alexander Fleming）是一位英国微生物学家，他发现了青霉素，并开创了抗生素的研究领域。

5. 路易·巴斯德与微生物学 路易·巴斯德（Louis Pasteur）是法国的一位杰出的微生物学家和药学家，他的微生物学研究对现代药学产生了深远影响。

6. Friedrich Sertürner 与现代药学之父 Friedrich Sertürner 是一位德国药剂师，他首次提出了药物的分子结构和作用机制的理论，被誉为现代药学之父。

总之，国内外药学发展历史及其主要代表人物都为药学研究和发展作出了卓越贡献。从古代的草药医学到现代的分子药学，药学不断演变和发展，成为推动医学进步和保障人类健康的重要学科。这些杰出的药学家们通过他们的研究和贡献，为人类健康事业作出了不可磨灭的贡献。他们的故事和成就，为后来者树立了学习和探索的榜样。

【案例】 屠呦呦：青蒿素的发现及对全球抗疟疾事业的卓越贡献

屠呦呦，生于1930年，是中国药学界的杰出代表人物之一。她的贡献主要集中在疟疾的治疗领域，尤其是对青蒿素的发现和应用，为全球抗疟疾事业作出了卓越贡献。

在20世纪60年代，疟疾在全球范围内仍然是一个严重的公共卫生问题，尤其对儿童和孕妇的健康构成威胁。然而，常规的治疗疟疾药物治疗效果有限，且易产生耐药性。在这个背景下，屠呦呦领导的团队开始探索寻找新的治疗方法。

1969年，屠呦呦与她的团队开始研究中国传统中草药——黄花蒿。在中国古代文献中有关于黄花蒿治疗疟疾的记载，因此吸引了屠呦呦的兴趣。她通过精细的实验和不懈努力，从中提取出了一种有效成分，这就是青蒿素。

青蒿素的发现是一项伟大的突破，它被证实对多种疟原虫株具有强大的杀灭作用，尤其对引起恶性疟疾的疟原虫效果显著。青蒿素不仅具有高效的杀虫作用，而且耐药性相对较低，这为解决疟疾耐药性问题提供了新的思路。

屠呦呦的团队进一步优化了青蒿素的制剂和用药方案，将其应用于临床治疗。经过大规模临床试验，青蒿素及其衍生物成为疟疾治疗的一线药物，大大提高了治愈率，挽救了大量疟疾患者的生命。

屠呦呦的成就得到了国内外的高度认可，她于2015年获得了诺贝尔生理学或医学奖，成为中国大陆第一个获得该奖项的科学家。她的工作不仅受到科学界的尊重，也为中国药学的发展和国际抗疟疾事业作出了杰出贡献。

屠呦呦向我们展示了中国药学家在国际科学舞台上的重要地位，她的研究成果对解决全球重大疾病问题具有重要意义。她的努力和奉献精神也鼓舞着更多的药学家投身于科学研究，为人类健康作出更大的贡献。她的故事成为中国红色文化中一颗闪亮的明星，激励着新一代药学人才为国家药学事业的繁荣和进步贡献自己的力量。

第二节 新时代药学发展趋势

一、新时代药学技术发展的趋势

在新时代，药学领域正面临着巨大的变革和创新，新的机遇和挑战也催生出多种发展趋势，这些趋势将深刻影响药物研发、制造、应用和监管等方面。

随着生物技术和信息技术的不断进步，药学研究正朝着更加精准、个性化和智能化的方向发展，为医学和生命科学带来了前所未有的机遇和挑战。这些新技术的应用将深刻改变药物研发、制造、应用和监管等各个环节，为人类健康提供更多选择和可能。

1. 基于生物技术的新药研发 生物技术的迅猛发展为新药研发带来了新的可能性。基因工程药物、细胞疗法、基因编辑药物等成为新药研究的前沿。个性化药物治疗，特别是针对罕见病和个体化治疗的研究，将推动药物研发进入精准医疗时代。

2. 智能药物和数字化药学的发展 数字化技术的应用使药物研发、生产和监管过程更加智能化和精准化。虚拟药物筛选、药物分子建模、人工智能辅助药物设计等技术将加速新药发现和开发。

3. 绿色制药和可持续发展 随着环保意识的增强，绿色制药成为发展的重要方向。药物制剂工艺的改进、废物回收利用、药品包装的环保材料等，都将推动药学领域向可持续性发展迈进。

4. 药学教育和人才培养 新时代的药学发展需要具备跨学科知识的综合性人才。药学教育将注重培养具有创新思维、团队合作精神和国际视野的药学专业人才，以适应药学领域的不断变革。

5. 跨界合作和开放创新 药学领域需要与生物学、材料科学、信息技术等多个领域进行深度融合。开放式创新模式和跨领域合作将加速新药研发与技术创新。

6. 个性化药物和精准治疗 基因组学、蛋白质组学等生物信息学技术的发展，使得个体基因差异得以深入研究。药物的研发将更加针对个体基因特征，实现更精准的治疗效果。

7. 细胞治疗和基因治疗的突破 细胞治疗和基因治疗作为创新性治疗手段，有望在药学领域带来突破。嵌合抗原受体（CAR）T 细胞免疫治疗、基因编辑技术等已经在治疗某些癌症和遗传性疾病方面取得了显著成果。

8. 虚拟试验和临床模拟 虚拟试验和临床模拟技术将有助于提前预测药物的疗效与安全性，从而加速药物研发过程，减少临床试验的时间和成本。

9. 药物递送技术的创新 药物递送技术将成为药学领域的重要研究方向。纳米技术、微流体技术等将为药物的靶向递送和控释提供更多可能。

10. 国际合作和知识共享 全球化的发展趋势使得药学研究需要更多的国际合作。各国药学专家可以共同开展合作研究，共享知识和资源，促进药学的全球发展。

新时代药学发展趋势呈现多样化和多层次特点。药学领域需要紧密关注科技创新，注重跨学科融合，培养适应时代发展需要的高素质药学人才，以推动药学科学在保障人类健康和促进可持续发展方面发挥更大作用。药学技术的飞速发展为医学和生命科学带来了更多的可能和机遇。未来，随着新技术和新方法的不断涌现，药学技术的发展将更加多元化、个性化和智能化，为人类健康事业作出更大的贡献。

二、创新药物的研发和药学领域的前景

随着生物技术、化学技术和计算机技术等领域的飞速发展，新药研究也得到了长足的进展。在新药研发过程中，创新药物的研究是至关重要的。创新药物指的是在药理学、化学结构等方面具有创新性的药物。这些药物通常具有更好的疗效和更少的副作用，能够满足更多的临床需求。

在新药研发中，创新药物的研究是一个复杂和漫长的过程。首先需要进行药物分子的发现和设计，通过计算机模拟、高通量筛选等技术，寻找具有生物活性和药理活性的分子。接着需要进行药物的合成和结构优化，通过化学合成等方法制备出具有更好活性和稳定性的药物分子。随后需要进行药物的体内外评价和安全性评估，了解药物的药效学和药动学特性，确定药物的剂量和给药途径，评估药物的毒性和安全性。创新药物的研发是药学领域最具挑战性的任务之一，也是最具价值和意义的任务之一。创新药物的研发需要深入了解和研究疾病机制，同时还需要考虑药物的安全性和有效性。

在创新药物的研发中，生物技术的应用越来越广泛。例如，通过基因工程技术制备的重组蛋白质药物、抗体药物等具有很高的疗效和生物学活性，能够有效治疗许多疾病。同时，基因测序和组学技术的应用也为创新药物的研发提供了重要的支持，如利用单细胞测序技术研究疾病细胞的基因表达和转录组特征，寻找靶向性更好的药物分子。

创新药物的研发是新药研究中至关重要的一环，需要结合多种学科的技术手段进行研究。随

着新技术的不断发展，创新药物的研发也将更加高效、精准和智能化。新药研究和创新药物的研发是药学领域的重要任务，需要不断探索和创新，以满足临床治疗的需求，提高患者的生活质量。

三、药物监管制度的不断完善：保障药品质量与患者安全

随着医疗技术和药物研究的不断发展，药物监管制度的不断完善对于保障药品的质量和患者的安全至关重要。国家药品监管部门通过制定和完善一系列法律法规与监管制度，加强了对药品研发、生产、流通和使用的监管与管理，进一步提高了监管效能和效率。

药品审批制度得到完善。药品审批是保障药品质量和安全的重要环节，近年来，国家药品监管部门对药品审批制度进行了多次改革和优化。加强了对药品临床试验和审评审批的监管力度，提高了药品的质量和安全性。同时，加快审批流程，缩短审批周期，为急需药物的研发和上市提供更多的便利，加快创新药物的上市进程。

药品质量标准持续提高。药品质量标准是保证药品质量和有效性的关键保障，国家药品监管部门不断提高药品质量标准，加强对药品质量的监督和检测。通过严格的质量控制，从源头上保证药品的质量和安全性，降低不合格药品的风险，确保患者获得有效治疗。

药品生产和流通环节得到更加严格的监管。药品生产和流通环节是保证药品质量及安全性的关键，国家药品监管部门加强了对这些环节的监管力度，建立了完善的药品生产和流通质量管理制度。通过加强生产企业的质量管理和流通环节的监管，确保药品在生产和流通过程中不受污染及损害，保障药品质量的稳定和可靠性。

药品不良反应监测和评估制度的建立也是一个重要举措。药品不良反应是影响药品使用安全性的重要因素之一，国家药品监管部门建立了药品不良反应监测和评估制度，及时发现和评估药品不良反应，从而及时采取措施保护患者的安全。这些监测和评估数据对于指导医生、患者和监管部门在药品使用中的决策非常重要，有助于减少不良反应带来的风险和损害。

药物监管制度的不断完善为保障药品的质量、安全和有效性提供了有力保障。这些措施有助于推动医药领域的创新发展，促进药物的快速上市和临床应用，进一步提高患者的生活质量，并推动医学进步的不断实现。不断完善的药物监管制度将进一步加强医药行业的合规性和稳定性，促进药物的科学研究和临床应用，为人民群众提供更安全、更有效的药物治疗。同时，药品监管部门还应密切关注科技进步和医药市场的发展变化，不断优化监管政策和体制机制，以适应药物研究和临床应用的新形势与新要求，为医学进步和患者健康提供更强有力的支持。

四、个体化药物治疗的兴起和发展

个体化药物治疗是医疗领域的一项革命性进展，它将患者的基因、代谢、环境等个体差异纳入治疗方案，从而实现更精准、个性化的药物治疗。这一发展在科技的推动下，已经成为近年来备受关注的热门话题，并被认为是医疗发展的重要趋势。以下是对该主题内容的拓展和完善。

个体化药物治疗依赖于基因组学技术的快速发展。人类基因组计划的完成及高通量测序技术的成熟，使得我们能够更深入地了解基因与药物反应之间的关系。基因组学的进展为个体化药物治疗提供了强有力的支持，使医生能够通过分析患者的基因信息，预测患者对特定药物的反应，从而制订更加精准的治疗方案。

个体化药物治疗强调个体差异的重要性。传统的医疗模式通常是基于大规模临床试验结果制订治疗方案，忽略了每个患者的独特性。然而，每个人的生理特征、基因组和生活环境都不同，因此对药物的反应也会有差异。个体化药物治疗通过个性化的方法，更好地满足了患者的需求，提高了治疗的效果和安全性。

医疗资源的提升为个体化药物治疗提供了有力支持。随着医学科技的进步，诊断工具和技术的精密度不断提高，使得收集患者的基因和生理数据变得更加容易。同时，医疗机构和研究机构

的合作也推动了个体化药物治疗的发展，为患者提供了更多的个性化选择。

药物研发的难度和成本的增加催生了个体化药物治疗的兴起。传统的药物研发过程昂贵且费时，而且失败率较高。通过采用个体化药物治疗，药物可以更准确地针对患者亚群，降低了药物研发的风险和成本，加速了创新药物的推出。

随着技术的不断进步和人们对健康的不断追求，个体化药物治疗的应用前景广阔。未来，随着基因组学、生物信息学等领域的进一步发展，个体化药物治疗将会变得更加精细和普及，为医疗行业带来巨大的变革。然而，同时也需要解决一些挑战，如隐私保护、数据共享等问题，确保个体化药物治疗的可持续和安全发展，以更好地造福患者的健康。

五、药学教育和人才培养的新趋势

药学教育和人才培养作为医学领域的重要组成部分，正面临着许多新趋势和挑战。随着医学科技和药学领域的不断发展，为了满足社会对高素质药学人才的需求，药学教育必须不断更新和改革，以下是一些主要的趋势和发展方向。

1. 聚焦跨学科教育　随着医学领域的进步，药学专业越来越需要与其他学科进行交叉融合。药学学生需要掌握更广泛的知识，如生物化学、计算机科学、生物工程和数据科学等。跨学科教育有助于学生更好地理解药物发现、药效学和治疗方案的设计等关键领域，从而培养出具有多学科背景的综合型人才。

2. 注重实践和实验教育　传统的药学教育往往过于注重理论知识，而缺乏实践和实验教育。然而，实践和实验课程可以帮助学生学习实际操作技能及临床实践，增强他们的实践能力和解决问题的能力。因此，现代药学教育正朝着更加实践导向的方向转变。

3. 注重创新和创业　药学领域是一个创新和创业的热门领域。许多大学和企业为药学学生提供创业和创新课程，以培养他们的创业意识和能力。这些课程不仅能够帮助学生获得就业机会，还能够启发他们创造出全新的治疗方案和产品，推动医药行业的创新发展。

4. 数字化转型　随着数字技术的发展，药学教育也正在向数字化方向转型。在线教育、虚拟实验室和虚拟现实技术等数字技术正在被广泛应用于药学教育。这些新技术不仅能够提高学生的学习效果，还能够增强他们的数字素养和技术能力，使得药学教育更加高效和灵活。

5. 注重社会责任和可持续发展　随着社会对可持续发展的重视，药学教育也越来越注重社会责任和可持续发展。学生需要学习如何在药物的生产和使用过程中减少环境污染及资源消耗，同时确保药物的安全和有效性，推动药物产业的可持续发展。

6. 课程设置的更新　药学教育的课程设置需要不断更新以适应行业的发展和变化。传统的药学课程已经不能满足现代药学的需要，新的课程设置需要包括分子药理学、基因组学、药物代谢学、药物安全性评估、药物设计等领域的知识，使学生掌握最新的科学知识和技术。

7. 教学方法的改革　除了更新课程设置，教学方法也需要适应现代药学的需求。传统药学教学注重理论知识的传授，而现代药学教学更注重实践技能和团队协作的培养。因此，教学方法需要更加注重实践和互动式的学习方式，如案例教学、实验教学和项目式学习等。

8. 药学专业方向的拓展　药学领域的发展日新月异，药学专业也需要不断拓展方向。除了传统的药物分析、药物制剂、药物设计等专业方向外，还应考虑拓展药物安全性评估、药物临床试验和药物信息学等新兴领域，为学生提供更广泛的就业选择和发展空间。

9. 跨学科合作的加强　现代药学涉及多个学科领域，药学人才的培养也需要与其他学科的合作紧密结合。例如，药学与生物学、化学、医学、计算机科学等学科的合作可以为药学研究和药物开发提供更广泛与深入的视野及资源，推动药学领域的创新和进步。

10. 国际化的发展　随着全球化的发展，药学人才的培养也需要更加注重国际化。培养学生具备跨文化的沟通能力和国际化的视野，开展国际化的交流和合作，参与国际性的科研项目等，可以为学生提供更广阔的发展机会，增强其在国际舞台上的竞争力。

药学教育和人才培养需要不断适应时代的需求与变化，不断更新课程设置、教学方法和专业方向，加强跨学科合作和国际化发展，培养具有实践能力、创新精神和全球化视野的高素质药学人才。只有如此，药学教育才能不断创新和进步，为社会和人类健康事业作出更大的贡献。

第三节　药学学科及其特点

药学是一门综合性学科，其内涵十分广泛，涵盖了药物的研发、制备、评价、应用及管理等方面。

一、药学的重要性与特点

药学是一门研究药物的物理化学特性、药理作用、临床应用及药物在人体内的代谢、排泄等方面的学科。其主要目标是探索和理解药物在生物体内的作用机制，以提高药物的疗效、减少不良反应、优化用药方案，从而最大程度地提高药物治疗的安全性和有效性。

药学的特点如下。

1. 多学科交叉融合　药学作为一门综合性学科，需要涉及多个学科的知识，如化学、生物学、医学、生物工程等。它借鉴和结合了多学科的理论及技术，以应对复杂的药物研发和应用问题。

2. 药物研发的关键学科　药学在新药物研发中扮演着核心角色。药学学科的不断发展和创新为新药物的发现、设计、筛选与临床前评价提供了重要支持。

3. 研究天然药物和中药　药学不仅关注化学合成的药物，还涉及天然药物和中药的研究。对于这些来源复杂的药物，药学的研究不仅涉及其药理作用，还需要对其成分和药效进行深入探索。

4. 临床药学的重要性　临床药学是药学学科中重要的分支之一，它主要关注药物在临床应用中的合理用药、剂量优化和药物治疗监测。临床药学的发展为患者提供了更加个体化和安全的用药方案。

5. 质量控制与安全评估　药学学科关注药物的质量控制和药物安全性评估。在药物制剂的生产过程中，药学专家需要确保药物的纯度、稳定性和无菌性，以保障患者的用药安全。

6. 药物治疗个性化　随着个体化医疗的兴起，药学学科也在朝着个性化治疗方向发展。基于患者的基因型、表型等个体特征，药学专家将制订更加个性化的用药方案，提高治疗效果。

7. 新技术的应用　药学学科积极应用新技术，如计算机模拟、生物信息学、人工智能等，来加速药物研发过程，优化药物设计，提高研发效率。

8. 医学进步的推动力　药学的发展对医学进步起到了重要的推动作用。药物的不断创新和优化使得许多疾病的治疗取得显著进展，有助于提高患者的生活质量。

药学是一门关键的学科，对药物的研发、制备、评价和应用起着至关重要的作用。随着科技和医学的不断发展，药学学科将持续拓展其研究领域和应用范围，为人类健康和医学进步作出更大的贡献。

二、药学的复杂性和跨学科性

药学作为一门复杂而跨专业的学科，其复杂性体现在广泛的学科交叉与综合上。药学的研究和应用需要整合化学、生物学、物理学、医学等多个学科的知识，以深入理解药物的多个方面。这种跨学科性使药学家能够探索药物的性质、制备、作用机制及临床应用，从而为人类的健康作出贡献。

药物的化学结构是药学的基石之一，药学家需要借助化学知识来分析和理解药物分子的组成与结构。这有助于揭示药物与生物分子的相互作用，为药物设计和改进提供依据。

生物学在药学中扮演着重要的角色，因为药物的生物学效应决定了其在生物体内的作用机制和疗效。药学家需要深入了解细胞、组织和器官的生理学与生化学特性，以预测和解释药物的效应。

物理学为药学提供了药物制剂和输送系统的基础。药学家利用物理学原理，如纳米技术、光学和电化学，来研发新型药物传递方式，以提高药物的生物利用度和靶向性。

医学是药学研究不可或缺的一部分，因为药物的研究和应用需要考虑其在人体内的影响。药学家需要了解药物在人体内的代谢、药代动力学和药物相互作用，以确保药物的有效性和安全性。

药学的跨学科性要求药学家在多个学科领域建立联系，进行合作与交流。药学家需要将不同学科的知识融会贯通，从而全面研究药物的性质、作用机制、剂型设计及临床应用。这种综合性的研究方法有助于推动药物科学的发展，创新药物研发，提高药物治疗的效果，并最终造福人类的健康。因此，药学作为一门跨学科的综合性学科，需要药学家具备广泛的学科知识和跨学科的综合素质，以应对日益复杂和多样化的药物领域挑战。

三、药学学科的发展方向

药学作为现代医药领域的重要学科，将在未来持续迎来新的发展方向，以适应科技进步和医疗需求的变化。以下是药学学科可能的发展方向。

1. 个体化医疗和精准药物治疗　随着基因组学、生物信息学和分子医学的发展，药学将更加注重个体差异对药物反应的影响。发展基于个体基因组信息的药物治疗方案，实现精准用药，提高疗效，降低药物不良反应。

2. 新药研发和创新技术　药学将继续致力于新药的研发，结合计算化学、高通量筛选、人工智能等新技术，加速新药发现过程。同时，探索生物制药、基因编辑等创新技术，为药物研发带来新的突破。

3. 药物传递系统和药物输送技术　开发更智能、高效的药物传递系统，包括纳米药物、靶向药物传递等，以提高药物的靶向性和生物利用度，降低药物剂量和不良反应。

4. 药物安全性和毒理学研究　加强对药物的毒性和安全性评估，开发更准确、可靠的药物安全性预测方法，以确保药物在临床应用中的安全性。

5. 药物再定位和再利用　基于药物再定位和再利用的思路，重新研究已有的药物，探索其在其他疾病治疗中的潜在用途，以减少新药研发的时间和成本。

6. 抗微生物耐药性研究　面对严重的抗微生物耐药性问题，药学将继续研发新型抗生素和抗微生物药物，探索多种途径来解决这一全球性挑战。

7. 药物治疗的数字化和远程监测　结合数字医疗和远程监测技术，实现药物治疗的数字化管理和监测，提高患者依从性，优化治疗效果。

8. 生态友好型药物研发　关注药物在环境中的影响，推动绿色药物研发，减少药物对环境的负面影响。

9. 药学教育和人才培养　发展创新的药学教育模式，培养具备广泛学科知识和跨学科素养的药学人才，以推动药学的可持续发展。

药学学科的发展方向将紧密关注个体化医疗、新技术应用、药物创新、药物安全性和环境友好型研发等领域，不断追求更高水平的药物研究和应用，为人类健康提供更有效、安全、智能的药物解决方案。

第四节　药学的地位与作用

一、药学在医学领域中的重要性和作用

药学在医学领域中具有至关重要的地位和作用。药物是医学治疗的重要手段之一，而药学是研究药物的科学，它的研究范围包括药物的发现、研发、生产、质量控制、药效学、药理学、药

物治疗学等方面。因此，药学是医学领域的基础学科之一，对于推动医学发展和改善人类健康具有以下重要性与作用。

1. 提供重要的药物知识和支持　药学为医学提供了关于药物的相关知识，包括药物的研发、制备、成分、作用机制、剂量和剂型等。这些知识是医生开展药物治疗和合理用药的基础，可帮助医生选择适当的药物，确定正确的用药方案，提高治疗效果。

2. 支持医学研究和药物研发　药学的研究范围涉及药物的各个环节，如药物发现、合成、筛选、药效学、药理学等。药学为医学研究和药物研发提供了重要的支持及保障，推动新药的发现和开发，为临床提供更多治疗选择。

3. 提高药物治疗的质量和效果　药学的研究和应用促进了药物治疗的质量与效果的提高。药学家不断优化药物的剂型和制剂，提高药物的稳定性和生物利用度，增加药物的靶向性，从而提高药物的疗效，降低不良反应，提供更安全有效的药物治疗方案。

4. 为医学发展提供新的方向和机遇　随着科技和社会的不断发展，药学也在不断地创新和进步。纳米技术、基因编辑、智能化药物制剂等新技术的应用为医学发展提供了新的方向和机遇。药学的不断发展为医学带来新的治疗思路和方法，推动医学进步。

5. 解决抗微生物耐药性等挑战　面对抗微生物耐药性等严峻挑战，药学在研发新型抗生素和抗微生物药物方面发挥着关键作用。药学家通过持续研究和创新，寻找解决耐药性问题的有效策略，维护公共健康安全。

药学在医学领域的重要性和作用不可低估。药学为医学提供了关键的基础知识和科学支持，推动药物治疗的质量和效果不断提高，为医学发展提供新的方向和机遇。药学的持续发展将为医学领域带来更多的进步和创新，为改善人类健康贡献更大的力量。

二、药学在社会和经济发展中的地位和作用

药学作为一门应用性学科，在社会和经济发展中具有重要的地位与多重作用，对人民的健康、医疗技术的提升及医药产业的繁荣发挥着关键作用。以下是药学在社会和经济发展中的几个方面。

1. 保障人民健康和生命安全　药学在药物研发、制造和质量控制等方面进行研究，为人民提供安全、高效、质量可靠的药物，是保障人民健康和生命安全的重要保障。合理用药和药物安全性评估的研究也有助于降低药物治疗的风险，确保患者的治疗效果。

2. 推动医疗技术进步　药学的发展不仅促进了药物研发，也推动了医疗技术的不断进步。药物的新研发、剂型优化及药物输送系统的创新，为医生提供了更多选择，提高了治疗效果和患者的生活质量。

3. 促进医药产业繁荣　药学作为医药产业的基石，为产业的繁荣作出了巨大贡献。新药研发的进展带动了医药产业的增长，创造了就业机会，推动了经济的发展。同时，药学的质量控制和监管也保障了医药市场的健康有序发展。

4. 推动科技创新和经济增长　药学的发展促进了科技创新和经济增长。药学的研究需要依赖先进的科技手段，这推动了相关领域的技术进步。药物研发、生产、临床试验等过程也为经济的增长贡献了动力。

5. 社会稳定和可持续发展　药学在药品监管、质量控制和药品市场管理方面的应用，保障了社会的稳定和可持续发展。合格的药物市场管理和监督，防止假冒伪劣药物的流入，维护了社会的秩序和安全。

6. 支持公共卫生工作　药学在疫苗研发、流行病防控等领域的应用，对公共卫生工作具有重要作用。研发安全有效的疫苗，应对传染病威胁，为保障人民的健康和社会的稳定提供了坚实支持。

综上所述，药学在社会和经济发展中的地位和作用十分显著。其涵盖了人民的健康需求、医

疗技术的提升、医药产业的发展及科技创新的推动，对于社会的繁荣稳定和人民的福祉贡献巨大。随着科技的不断进步和医疗需求的变化，药学在未来将继续扮演着更为重要的角色，为人类的健康和社会经济的可持续发展作出更大的贡献。

三、药学对人类健康福祉的贡献

药学作为应用性学科，在人类健康福祉方面发挥着重要的作用，其贡献不仅体现在药物的研发和应用，还涵盖了广泛的领域，为社会提供了更好的医疗保障和福祉。

1. 研发安全有效的药物 药学的核心任务之一是研发安全有效的药物，以满足人们的医疗需求。新药研发、药物设计和化学合成等方面的研究，为制造出更加精准、低毒、高效的药物提供了基础。这些药物不仅可以治疗疾病，还能够提高生命质量和延长寿命。

2. 促进医药产业的发展 药学的进步直接影响着医药产业的发展。药学为新药的研发提供科学支持，为产业的创新带来动力。药物的生产、销售和分销等环节，都受益于药学在药品质量管理、市场监管等方面的贡献。

3. 疾病治疗和控制 药学在疾病治疗和控制方面功不可没。抗生素、抗病毒药物、抗癌药物等的研发和应用，有效地控制和治疗了多种疾病，拯救了许多生命。药学还在对抗传染病和慢性病方面提供了重要支持。

4. 疾病预防和健康维护 药学不仅关注疾病治疗，也强调疾病预防和健康维护。疫苗的研发和推广，预防性药物的应用，都有助于降低疾病的发生率，提高人们的整体健康水平。

5. 医学研究的支持 药学为医学研究提供了重要的支持。药物的作用机制、药理学、药效学等的研究，为深入理解疾病和药物相互作用提供了基础。药学还在临床试验、新药注册等方面为医学研究提供必要的支持。

6. 社会经济发展的推动 药学的发展促进了科技创新和经济增长。药学的研究和应用为医药产业的发展提供了源源不断的动力，同时也在药品市场管理、药品质量监管等方面促进了产业的有序发展，为经济的增长提供了支撑。

7. 人民生命安全和社会稳定的保障 药学的研究和应用，通过保障人民的生命安全和健康，维护了社会的稳定和安宁。药物的监管和质量控制，防止假冒伪劣药物的流通，保障了人们的安全和权益。

药学在人类健康福祉中发挥着多方面的作用，其贡献影响深远。随着医疗科技的不断进步和社会的发展，药学将继续为人类健康福祉提供更多的支持与可能性，为创造更加健康、幸福的社会作出更大的贡献。

第五节 药学专业教育与就业

药学专业是医药领域中应用性很强的学科，它涵盖了广泛的内容，为培养从事药品研发、制剂生产、药品销售、药事管理、临床用药等方面工作的专业人才打下坚实的基础。

药学专业的就业前景广阔，与医药行业的发展和人们对健康的关注度密切相关。随着医疗技术的不断发展，对新药研发和制剂生产的需求持续增加，药学专业毕业生在这些领域的就业机会不断增多。同时，随着社会老龄化和慢性疾病的增多，对药物治疗和药事管理的需求也在增加，药学专业毕业生在医疗机构和药品销售领域也有良好的就业机会。

药学领域的发展也对药学专业毕业生提出了更高的要求。随着药物研发和制剂生产技术的不断更新，药学专业毕业生需要不断学习和更新自己的专业知识和技能，以适应市场需求的变化。因此，持续学习和专业发展对于药学专业毕业生来说非常重要。

药学专业教育内容丰富，就业前景广阔，对于有志于从事医药行业的学生来说，药学专业是一个非常有前途的专业。同时也需要学生不断学习和提升自己，以适应行业的发展和挑战。

一、药学专业的培养目标和培养方案

药学专业的培养目标是培养学生掌握扎实的药学基础理论、基本知识和实际操作技能，使学生具备全面的药学专业素养和综合能力，能够在医药领域从事药品研发、制剂生产、药品销售、医疗机构药师、药事管理、临床药学等多个领域的工作。为实现这一目标，药学专业的培养方案应当综合考虑以下几个方面。

1. 基础课程 基础课程是学生建立药学知识体系的基础。有机化学、无机化学、生物化学、药物化学、分析化学、药理学等基础课程能够帮助学生理解药物的成分、作用机制及药物与生物体的相互关系。

2. 专业课程 专业课程涵盖药物分析、药剂学、临床药学、制药工程、药事管理等领域，旨在培养学生对药物制备、应用、管理等方面的深入理解。药物分析课程使学生熟练掌握分析技术，能够验证药品的质量和纯度；药剂学和制药工程课程培养学生制备药物的技能；临床药学课程使学生了解药物在临床实践中的应用；药事管理课程培养学生在药品管理和政策制定方面的能力。

3. 实践教学 实践教学是药学专业教育不可或缺的一部分。实验课程、实习和毕业实践能够让学生在实际操作中运用所学知识，培养他们的实际技能和解决问题的能力。实践教学也有助于将理论知识与实际应用紧密结合起来。

4. 综合素质 除了药学领域的专业知识，药学专业也应当注重培养学生的综合素质。英语语言能力使学生能够阅读和理解国际期刊、文献，跟踪药学领域的最新发展。计算机应用能力使学生能够处理大量数据、模拟实验等。科研和创新能力则推动药学领域的发展，解决现实问题。

5. 专业认证 为确保药学专业的教学质量和培养效果，一些高校会通过国家药学专业认证，以保证学生所获得的知识和技能符合国家标准和行业需求，同时为学生的就业提供更有力的支持。

药学专业的培养目标和培养方案应当全面考虑学生在理论知识、实际操作技能和综合素质等方面的需求，旨在培养适应医药卫生事业和社会发展需要的高级药学专门人才。

二、药学专业毕业生的就业前景

药学专业毕业生在医药领域有着广泛的就业机会，这一领域与人类的健康和生活密切相关，需要大量高素质的专业人才，毕业生就业前景良好。

1. 制药公司和研究机构 制药公司是毕业生最常见的就业选择之一。他们可以在制药公司从事药物研发、制剂生产、临床试验等工作，参与新药的研发和生产过程。同时，一些研究机构也会招聘从事药物研究和创新的药学专业人才。

2. 医疗机构 医疗机构也是药学专业毕业生的重要就业方向。他们可以成为医疗机构的药剂师、药事管理人员，负责药物治疗方案的制订、合理用药指导及药物管理工作。

3. 药品销售和市场推广 毕业生还可以选择从事药品销售和市场推广的工作，他们可以与医生、药店等专业人员合作，向医药机构和个人客户推广药品，推动药品的销售和合理使用。

4. 药物监管和药品质量管理 在医药领域，药物的监管和质量管理至关重要。毕业生可以在药品监管机构、药品质量控制部门等从事药物监管和药品质量管理的工作，确保药品的安全和有效性。

5. 药物临床研究 毕业生可以参与药物临床试验的实施与管理，协助医生评估药物的疗效和安全性，为新药上市提供重要数据支持。

6. 药学教育和科研 一些毕业生选择从事药学教育和科研工作，他们可以成为高校的教师，为药学专业学生传授知识和技能；或者在科研机构从事药学研究，推动药学领域的科学进步。

7. 药物信息服务 随着互联网和信息技术的发展，药物信息服务成为一个新的就业方向。毕业生可以在药品信息平台、医疗信息机构等提供专业药物咨询服务,帮助公众了解药物信息。

8. 国际组织和慈善机构 一些国际组织和慈善机构也需要药学专业人才,他们可以参与药物援助项目、健康教育等工作,为全球卫生事业作出贡献。

药学专业毕业生的就业前景广阔,他们可以选择多个领域的工作,根据个人兴趣和优势来定位职业发展方向。同时,随着医疗技术的不断创新和社会的健康需求不断增加,药学专业毕业生的就业前景将持续看好。拥有扎实的专业知识、实践能力和创新精神的药学人才,将为医药行业的发展和人类的健康福祉作出重要贡献。

三、终身学习和适应变化

随着医药科技的飞速发展,药学专业毕业生需要具备持续学习的意识和能力,不断更新自己的专业知识和技能。药物研发和制造技术、药品监管法规等都在不断变化,为了适应行业发展和市场需求,毕业生需要保持学习的状态,参加培训、进修等活动,不断提升自己的竞争力和适应性。

(一)持续学习的重要性

1. 跟上科技进步 医药领域的科技进步非常迅速,新药研发、药物分析、制药工艺等方面的技术都在不断革新。持续学习可以帮助毕业生掌握最新的科技和方法,保持在行业中的竞争力。

2. 适应法规变化 药品监管法规和政策也在不断调整和更新,毕业生需要了解最新的法规要求,以确保药品的合规生产和管理。

3. 拓展职业发展 持续学习可以帮助毕业生不断拓展自己的职业领域,如通过学习临床药学知识,从制药转向临床实践,或者从事药事管理等。

(二)学习途径和方法

1. 继续教育 毕业后可以参加各类继续教育课程、研讨会和学术会议,了解最新的科研成果和行业动态。

2. 在线学习 网络提供了丰富的学习资源,可以通过在线课程、网络讲座等方式进行学习,灵活安排学习时间。

3. 行业认证 可以参加药学相关的行业认证考试,如药师资格考试、药品注册人员资格考试等,提升自己在行业中的认可度。

4. 参与项目 参与科研项目、药品临床试验等实际工作,不仅可以学习新知识,还能获得实践经验。

(三)适应变化的能力

1. 灵活性与创新精神 随着行业的不断变化,毕业生需要具备灵活应对的能力,敢于尝试新方法,推陈出新,为行业带来创新。

2. 问题解决能力 在面对新的挑战和问题时,毕业生需要具备分析和解决问题的能力,寻找最佳解决方案。

3. 跨学科合作 药学领域涉及多个学科,毕业生可以积极与其他领域的专家合作,共同解决复杂问题。

药学专业毕业生需要不断进行终身学习,不仅可以提升自身素质,还能为行业的发展和创新作出贡献。持续学习和适应变化的能力将使毕业生在不断变化的医药领域中保持竞争力,为社会的健康福祉和医药产业的繁荣作出积极贡献。

思 考 题

1. 简单的草药医学如何逐步演化为现代的分子药学?

2. 国内外药学发展历史中的主要代表人物都有哪些突出贡献？

3. 在新时代药学发展的多个趋势中，哪些趋势对药物研发、制造、应用和监管产生了最深远的影响？

4. 在创新药物的研发过程中，个性化药物治疗如何应用生物技术和基因组学等新技术？

5. 药学作为一门综合性学科，涵盖了多个学科领域，如化学、生物学、医学等，这种跨学科性如何影响药学研究的创新和发展？

6. 个体化医疗和精准药物治疗在药学的发展中越来越重要，基于个体基因组信息的药物治疗方案如何实现？

（徐德锋）

第二章 天然药物

学习目标

1. 掌握：中药学、生药学及天然药物化学的概念和学科的主要任务。
2. 熟悉：中药学、生物学及天然药物化学的主要学科任务，中药的性能，天然药物一般化学成分的基本结构、理化性质、提取分离方法及结构解析的主要方法。
3. 了解：中药学及生药学的起源、产地、采集和储存，中药学的性质和任务，天然药物化学发展的历史和现状。

天然药物作为医学领域的重要资源，源自丰富的自然界，包括植物、动物、矿物等多种生物和非生物材料。它们在医疗实践中扮演着重要的角色，被广泛应用于疾病的治疗和预防。

1. 天然药物的丰富性和多样性　天然药物的来源多种多样，涵盖了全球各地的植物、动物和矿物资源。在植物中，许多中草药、传统草药和民间草药都具有显著的药用价值，如人参、黄芪、银杏叶等。动物方面，蜂蜜、蜂胶、燕窝等也被广泛用作药物。此外，矿物如硫黄、珍珠粉等也在中药学中发挥着重要作用。

2. 天然药物的应用形式与传统实践　天然药物可以通过多种途径进行应用，包括口服、外用、吸入、注射等方式。在传统医学中，各种应用形式都有着悠久的历史，如中草药的汤剂、丸剂、散剂等剂型，以及针灸、艾灸等特色疗法。这些传统实践积累了丰富的临床经验，被传承至今。

3. 天然药物在现代医学中的发展　随着现代科学技术的不断进步，天然药物的研究越发深入。现代科技手段如高效液相色谱（HPLC）、质谱技术等使得科学家们能够准确分析天然药物中的活性成分，并深入了解其药理作用和机制。这为天然药物的开发和优化提供了强有力的支持。

4. 天然药物的优势和挑战　天然药物的优点在于其自然性和相对较低的毒性与副作用。它们经过长时间的临床验证，更容易被人体接受和适应。天然药物通常具有多种药理作用，能够综合调节人体功能，对于慢性病的治疗有着独特的优势。

天然药物的品质和纯度受到多种因素的影响，包括植物生长环境、采集季节、加工工艺等。这可能导致不同批次之间的差异，影响药物的疗效和安全性。天然药物的复杂性也增加了其研究和开发的难度，需要综合运用多学科知识。

5. 未来展望与研究方向　在未来，科学家和药剂师们将继续努力研究与开发天然药物，以充分发挥其在医学领域的潜力。这包括深入研究天然药物的化学成分、药理活性和机制，借助现代技术提高天然药物的纯度和稳定性。应注重天然药物与现代医学的结合，探索其在综合治疗和个体化医疗中的应用价值。

天然药物作为药物研究和应用的重要方向，既承载着传统智慧，又融合了现代科学技术，具有广阔的发展前景。在充分发挥其优势的同时，也需要克服其固有的挑战，为人类健康提供更多有效、安全的治疗选择。

> **【案例】** **中国工程院院士张伯礼：中医内科学科的杰出代表与红色精神传承**
>
> 张伯礼生于1948年2月26日，原籍河北省宁晋县。1982年毕业于天津中医学院，获得医学硕士学位。长期以来，他专注于中医心脑血管疾病和中医药基础研究，成为中医内科方面的权威专家。

> 在中医心脑血管疾病的研究中，张伯礼领导了血管性痴呆（VD）系统研究，制定了VD证类分型标准和按平台、波动及下滑三期证治方案。他还提出了益肾化浊法，该方法在治疗VD 360例中取得显著效果，显效率达到39.3%。此外，他创立了脑脊液药理学方法，揭示了中药对神经细胞保护的作用机制，并因此获得了国家科技进步奖二等奖。张伯礼还采用大样本临床流调方法，首次明确了卒中中医证候和先兆症动态演变规律，并建立了综合治疗方案，因此获得了部级科技进步奖一等奖。
>
> 张伯礼还主持了"973"计划项目方剂关键科学问题的基础研究，创建了以中药组分配伍研制现代方剂的新模式及配伍优选设计方法，达到了国际先进水平。他主持的子课题也获得了国家科技进步奖二等奖。在工作中，张伯礼共获得了国家科技进步奖3项、国家发明奖1项以及省部级科技进步奖一、二等奖共计20项，同时授权专利16项，发表论文120余篇。
>
> 2005年，张伯礼当选为中国工程院院士。他承担了国家"七五"至"十五"重大攻关等项目40余项，担任了国家重点基础研究发展计划两个项目（方剂关键科学问题的基础研究、方剂配伍规律研究）的首席科学家，同时还是科技部"创新药物和中药现代化"重大专项总专家组的成员。张伯礼还参与了中医药现代化顶层设计，主持和参与起草了全国《中医现代化科技发展战略研究》《中药现代化发展纲要》等文件。
>
> 张伯礼院士的研究成果在临床应用中表现出色，受到广大患者的高度认可。他的工作不仅在国内取得了突出的疗效，还获得了国家级的科技奖励。他的工作展现了中国红色文化中"为人民服务"的精神，为中医内科学科的发展作出了杰出的贡献。张伯礼的故事激励更多医学科研人员继续投身于科学创新，为人类健康福祉贡献智慧和力量。他的工作也彰显了中医药在现代医学中的重要性和潜力，为中医药学科的现代化发展提供了典范和指引。

第一节　天然药物的起源与发展

天然药物的使用可以追溯到几千年前，许多文化和民族都有使用植物、动物和矿物等自然物质治疗疾病的传统。在中国，中草药已有数千年的使用历史，被广泛应用于疾病的预防和治疗。中草药在中国传统医学中扮演着至关重要的角色，对人类健康的保护与治疗作出了巨大的贡献。

随着现代科学技术的发展，对天然药物的研究也得到了越来越多的关注。科学家们逐渐开始研究植物、动物和矿物等自然物质中的化学成分，并发现其中许多成分对治疗疾病具有重要作用。通过现代科技手段，如质谱、色谱和分子生物学等，可以更加精确地分析和鉴定这些药物中的活性成分，深入探究其药理作用和治疗机制。

随着现代技术的发展，科学家们也开始利用生物技术和化学合成等方法，研究并合成一些具有生物活性的分子，以开发出更加有效和安全的药物。通过结构优化和修饰，可以增强药物的疗效，减少副作用，并提高药物的稳定性和生物利用度。

天然药物在现代医学中仍然扮演着重要的角色。许多现代药物的原料仍然是从自然界中提取得到的，如从植物中提取的生物碱、甾体化合物和多糖等。这些天然药物经过提纯和加工后，成为许多常见药物的重要成分，用于治疗各种疾病。许多天然药物中的化学成分也被用于合成半合成和全合成的药物，以满足不同病症和临床需求。

天然药物也存在一些问题，如药效不稳定、副作用大、毒性等。由于天然药物的成分和组分可能存在多样性，导致药物的质量和药效不一致，对于剂量和用法的控制也更加复杂。因此，需要进行深入的研究和开发，以确保药物的安全性和有效性。现代科学技术的应用可以帮助加强对天然药物的质量控制、药理学研究及临床试验，提高天然药物的疗效和安全性，为现代医学提供更多有益的选择。

一、天然药物的概念和分类

天然药物是指从自然界中提取的药用物质，包括植物、动物、矿物等自然来源。这些天然物质含有各种化学成分，能够对人体产生治疗、预防、调节和促进作用。

根据天然药物的来源，可以将其分为植物性药物、动物性药物和矿物性药物三类。

1. 植物性药物　植物性药物是指从植物中提取的药物，包括植物的各个部位，如根、茎、叶、花、果实等。植物性药物可以直接使用或经过加工提取得到药用成分。植物性药物在中医和民间医学中一直占据重要地位，并在现代药学研究中得到了广泛应用，常用的中草药如黄芪、人参、银杏叶等都属于植物性药物。

2. 动物性药物　动物性药物是指从动物体内提取的药物，包括动物的各种组织和分泌物，如胆汁、牛黄、蛇胆、蛤蟆、蚯蚓等，在中药中有重要应用。

3. 矿物性药物　矿物性药物是指从矿物中提取的药物，包括某些化学元素和化合物，如硫、铁、氧化铁等。矿物性药物也在中药中有重要应用，如硫黄。

除了以上三类，还有一些天然药物是以蛋白质、多糖等为主要成分的，常在民间传统医学中使用，并逐渐受到现代药学研究的重视。

还有一些混合类天然药物提取物，如复方小檗碱、复方丹参。复方药物是由天然或合成药物制成的混合制剂，以发挥多方面的治疗效果。

需要注意的是，天然药物虽然是从自然界中提取的，但不一定是无害的。一些植物、动物和矿物含有毒素或有害物质，需要经过专业的提取、制备和加工才能安全使用。因此，在使用天然药物时，需要注意剂量和用法，以免出现不良反应和中毒等问题。现代药学和药物研究的发展使得研究者对天然药物的安全性及有效性有更深入的认识，可以更好地利用天然药物的优势，为人类的健康作出贡献。

二、天然药物的来源和发现历程

天然药物的来源可以追溯到古代，当时人们只能通过观察和经验来发现植物、动物和矿物的药用价值。古代药学经典中详细记录了许多天然药物的名称、来源和用法，如《神农本草经》和《本草纲目》等。这些古代文献为后世研究提供了宝贵的资料，也为天然药物的传承和发展打下了坚实的基础。

在古代，人们通过长期的观察和试验逐渐发现了一些天然药物的疗效，这些药物主要来自于植物和动物。例如，据传神农曾尝试过各种植物，发现了许多药用植物，并形成了药用植物分类的理论。在印度，早在公元前1500年就已经将一些植物作为药物使用，形成了古代印度医学体系——阿育吠陀。而古希腊的《荷马史诗》中也曾提到过一些草药的使用。

古代人类早在古埃及医学著作中就记载了超过700种植物的使用方法，而在古希腊，草药医学得到了发展，著名的希波克拉底就是一位著名的草药医师，他的草药治疗方法被广泛应用于欧洲各地。在中国，中药学的发展至今已有几千年的历史，中草药的使用和研究在古代就得到了高度重视。

动物性药物的使用也可以追溯到古代，如在中国的《神农本草经》中就记录了使用蛇胆、蚯蚓等动物性药物的方法。在欧洲中世纪，使用动物组织和分泌物进行治疗也十分普遍，如使用蜂蜜来治疗伤口。古代人们对动物药物的使用主要是通过观察动物的行为和生理特征来发现的。

矿物性药物的使用历史悠久。在古代，人们对矿物药物的使用主要是通过发现一些具有特殊性质的矿物来进行的。

随着现代科学技术的发展，研究者对天然药物的研究也不断深入。现代药学研究发现，许多天然药物中的活性成分具有明显的药理作用，如植物中的生物碱、黄酮类化合物、多糖等成分，动物中的胆汁酸、皮质类固醇、蛋白质等成分，矿物中的硫、铁等元素。这些成分可以通过提取、纯化、合成等方法得到，并应用于临床治疗中。

现代科学技术的发展极大地促进了天然药物的研究和应用。人们现在可以通过生物技术手段来改良天然药物的品质和药效，使其更加适应临床需要。现代科学技术还能为天然药物的研究提供更加精确和准确的工具和方法，如高效液相色谱和质谱分析等。

天然药物的来源和发现经历了从经验及观察到现代科学研究的转变。古代人们通过长期的试验和积累，逐渐发现了许多天然药物的药用价值。随着现代科学技术的不断进步，对天然药物的研究也在不断深入，这为天然药物的应用和发展提供了新的机遇和挑战。

三、天然药物的质量控制和管理

天然药物的质量控制和管理是确保天然药物的安全性、有效性和一致性的关键步骤。由于天然药物的复杂性和不稳定性，其质量控制涉及多个方面，需要结合现代科学技术和传统经验进行综合分析和评估。

1. 药材的采集和储存　药材的采集和储存过程直接影响药物质量。采集时应遵循最佳采集时间、地点和方法，避免对植物、动物或矿物造成过度伤害。储存时要防止湿度、温度等因素引起药材的霉变或质量下降。

2. 原料质量控制　在药材采集和加工过程中，要进行质量控制，确保原料来源可靠、符合规范，避免药材受到环境、微生物等因素的污染。

3. 成分分析　通过现代科学技术，对天然药物中的活性成分进行分析和鉴定，确保其含量和质量符合相关标准。常用的分析方法包括高效液相色谱、质谱分析等。

4. 提取和纯化过程的控制　天然药物中的活性成分一般以较低的含量存在，需要经过提取和纯化等步骤来获得纯净的活性成分。提取和纯化过程的控制是确保药物纯度和稳定性的重要环节。

5. 质量标准　根据成分分析和药理学研究结果，制定天然药物的质量标准，包括质量控制指标、含量测定方法、检测方法等，以确保药物质量的稳定和可控。

6. 生产管理　建立天然药物的生产质量管理体系，包括药材加工、药物制备、包装等环节，制定相应的质量标准和管理规程，对生产过程进行监督和控制，确保药物质量符合标准。

7. 临床应用　在天然药物应用于临床治疗之前，需要进行药效和安全性评价。在临床应用过程中，需要进行剂量控制、疗效观察和不良反应监测，及时发现和处理药物不良反应和副作用。

天然药物的质量控制和管理是一个综合性的过程，需要综合运用现代科学技术和传统经验，确保天然药物的质量稳定和可控。对天然药物的质量控制和管理还需要不断研究与探索，以适应不同药材的特性和临床需求。这样才能充分发挥天然药物在现代医学中的作用，为人类健康带来更多的益处。

第二节　中药学及中药现代化

中药学是中医药学的重要组成部分，涉及中药的起源、分类、性味归经、功效、加工、质量标准、药理学等方面。中药学的研究不仅有助于探讨中药的药理学和药效学，更有助于保护和发展中药资源，促进中药现代化和国际化。

中药现代化是指将传统的中药资源和中药学理论应用到现代科技和现代医学中，将中药制剂转化为符合现代人类健康需求和医学标准的产品。在中药现代化的过程中，需要对中药进行标准化、规范化和现代化的加工和生产，制定中药的质量标准和生产管理规程，以确保中药的质量和安全。同时，还需要将中药的药理学和药效学研究与现代医学结合起来，探索中药的作用机制和临床应用，使其在现代医学中得到更广泛的应用。

中药学和中药现代化的研究与发展是中医药事业的重要组成部分，有助于保护和发展中药资源，促进中药的现代化和国际化，提高中医药在全球范围内的影响力和地位。通过深入研究中药学的理论和实践，结合现代科学技术的手段，更好地挖掘中药的药理学作用和临床价值，推动中医药事业的持续发展和创新。将中药现代化推广到全球，有助于世界各国共享中医药的健康益处，共同促进全人类的健康福祉。

一、中药的起源

中药是指在中医理论指导下，用于预防、诊断、治疗疾病并具有康复和保健作用的物质，包括植物药、动物药、矿物药及其加工品。由于中药以植物类为主，所以古代把中药称为"本草"。有关中药的起源曾经有如下几种说法。

1. 起源于神 古希腊神话中的阿波罗既是太阳神也是医药之神，因此也有人认为中药起源于神话传说。

2. 起源于圣人 古代传说中的伏羲、神农、黄帝等都与中医药的发明有关，被认为是中药的创始人。

3. 起源于巫术 《说文解字》中曾有"巫彭始作医"之说，认为中药起源于巫医的医疗活动。

4. 起源于动物本能 古代人们观察到一些动物在生病或不适时会主动寻找特定植物食用，认为这些动物本能的行为启示了人们发现药物的可能性。

从唯物辩证法的角度来看，中药的起源实际上是由古代劳动人民长期的生活实践和医疗实践所决定的。"医食同源"，医史学家的研究表明人类对药物的认识最初是与觅食活动紧密相连的。原始社会时期，生产力水平低下，我们的祖先在采食植物以维持生存的过程中，逐渐认识到有的植物可以充饥果腹，有的可以减缓病痛，有的则引起中毒，甚至造成死亡。经过无数次的口尝身受，逐渐积累了一些辨别食物和药物的经验，也逐渐积累了一些有关植物药的用药知识，这就是最早植物药的发现和使用。《淮南子·修务训》中有"神农……尝百草之滋味，水泉之甘苦，令民知所辟就，当此之时，一日而遇七十毒"的记载，生动地反映了我国劳动人民发现药物、积累疾病治疗经验的艰难过程。随着进入渔猎时代，人们更多地接触到动物的肉、脂肪、内脏、血液、骨骼等，渐渐发现有些动物类食物可以用来治疗一些疾病，这就是早期动物药的发现。由于采矿、冶炼等社会工业生产的发展，又相继发现了矿物药。我国劳动人民经过反复的实践和认识，发现了更多的药物，用药知识和经验日渐增多，逐渐形成了早期的药物疗法。

随着生产力的发展、社会的进步，人们对药物的需求与日俱增，其来源也由野生药材发展到部分由人工种植和驯养，并由植物药、动物药扩展到天然矿物及人工制品。随着文字的创造和使用，药物知识也由原始的口耳相传，师徒相承，发展到文字记载。中医药的起源既不是出自动物的本能，也不是来源于巫，更不是传说中的几个杰出人物所能创造的，而是我们的祖先们在长期的劳动实践过程中，经过观察、实践逐步发现、积累并综合人类与疾病、神权、愚昧做斗争的经验基础上产生、形成和发展起来的。中药的起源是中国古代智慧与劳动创造的结晶，代表着中华民族博大精深的医药文化传承。

二、中药学的性质

中药学是一门系统性学科，其研究范围涵盖中药的基本理论和各种中药的品种来源、采制、性能、功效、临床应用等知识。在古代，这些内容被称为本草学，共有约400种本草学著作，是中国医药学的宝贵财富，记录了中国人民发明和发展医药学的聪明智慧与卓越贡献，成为中华民族优秀文化的一部分，在国际上产生了重大影响。

中药学作为中医药学的重要组成部分，其发展经历了从本草学到现代中药学的演变。随着社会的发展和科技的进步，中药学得以不断完善和发展。它涵盖了广泛的内容，包括中药的起源、分类、性味归经、功效、加工、质量标准、药理学等方面。中药学不仅仅是中医药学的一个组成部分,更是中医药学的基础和核心学科之一。

中药学的性质可以总结为以下几个方面。

1. 系统性学科 中药学是一门系统性学科,它涵盖了中药的各个方面,从植物药、动物药、矿物药到药物的采制、性能和临床应用等内容,构成了完整的中药学体系。

2. 应用性学科 中药学的研究不仅局限于理论探讨,更强调对中药在临床应用中的价值和效果进行研究。它为中医药的临床实践提供了理论支持和指导。

3. 保护和传承 中药学是保护和传承中药资源、知识和文化的学科之一。通过研究中药的来源、采制等知识,可有效保护和合理利用中药资源。

4. 现代化和国际化 随着现代科技的发展,中药学的研究日益与现代科技和医学相结合,推动中药的现代化和国际化进程。现代科技为中药的研究提供了新的工具和方法,促进了中药的质量控制、标准化及生产技术的发展。

中药学是一门涵盖广泛、综合性强的学科,它以研究中药的理论、应用和发展为主要内容,为中医药学的发展和推广作出了重要贡献。中药学的持续发展和研究将有助于推动中医药事业的不断创新与国际传播,提升中医药在全球范围内的影响力与地位。

三、中药的产地与道地药材

绝大多数中药来自天然的植物、动物、矿物及微生物。由于中国地域广阔,各地生态环境差异显著,对天然动植物药特别是植物性药物的生长、产量和质量有着重大影响。某地区适宜某些动植物的生长,而不适宜另一些品种的生长。这导致了同一种药材在不同产地的品质和含量可能存在差异,甚至影响其临床应用效果。

古人早已认识到这种现象。《千金翼方》中就指出"用药必依土地",强调了地域性与药物品质的关系。为了保证天然药材的质量及其临床疗效,自唐宋以来,人们逐渐形成了"道地药材"的概念。

道地药材是指地域性强、历史悠久、产地适宜、质量优良、产量丰富、炮制考究、疗效突出的优质中药材。也被称为地道药材,产地称为道地产区。道地药材不仅仅是地方特产,更重要的是具有"货真价实、质优可靠"的特点,因其品质优良,在国内外享有很高的声誉,并在经营中具有很强的竞争力。

在中国的各个地区,都存在着很多著名的道地药材,如四川的川芎、川楝子、川乌、附子、川贝母,浙江的杭白芍、杭菊花、杭白芷、浙贝母,江苏的薄荷、苍术,河南的怀地黄、怀牛膝、怀山药、怀菊花,广东的砂仁、藿香、广陈皮、草豆蔻,广西的肉桂,东北的人参、细辛、五味子,山东的阿胶,宁夏的枸杞,甘肃的当归,山西的党参,云南的三七等。

道地药材的产地在实践中并不是一成不变的,它受到多种因素的影响,包括环境条件、种植技术、自然灾害等。因此,道地药材的地位是相对的,需要不断地更新认识和评价。有些药材的产地因环境的变化而发生变迁,新的产地逐渐形成,这需要加强对道地药材的监管和研究,以确保其质量和疗效。

道地药材是中药学中一个重要的概念,它强调了地域性与药物品质的关系,是中药资源保护和中药质量控制的重要手段。在中药产业发展中,必须重视道地药材的保护与研究,保证中药质量的稳定和可控,推动中药学的现代化和国际化进程。

四、中药的采集

中药材所含的有效成分是药物具有防病治病作用的物质基础,而有效成分的质和量因中药的采收季节、时间和方法的不同而各不相同,因而药物疗效也有较大差异。药材的采集是中药学中至关重要的一环,不仅关乎药物的质量和疗效,也涉及中药资源的保护和可持续利用。

（一）全草类药材

全草类药材是指以全草入药的草本植物，通常在植株充分成长、枝叶茂盛的花前期或开花初期采收。根据是否用根，采集方法略有不同。对于不用根的草药，如益母草、荆芥、豨莶草、紫苏、薄荷、青蒿、穿心莲等，只需割取地上部分。而对于需要连根入药的草药，如车前草、蒲公英、紫花地丁、小蓟、白花蛇舌草等，则应将整株拔起。少数药材须在嫩苗时采收，如茵陈、鹤草芽等。

（二）叶类药材

叶类药材通常在花蕾将开或正盛开时采收最好。这个阶段是植物生长茂盛、性味完壮、药力雄厚的时期，最适合采集，如大青叶、艾叶、荷叶等药材。对于特定的品种，如罗布麻，在夏季开花前采摘，其疗效优于秋季采摘者；而霜桑叶则须在深秋或初冬经霜后采收；番泻叶则应采嫩叶；枇杷叶最好在落叶后采收。

（三）花类药材

一般在花正开放时进行采收，由于花朵次第开放，宜分次采集。采摘时间很重要，不同品种要求不同。有的须花正开时采摘，如菊花、洋金花、旋覆花等；有的要求在含苞待放时采摘花蕾，如金银花、槐米、丁香、辛夷、款冬花等；有的要求花半开时采摘，如月季花、木槿花。对于槐花，若已开放，其有效成分芦丁的含量将明显降低，不符合入药要求。蒲黄等花粉类药材应在花朵盛开时采集。

（四）果实和种子类药材

多数以果实入药的药材，通常在果实成熟或即将成熟时采收，如枸杞子、山楂、马兜铃、瓜蒌、川楝子等。少数品种在果实未成熟时入药，如枳实、青皮、乌梅、覆盆子等。容易变质的浆果，如桑椹、枸杞子、覆盆子、女贞子等，宜在略成熟时于晴天的清晨或傍晚采收，并及时加工。以种子入药者，大多在果实成熟后采摘，如沙苑子、菟丝子，有些则应在果实尚未完全成熟时采摘，以免成熟后果实开裂，种子散失，如茴香、豆蔻、牵牛子、青葙子等。

（五）根和根茎类药材

根和根茎类药材一般宜在秋、冬季节采割。这时植物生长停止，地上部分枯萎进入休眠期，或在春季发芽前采收。古人经验指出"春初津润始萌，未充枝叶，势力淳浓也。至秋枝叶干枯，津润归流于下也"，说明春季适宜早采，秋季适宜晚采。例如，天麻，在冬季至次年清明前茎苗未出时采收者称为"冬麻"，其体坚色亮，质量较佳；在春季苗出土时采收者称为"春麻"，其体轻疏，色暗多皱缩，质量较差。丹参在秋后采收者，其丹参酮的含量比其他季节采收者高2~3倍。但也有例外，如柴胡在春天采收较好；人参在夏季采收较好；延胡索、半夏的地上部分枯萎时间较早，以夏季采收为宜。

（六）树皮和根皮类药材

树皮和根皮类药材通常在春、夏时节剥取。此时植物生长旺盛，不仅质量较佳，而且树皮液汁的养分增多，形成层细胞分裂快，树皮易于剥离，如厚朴、杜仲、秦皮等药材。考虑到树皮类药材多源于木本植物，其生长周期长，成材缓慢，应避免伐树取皮或环剥树皮等简单采收方法，以保护药源。根皮类药材与根和根茎类药材相似，应以春、秋季节采剥为宜，如牡丹皮、苦楝皮、地骨皮、白鲜皮等。

（七）动物类药材

动物类药材因种类的不同、入药部位的不同和动物生活习性、活动规律不同而采收时间各异。

采摘时间往往需考虑到保护动物资源的可持续性，同时确保药效。例如，桑螵蛸以卵鞘入药，应在 2 月中旬采收，过时虫卵孵化变为成虫影响药效；鹿茸应在清明前后 45~60 天截取，过时则角化；金钱白花蛇应在夏、秋季节，捕捉孵出 1~3 周的幼蛇；蛇蜕多在 3~4 月蛇蜕皮时采收；大动物四季可捕捉，但宜在秋季；小昆虫等则应在数量较多的活动期捕获等。有些动物药材也有特定的采摘季节，如驴皮应在冬至后剥取，其皮厚质佳。

（八）其他药材

树脂及汁液类药材，不同植物采收时间和部位不同，如安息香在 4 月至秋末生长旺盛时，在树干上割成"V"形口，待汁液凝固成香后采收。矿物类药材全年皆可采集，不拘时节。

在采集药材时，除了注重适宜的采摘季节，还需注意采收方法和技巧。合理的采集方法有助于保持药材的质量和有效成分。此外，为了保护中药资源，需要遵循采收规范，避免滥采滥伐，合理开发利用，实现中药材的可持续利用和保护。

五、中药的储存与养护

中药采收加工后，须及时进行科学的包装与储存，以保持其药效、质量和价值。不当的养护会受外界环境和自然条件的影响，导致虫蛀、发霉、变色、泛油、挥发、变味等现象，不仅失去药效，服用后还可能会产生不良反应。由于中药材种类繁多，性状差异大，所含成分复杂，因此应根据具体情况采用相应的储存方法和技术。

（一）常见的中药变异现象

1. 虫蛀 饮片被成虫蛀蚀的现象。饮片中含有的糖、脂肪、蛋白质等成分是有利于害虫生长繁殖的营养成分，因此最易受虫害影响，如白芷、北沙参、娑罗子、前胡、大黄、桑螵蛸等。

2. 发霉 又称霉变，是指饮片受潮后在适宜温度条件下其表面或内部寄生和繁殖的霉菌所致的现象。发霉对饮片储藏危害最大，特别是在湿热的气候条件下容易发生，如车前草、马齿苋、独活、紫菀等。

3. 泛油 俗称"走油"，是指因饮片中所含挥发油、油脂、糖等，在受热或受潮时其表面返软、发黏、颜色变浑、呈现油状物质并发出油败气味的现象。饮片泛油是一种酸败变质现象，影响疗效，甚至可产生不良反应。含油脂多的饮片，常因受热而使其内部油脂易于溢出表面而造成泛油现象，如柏子仁、桃仁、杏仁、炒苏子、当归、丁香、炒酸枣仁、炒莱菔子等。含糖量多的饮片，常因受潮造成返软而"泛油"，如牛膝、麦冬、天冬、熟地、黄精等。

4. 变色 饮片的色泽发生变化，如由浅变深或由鲜艳变暗淡等。由于保管不善，某些药物的颜色由浅变深，如泽泻、白芷、山药、天花粉等由白色变为黄色；有些药物由鲜艳变暗淡，如花类药红花、菊花、金银花、蜡梅花等。因此，色泽的变化不仅改变饮片的外观，而且也影响药物的内在质量。

5. 气味散失 饮片固有的气味在外界因素的影响下，或储藏日久气味散失或变淡薄。药物固有的气味是由其所含的各种成分决定的，这些成分大多是治病的主要物质成分，如果气味散失或变淡薄，就会使药性受到影响，从而影响药效。药物发霉、泛油、变色，均能使药物气味散失；含挥发油的药物，如肉桂、沉香等，由于受温度和空气等影响，也会逐渐失去油润而干枯，以致气味散失；豆蔻、砂仁粉碎后，气味会逐渐挥发散失等。

6. 风化 某些含结晶水的盐类药物，经与干燥空气接触，日久逐渐失去结晶水，变为非晶状的无水物质，从而变为粉末状，其质量和药性也随之发生了改变，如胆矾、硼砂、芒硝等。

7. 潮解 固体饮片吸收潮湿空气中的水分，其表面慢慢溶解成液体状态的现象，如青盐、咸秋石、芒硝等药物，这些饮片一旦变异更难储存。

8. 粘连 有些固体饮片，因受热发黏而连接在一起，使原来形态发生改变的现象，如芦荟、没药、阿胶、乳香、鹿角胶、龟甲胶、儿茶等。

9. 腐烂 某些新鲜的饮片，因受温度和空气中微生物的影响，引起闷热，有利于微生物繁殖和活动而导致腐烂败坏的现象，如鲜生姜、鲜生地、鲜芦根、鲜石斛等。饮片一旦腐烂，即不能再入药。

（二）常用的中药养护方法

1. 清洁安全养护 保持饮片库房干净、无尘、整齐，防止有害生物侵入（防虫、防鼠害），做好库房安全工作（防火、防盗），这是一项最基本的养护。

2. 干燥防潮养护

（1）通风干燥：利用自然气候调节库房温度和湿度。一般采用在晴天或室外湿度较低时开启窗户进行通风，降温、散湿、防潮，也可通过安装换气扇进行通风干燥。

（2）吸湿防潮：应用干燥剂如生石灰等，吸湿防潮，保持库房环境干燥。

3. 低温或高温养护 对一些药材饮片采用低温（2~10℃）冷藏养护，可有效防止发霉、生虫和变质，如人参、灵芝、鹿茸、海马、全蝎等采用低温冷藏；对一些饮片采用高温如暴晒、烘烤的方法，也可以杀死害虫及虫卵，防止虫蛀霉变；但暴晒后容易变色、泛油、走味的药材不宜采用；含挥发油的饮片烘烤时温度不能超过60℃，以免有效成分损失。

4. 封闭养护 一般在气温较高、湿度较大、霉菌繁殖较快的季节采用。封闭时饮片水分必须保持安全含水量，否则霉菌更易滋生，真空封闭效果更佳。封闭饮片同时能防止变色。

5. 对抗养护 采用两种或两种以上的药物同储或采用一些有特殊气味的药物同储，相互克制，起到防虫、防霉的作用。应用此法应注意防止药材之间的掺混和"串味"，如人参不宜用冰片、樟脑、薄荷脑等防虫，以免沾染异臭。

6. 药剂熏蒸养护 采用磷化铝片处理。每片用透气纸或纱布包好，塞入饮片内（每立方米药材3~10片），利用药物挥发气味，杀灭害虫和虫卵。此法对人体安全，对饮片亦无影响。

7. 新养护技术 在有条件时，可采用气调养护、远红外加热干燥养护、微波干燥养护、气幕防潮养护、除氧保鲜养护及辐射防霉除虫养护等新技术和手段，以达到养护目的。

中药饮片的储存和养护方法较多，具体应用时应选择正确、科学的储存、养护方法。同时要认真细心，经常检查，严格按照储存、养护制度进行管理，加强日常养护，才能确保中药饮片的质量。

六、中药学的发展历程和主要成果

中药学是一门研究中药的基本理论、临床应用、资源开发、药物制备等问题的学科。它的发展历程可以追溯到中国古代，经过几千年的发展，已经形成了一整套完整的理论体系和研究方法。

中药学的发展历程可以概括为以下几个阶段。

1. 古代中药学阶段 从古代到唐代，中药学主要是通过药物的经验应用进行积累和发展，形成了中药的基本理论和药材的分类、性味归经等知识。早在先秦时期，中国人就开始了解药物的性能和功效，并将这些知识记录在《黄帝内经》等中医经典中。

2. 经典中药学阶段 宋代至明清时期，中药学开始注重对中药理论的整理和梳理，形成了大量的中药学经典，如《神农本草经》《本草纲目》《本草拾遗》等。随着时代的变迁，中药学逐渐发展为一门独立的学科，并在唐宋时期达到了巅峰。

3. 现代中药学阶段 20世纪初，中药学开始系统研究中药的化学成分、药效、药理学等方面的问题，并逐步发展出中药制剂学、中药分析学、中药质量控制学等分支学科。随着科技的进步，中药学的研究方法也不断更新和改进，如分子生物学、生物信息学、计算机技术等新技术的应用，为中药学的发展提供了新的思路和方法。现代中药学还包括了中药质量控制、中药药效评价、中药临床应用等多个方面。

目前，中药学在中药研究、临床应用和资源开发等方面取得了许多重要的成果，主要包括以下方面。

1. 中药化学成分的研究　中药化学成分是中药药效的物质基础。中药学通过对中药化学成分的研究，揭示了中药的药效物质基础和药效机制，促进了中药现代化的进程。

2. 中药药效和药理学的研究　中药学通过对中药药效和药理学的研究，揭示了中药的药理学特点、作用机制和临床应用规律，为中医药现代化提供了重要的理论基础。

3. 中药制剂学的研究　中药制剂学是中药学的重要分支学科，研究中药的加工制备、质量控制和临床应用等方面的问题，为中药的现代化制剂和质量控制提供了重要的技术支撑。

4. 中药资源的开发和保护　中药资源的开发和保护是中药学研究的重要内容。中药学通过对中药资源的调查、研究和保护，为中药的合理利用和可持续发展提供了重要的科学依据。

中药学在历史上取得了很多重要成果，如中药的药理学研究、中药制剂的开发与应用、中药质量控制技术等。这些成果不仅对中医药学的发展起到了重要的推动作用，也为现代医学的研究提供了新的思路和方法。随着科学技术的不断进步，相信中药学在未来会取得更加辉煌的发展成就。

七、中药现代化的概念和内涵

中药现代化是指以现代科技手段为支撑，利用现代化的管理和技术手段，对中药进行现代化的生产、加工、质量控制、研究和应用等方面的改革和创新，以提高中药的质量、疗效和竞争力，推动中药产业的可持续发展。它是中医药传统文化与现代科学技术相结合的产物，旨在将传统的中药学知识与现代科学方法有机融合，实现中药的现代化和产业化，包括以下几个方面的内涵。

1. 现代化的生产和加工技术　中药现代化需要借助现代化的生产和加工技术，如高效提取、纯化、浓缩等，以提高中药产品的纯度、稳定性和药效，同时使中药制品的生产过程更加规范化、标准化和工业化，以确保产品的质量和安全性。

2. 现代化的质量控制技术　中药现代化需要建立现代化的质量控制体系，采用现代化的检测手段和方法，如高效液相色谱、气相色谱、质谱等，对中药及中药制品进行全面的质量监控，以确保中药产品符合规定的质量标准，并满足市场和临床的需求。

3. 现代化的研究方法　中药现代化需要运用现代科学技术和研究方法，如分子生物学、基因工程、生物信息学等，来深入研究中药的药理学机制、作用规律和临床应用价值，从而揭示中药的药效物质基础和作用机制，推动中药的现代化研究和应用。

4. 现代化的管理模式　中药现代化需要建立现代化的管理模式，包括科学的生产计划和流程、标准化的制剂和操作规范、严格的质量控制和监测等，以提高中药产业的效益和竞争力，保障中药产业的可持续发展。

中药现代化的内涵是一个多方面的系统工程，要求综合运用现代科技手段和管理理念，以促进中药学科的发展和中药产业的升级，为人类健康事业作出更大的贡献。

八、中药现代化的技术和方法

中药现代化是指利用现代科技手段的支持，采用现代化的管理和技术手段，对中药进行现代化的生产、加工、质量控制、研究和应用等方面的改革和创新，以提高中药的质量、疗效和竞争力，推动中药产业的可持续发展。

中药现代化的技术和方法是中药现代化实现的关键步骤，主要包括以下几个方面。

1. 中药化学成分的分离与鉴定　通过现代化学技术，可以对中药化学成分进行分离、纯化和鉴定，找出有效成分，从而得到更纯净、有效的药物成分，为中药的质量和疗效提供科学依据。

2. 中药药效与药理学研究 通过现代医学的方法，对中药的药效进行科学评价和研究，揭示其作用机制和临床应用规律，为中药现代化应用提供科学依据。

3. 制剂技术 通过现代化的制剂技术，将中药制成适合现代临床应用的剂型，如片剂、胶囊、注射剂等，使其使用更加方便、精确，提高其药效和质量稳定性。

4. 中药质量控制技术 通过现代化的质量控制技术，建立中药的质量标准和检验方法，确保中药制剂的质量和稳定性，保障中药的安全性和有效性。

5. 中药资源的保护和开发 通过科学合理地开发和保护中药资源，保障其可持续利用和发展，维护中药产业的可持续发展。

6. 中药与现代医学的融合 通过将中药与现代医学相结合，探索中西医结合的新模式，发挥中药的优势，提高治疗效果和患者生活质量。

这些技术和方法的应用，可以提高中药的药效和质量稳定性，加快中药现代化的进程，推动中医药学的发展，同时也为现代医学的研究提供了新的思路和方法，为人类健康事业作出更多贡献。

第三节 生 药 学

一、生药学的基本概念

生药学（pharmacognosy）是一门综合性学科，涵盖了植物学、动物学、植物化学、药物分析、药理学及本草学等多个学科的理论知识和现代技术，旨在研究生药的各个方面，包括基源鉴定、生产加工、活性成分、药理作用、品质评价以及资源利用等问题的科学。

二、生药学的起源与发展

生药学一词源自希腊字"药物"（pharmakon）和"知识"（gnosis），直译为"药物的知识"。这个学科最早在汉文中出现于1880年，由日本学者大井玄洞翻译著作《生药学》时首次使用。生药学是药学领域中的一个重要分支，主要研究天然药物（包括植物、动物和矿物等）的基源鉴定、生产加工、活性成分、药理作用、品质评价及资源利用等问题。它通过应用植物学、动物学、植物化学、药物分析、药理学和本草学等学科理论知识及现代技术，为药物研发、质量控制和临床应用提供科学依据，推动了中药现代化和发展。

（一）传统的本草学时期

古代本草著作最早出现在2000多年前，直至19世纪中期，全球范围内仍处于传统的本草学时期。在这个时期，药物（生药）的知识主要依赖于感官和实践经验的积累。古代本草书籍主要记载药物的医疗功效，同时也提及生药和药用动植物的名称、产地、形态和感官特征等。由于地区和经验的差异，对药物的认知存在差异，同时受限于当时科学水平，对药物的认知相对简单，但积累了宝贵的用药经验。

（二）近代的商品生药学时期

从19世纪中期到20世纪中期，随着国际交通和贸易的发展，生药成为国际贸易中的特殊商品。这一时期生药学的主要内容是研究商品生药的来源，以及鉴定其真伪和优劣。显微镜等工具的运用使得显微鉴定方法开始应用于生药鉴定，同时化学定性和定量方法也被引入生药鉴定工作。19世纪初吗啡的发现开创了以生药有效成分为基础制备药品的先例，之后大量合成药物的研究都基于生药的化学和药理学研究成果。

（三）现代的生药学新时期

20世纪60年代后，生药有效成分分析方法的快速发展标志着现代生药学的新时期到来，推动了对影响生药质量的各种因素进行科学研究。例如，对于明确的有效成分、经济价值较大且大量栽培的药用植物（如薄荷、洋地黄、金鸡纳树等）进行选育、嫁接、杂交及环境条件和栽培技术、病虫害防治等方面的研究，旨在提高产量和质量；对生药的采收时机、加工方法和储存条件等方面进行研究，以努力提高和保持生药的优良品质。

利用人工方法造成药用植物遗传因子的突变和多倍体植物的形成，利用示踪原子探索有效成分在植物体内的形成过程及其影响因素，以及细胞和组织培养方法来生产药用植物的有效物质等，都取得了进展。植物化学成分知识的积累使得各类植物的化学成分及其亲缘关系的科学研究得以展开，进而催生了植物化学分类学（plant chemotaxonomy），这门学科对分类学具有重要意义，并将促进新的生药资源的开发。此外，随着各个学科和技术的迅猛发展，涌现出一些新的分支学科如海洋生药学、分子生药学等，为生药学的发展开拓了新的领域。

生药学在药学领域的地位愈发重要，通过对生药的多方面研究，为药物的研发、质量控制和临床应用提供了科学依据，推动了中药现代化和发展。随着科学技术的进步，生药学将继续拓展研究领域，为人类健康事业作出更大贡献。

三、生药学的研究内容

（一）准确识别、鉴定生药

准确识别和鉴定生药的物种来源是生药学研究中至关重要的内容。生药的来源十分复杂，市场上经常出现伪劣品和混淆品，这对中药的质量和安全性构成潜在威胁。不同地区的用药历史和用药习惯导致生药的名称存在差异，同名异物、同物异名的情况较为严重。例如，益母草在东北被称为坤草，在浙江被称为三角胡麻，在四川被称为雪母草，在甘肃被称为全风赶。此外，一些名贵的中药材，如冬虫夏草、天麻、贝母、三七、西洋参、麝香等，在市场上也经常出现伪品，如用淀粉制造的"冬虫夏草"、用土豆加工成的"天麻"、人工合成的"西洋参"等。

因此，生药学的研究者需要通过多方面的鉴定工作来确保生药的来源真实和品质优良。这些鉴定方法包括外观特征观察、显微镜鉴定、化学成分分析、DNA分析等。例如，对于人参这一重要中药材，生药学家会对来自不同产地和来源的人参样品进行比对研究，通过对根茎形态、组织结构、有效成分含量等方面的分析，来确认其真实性和品质。

《中华人民共和国药典》（简称《中国药典》）作为生药学的重要参考依据，收录了大量的生药和中药饮片的质量标准。然而，由于一些生药存在多来源地的情况，如麻黄、大黄、淫羊藿等，物种的准确鉴定仍然是生药质量评价中的关键环节。

随着现代技术的不断发展，新的鉴定方法和技术不断涌现，如DNA条形码技术和化学指纹图谱等，为准确鉴定生药提供了更加快速和精准的手段。同时，对于一些珍稀濒危植物资源的保护和合理利用也成为生药学的重要研究内容。通过对这些物种的生态学研究、种质资源保护和人工繁育，可以保障这些宝贵药材的持续供应。

准确识别和鉴定生药的物种来源是生药学研究的重要内容，它直接影响到中药的质量和安全性。通过不断发展新的技术和方法，生药学在中药现代化和传统中医药的保护与发展中发挥着关键作用。在中药产业持续发展的背景下，加强生药学的研究与实践，确保中药质量，推动中药行业的繁荣发展，对于中药现代化和国际化具有重要意义。

姜黄（*Curcuma longa* L.）

芭蕉目（Zingiberales），姜科（Zingiberaceae）姜黄属（*Curcuma linnaeus*）植物，多年生宿根草本植物。

【基源】 姜黄（学名 Curcuma longa L.）是姜科姜黄属植物的根茎。它是一种多年生草本植物，主要产于中国南方和东南亚地区。在中国，姜黄广泛分布于云南、广西、广东、福建、湖南、湖北等地。在东南亚地区，姜黄也是常见的栽培植物。姜黄在中医药学和亚洲传统医学中有着悠久的历史，是一种重要的中药材。姜黄在我国明代李时珍所著的《本草纲目》中还有一个奇特的名字——宝鼎香。古代的鼎，既是道士炼丹煮药的鼎炉，也是鸣琴焚香的香炉，更是政权的象征，故称宝鼎。用宝鼎香来比喻姜黄气香特异，功效卓著，高贵典雅。

【植物形态】 姜黄（图2-1）的植株高度1～1.5m，根茎很发达，成丛，分枝很多，椭圆形或圆柱状，橙黄色，极香；根粗壮，末端膨大呈块根。叶每株5～7片，叶片长圆形或椭圆形，长30～45cm，宽15～18 cm，顶端短渐尖，基部渐狭，绿色，两面均无毛；叶柄长20～45 cm。花葶由叶鞘内抽出，总花梗长12～20 cm；穗状花序圆柱状，长12～18 cm，直径4～9 cm；苞片卵形或长圆形，长3～5 cm，淡绿色，顶端钝，上部无花的较狭，顶端尖，开展，白色，边缘染淡红晕；花萼长8～12mm，白色，具不等的钝3齿，被微柔毛；花冠淡黄色，管长达3cm，上部膨大，裂片三角形，长1～1.5cm，后方的1片稍较大，具细尖头；侧生退化雄蕊比唇瓣短，与花丝及唇瓣的基部相连成管状；唇瓣倒卵形，长1.2～2cm，淡黄色，中部深黄，花药无毛，药室基部具2角状的距；子房被微毛。花期：8月。

图2-1 姜黄植株和姜黄根茎

【性状鉴别】 姜黄根茎呈不规则卵圆形、圆柱形或纺锤形，常弯曲，表面深黄色，粗糙，有皱缩纹理和明显环节，并有圆形分枝痕及须根痕。质坚实，不易折断，断面棕黄色至金黄色，角质样，有蜡样光泽。内皮层环纹明显，维管束呈点状散在。气香特异，味苦、辛。以质坚实、断面金黄、香气浓厚者为佳。

【形态特征】 姜黄的根茎呈粗壮的橘黄色，表面有明显的纵横皱纹，并且有分枝。切开姜黄的根茎，可以看到横切面呈现黄色，内部组织结构包含较多的横向木栓层和纵向韧皮部。根茎具有浓郁的香气，是其药用价值的重要特征。植株高度一般在1m左右，根茎一般位于土壤下部，向上生长的是叶子和花序。

【显微特征】 姜黄的显微特征（图2-2）是对其进行鉴别的重要依据。通过显微镜下观察姜黄的根茎，可以看到以下特征。

1. 黄色颗粒状结晶 姜黄的根茎内部可见大量黄色颗粒状结晶，这些结晶既是姜黄素的主要活性成分，也是姜黄根茎呈现黄色的主要原因。姜黄素是一种多酚类化合物，具有强烈的黄色，这是姜黄在中药材中独特的色彩特征。

2. 维管束和韧皮部的细胞结构 显微镜下可以清晰观察到姜黄根茎内维管束和韧皮部的细胞

结构。维管束由纤维状细胞组成，起着输送水分和养分的重要作用。韧皮部是根茎的外部保护组织，具有维持姜黄根茎结构稳定的功能。

3. 根茎横切面的结构 姜黄根茎横切面显示出以下结构特点：外方有4～10余列木栓化细胞，通常发生在皮层部位，其外有时可见表皮和皮层细胞。皮层宽广，含有叶迹维管束；内皮层明显。中柱鞘为1～2列细胞，维管束较少，分布在近中柱鞘处较多，向内逐渐减少。根茎的薄壁细胞含有淀粉粒和棕色色素，薄壁组织中还散布着油细胞。

综合以上显微特征，可以准确地识别姜黄并与其他类似植物进行区分。黄色颗粒状结晶是姜黄素的主要成分，也是姜黄根茎呈现黄色的独特特征。维管束和韧皮部的细胞结构及根茎横切面的形态特点是鉴别姜黄的关键特征。显微特征的观察是一种常见的中药材鉴别方法，建议在进行姜黄的显微观察时，使用高倍显微镜，并结合植物学知识，以确保鉴别的准确性。

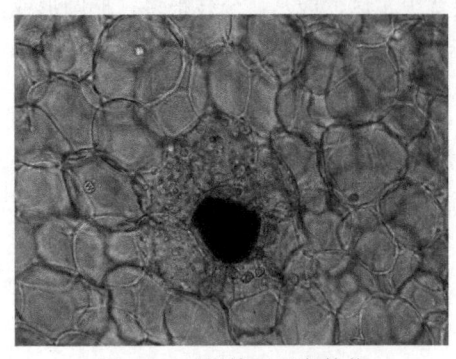

图2-2　显微镜下观察姜黄

【粉末特征】 将姜黄的根茎制成粉末后，其粉末呈黄色，含有黄色颗粒状结晶，呈淡黄色。在显微镜下观察，可见颗粒状结晶、维管束和纤维细胞等特征。这些粉末特征也是鉴别姜黄的重要依据。

【鉴别特征】 姜黄可与其他类似植物进行鉴别。其中，其主要鉴别特征是根茎的橘黄色，显微镜下观察可见黄色颗粒状结晶，这些结晶是姜黄素的主要特征。另外，根茎的横切面呈黄色，有较多的横向木栓层和纵向韧皮部，也是鉴别的重要特征。

【药理活性与应用】 姜黄作为中药材，具有丰富的药理活性，其中主要活性成分为姜黄素。姜黄素具有抗氧化、抗炎、抗菌、抗肿瘤、免疫调节等多种生物学活性。在中医药学中，姜黄被广泛应用于活血化瘀、疏肝理气、消食化滞、解毒利胆等方面。它常用于治疗跌打损伤、胸痹心痛、月经不调、黄疸等症状。此外，姜黄也被用作调味品，赋予食物特殊的香气和颜色。

【现代研究与医药应用】 近年来，姜黄及其主要活性成分姜黄素引起了广泛的研究兴趣。许多研究表明，姜黄素对多种疾病具有保健作用，包括心血管疾病、糖尿病、肝病、癌症等。姜黄素还被研究用于抗衰老、改善认知功能、抑制病毒感染等领域。然而，姜黄素的生物利用度较低，不易被人体吸收，因此需要进行药物传递系统的研究，以提高其生物利用度和疗效。

【安全与注意事项】 姜黄作为中药材，通常在适量使用下是安全的。然而，因个体差异，少数人可能对姜黄过敏或出现不良反应，因此在使用姜黄时应注意个体情况。孕妇和哺乳期妇女慎用姜黄。此外，姜黄可能与某些药物相互作用，影响其药效，因此正在服用其他药物的患者在使用姜黄前应咨询医生。

（二）调查、考证生药资源

自中华人民共和国成立以来，我国对中药资源的调查与研究一直处于不断深入的阶段。中药作为中国传统医学的重要组成部分，拥有丰富多样的药用植物和药材资源，其应用历史悠久，对中华民族的健康保健和疾病治疗发挥着不可替代的作用。

为了更好地了解和管理这些中药资源，国家进行了一系列大规模的中药资源调查。这些调查工作的目的在于全面掌握我国中药资源的种类、分布、采集与储藏等信息，以便为中药的合理利用和开发提供科学依据。调查工作涉及全国各地的山区、森林、草原、湿地等多种生境，广泛覆盖了我国中药资源的主要产地。

在调查过程中，专家学者们积极参与田间考察、采集标本和实地调查，同时结合现代科技手段进行数据整理和分析。通过这些工作，不仅揭示了许多资源丰富的新药源，还发现了一些过去被忽视或认为无药用价值的植物，如长春花、萝芙木、喜树和红豆杉等。这些植物中被发现存在着降血压、抗癌等重要的药用成分，如利血平、长春新碱、喜树碱和紫杉醇，为中药的创新应用提供了有力的科学依据和支持。

为了更好地保护和合理开发这些宝贵的药用资源，我国启动了第四次全国中药资源普查试点工作。此次普查试点覆盖了我国 31 个省、自治区、直辖市的 807 个县，涵盖了全国范围内的中药资源分布情况。在普查试点工作中，专家们编写了《全国中药资源普查技术规范》，为普查工作提供了指导和标准。国家也投入了大量资金和人力资源用于普查试点工作，建立了大量的样地、实物标本和照片，收集了各类中药资源的种类和分布信息。同时，还建立了中药材种子种苗繁育基地、中药材种质资源库、中心平台、监测站和监测点等，以便更好地保护和管理中药资源，为中药产业的可持续发展提供有力的支持和保障。

第四次全国中药资源普查的启动，标志着我国在中药资源领域取得了新的进展。通过这次普查，我们将更全面地了解我国中药资源的现状，制定出更具体的保护和利用计划，为中药产业的可持续发展铺平道路。这一重要举措对于推动我国中药事业的繁荣发展，保护中药文化遗产具有重要的意义。同时，中药产业的繁荣发展也将带动相关产业的发展，为我国经济的持续增长和社会的繁荣稳定作出贡献。中药资源的深入调查与研究，将为我们更好地传承和发展中华医药文化，为人民群众的健康福祉作出积极贡献。

（三）评价生药的品质，制订质量标准

生药品质评价是中药质量控制的关键环节，旨在确保中药的安全性、有效性和稳定性，为中药的合理利用和开发提供科学依据。这项工作涉及对多来源生药进行性状鉴别、显微鉴别、理化鉴别等分析，并测定生药的浸出物、有效成分或指标成分的含量。同时，还要检查重金属、农药残留量、黄曲霉毒素等有毒物质的蓄存量，并对生药的药效作用进行检验，以确保中药的安全、有效和稳定。

为了建立生药的品质评价方法，我国药典等权威性文件不断进行修订和更新，引入现代分析技术对生药进行全面鉴定。例如，2020 年版《中国药典》规定，应使用高效液相色谱法测定桃仁、酸枣仁、僵蚕、胖大海等 14 种药材中的黄曲霉毒素 B_1 的含量，不得超过 5μg/kg。同时，强调实验应有相关的安全防护措施，以防止对实验人员和环境造成污染。

对于优质品种的生药，需要建立能确保其品质的质量标准。这些标准包括外观、性状、含量测定、质量控制等项目，以确保其药效和治疗效果的一致性与稳定性。同样地，对于可以利用的类同品，也需要制定其质量标准，以确保其在临床应用中的效果和安全性。这样的质量标准能够保证中药的质量稳定，使中药的疗效得到充分发挥，并为国家药典的完善、卫生部门颁布标准，以及申报新药的研究提供了生药或其制剂的质量依据。

制定生药的质量标准对于中药产业的发展和国民健康的保障至关重要。通过严格的质量控制，我国的中药产业将更好地服务于人民群众的健康，推动传统中药的传承和发展，并为国家的医药产业贡献更多优质的药品。同时，制定质量标准也有助于增强中药产业在国际市场上的竞争力和影响力，提高中药的国际认可度。中药作为中华民族宝贵的文化遗产，其传承与发展关乎民族的药物传统与健康产业的繁荣。通过不断深化品质评价和质量标准的制定，我国中药产业将迈向更加稳固和可持续的发展轨道，为国家的健康事业和经济社会的发展贡献更大的力量。

在制定质量标准的过程中，需要综合考虑中药资源的生态环境、生长条件、采收与加工工艺等因素，确保生药的品质稳定性和可持续发展。同时，加强对中药材种植、采集和加工等各个环节的管理，确保中药的原材料安全和质量可控。除了传统的质量评价指标外，还应不断探索新的评价方法和技术手段，结合现代科技手段，提高质量评价的准确性和科学性。

（四）为中药材生产规范化服务

中药作为我国重要的传统医药资源，在现代医药领域的应用和发展中具有重要地位。为了确

保中药的质量、安全和疗效，中药材的生产规范化成为不可或缺的环节。随着我国制药工业的迅猛发展和国内外医药市场的需求逐渐增大，中药及其原料的质量标准化变得尤为迫切。

中药标准化（standardization of Chinese materia medica）是一个包罗万象的概念，涵盖了中药材标准化、饮片标准化和中成药标准化等多个方面。而其中，中药材标准化被视为基础，它为中药产品的研发、制造和应用的各个环节提供了科学规范的依据。中药材标准化旨在通过规范化的生产流程、质量要求和管理体系，确保生产的中药材在物理、化学和药理学等方面达到一定的标准，从而保障中药的质量稳定性、安全性和疗效。

为了实现中药材标准化，生产过程必须进行规范化和规模化，遵循《中药材生产质量管理规范》（GAP）的要求进行生产。这意味着生产者需要掌握丰富的植物生长、引种栽培等专业知识，深入了解中药材产地的生态环境、种质和繁殖材料、栽培与养殖管理、采收与产地加工等一系列相关知识和技能。同时，还需要制订详细的生产计划，确保中药材的生产过程符合标准化要求。

中药材生产规范化服务的关键内容包括如下。

1. 培训与指导　为中药材生产者提供系统的培训课程，传授中药材标准化的基本理论和实际操作技能，帮助他们深入了解生产标准和操作规程。

2. 生产流程优化　协助中药材生产者优化生产流程，提高生产效率和质量，确保每个环节都符合标准化要求。

3. 质量监控　建立质量监控体系，对中药材的生产过程进行监测和检验，确保生产的药材达到国家标准和行业规范。

4. 环境保护　引导生产者采用环保的种植和养殖方法，避免使用有害农药和化肥，保护生态环境。

5. 创新研发　促进中药材生产技术的创新研发，引入新的种植技术、育种方法和生产设备，提高中药材的产量和质量。

中药材生产规范化服务不仅有助于提高中药的整体质量水平，也有助于保护中药资源和生态环境，推动中药产业的可持续发展。通过规范化的生产，中药材将更加适应现代医药市场的需求，为人民群众提供更安全、有效的中药产品，同时也促进中药产业在国际市场上的竞争力和影响力。

四、生药学的主要任务

19世纪初，随着国际贸易的迅速发展，生药学作为商品学的一个分支在德国诞生，它是一门研究动植物药材的科学，涵盖药材的来源、采集加工、品质、纯度、混杂物及伪品检查等内容。1905年，"生药学"一词传入我国，当时主要关注作为商品的药材来源和鉴定真伪品质。随着现代仪器分析方法的迅速发展，各种色谱技术逐渐应用于生药化学成分及其定性定量分析。同时，多学科交叉融合使得国际上对生药学研究范围不断扩展。

近年来，我国的生药学研究在中医药现代化和国际化的背景下，担负着更为重要的使命。其主要任务如下。

1. 加强中药应用基础研究　进一步深入研究中药的药效物质基础和作用机制，探索并确立现代科学技术支持下的中药理论。通过深入的实验研究，揭示中药的药理学机制，为中医药的合理应用提供科学依据。

2. 研究开发现代中药　在充分发挥我国传统中医药特色和优势的前提下，运用现代科学技术对中药进行系统研究。通过分离纯化药用活性成分、优化制剂工艺等手段，开发现代中药制剂，提高产品的质量和国际竞争力。

3. 推动中药材规范化管理　实施GAP和《药品生产质量管理规范》（GMP），促进中药材生产的基地化和产业化。规范生产流程，确保中药材的质量、安全和可追溯性。

4. 参与国际市场竞争　在保护和传承中华民族的药物文化遗产的同时，积极参与国际市场竞争。通过规范化的生产和质量控制，提高我国中药产品在国际市场上的认可度和竞争力。

5. 拓展跨学科合作　随着科技进步，生药学的研究领域与其他学科的交叉越来越紧密。积极促进与化学、生物学、药学等领域的合作，共同推动中药研究的深化和创新。

通过以上任务的实施，生药学将在中医药现代化和国际化的推动下，为中药产业的发展和传承作出更大的贡献。在保障中药的质量和疗效的同时，也能够推动我国中医药事业在国际舞台上的更广泛影响和合作。

五、生药学的发展

随着现代科学技术的迅猛发展，尤其是现代仪器分析、分子生物学等学科在生药学领域的广泛应用，生药学的研究迎来了崭新的局面，其发展正朝着更深、更广的层次和领域迈进，以下是生药学发展的一些重要趋势。

1. 生药鉴定的深入与创新　现代仪器分析方法的应用，如紫外光谱、红外光谱、色谱、核磁共振波谱和质谱等，使得药材化学成分的识别、定性和定量研究更加便捷高效。在微观和分子水平上，生药鉴定正朝着更深入的方向发展，如 DNA 分子遗传标记技术的应用，可以在微量样本中准确鉴定药材的真伪和品质。

2. 品质因素的综合研究　现代科技的进步使得从多个角度综合研究影响生药品质的因素成为可能。从选种、栽培、采收、加工到储藏等方面，生药品质的影响因素正逐步被揭示。通过科学研究，生药品质评价正在形成科学、客观、量化的评价体系。

3. 人工合成有效成分　为了广泛应用超微量有效成分于临床，人工合成药用植物中的有效成分成为可能。利用遗传工程和细胞培养技术，可以实现有效成分的人工制造，推动药材资源的合理利用和药效的最大化。

4. 药材道地性的研究　利用现代科学技术，研究生物与环境之间长期相互作用对道地药材品质的影响，揭示药材道地性形成的规律和实质。这将为道地药材的可持续利用提供科学依据。

5. 新资源开发的前景　随着天然药物化学成分知识的积累和植物化学分类学的发展，新生药资源的开发前景更加广阔。通过科学的研究方法，可以更好地挖掘新的药用植物资源。

6. 生药质量标准的提升　生药质量标准的规范化研究正在深入进行。通过对常用生药品种的整理、质量研究及生药质量标准的制定，我国中医药事业将迈向更高水平，加速中医药的国际化进程。

这些发展趋势表明，生药学作为中药领域的核心科学之一，将在现代科技的驱动下继续推动中医药事业的发展，促进传统中药的创新与应用，为人类健康提供更多的选择和可能性。通过深化研究，拓展合作，生药学必将在中医药事业中发挥越来越重要的作用。

六、生药的采集、加工和质量控制

生药是指中药材的原始形态，它的采集、加工和质量控制是中药生产过程中至关重要的环节。以下是对生药的采集、加工和质量控制进行拓展和规范化的详细说明。

1. 生药的采集　采集生药是获取中药材的原始材料，因此要确保采集过程符合科学规范和可持续发展原则。采集时间应在植物的生长和药材积累最佳时期，这通常与植物的生物学特性、药用部位和药材含量相关。在采摘过程中，要避免损伤植物的生长点和破坏整株植物，尽量采取不伤害植物的方式进行采集，以保证植物的再生和生态平衡。

2. 生药的加工　生药的加工是将采集得到的鲜药材进行处理，使其适合于保存、使用和加工制剂。加工过程中要注意保持药材的生物活性成分和化学成分不受损失，并避免杂质、微生物和重金属等污染。清洗应采用干净的水源，避免使用有害化学物质。干燥要根据不同药材的特点和要求，选择合适的干燥方法和温度，确保药材干燥透彻，避免霉变和变质。切片和研粉要求技术娴熟，以保持药材的有效成分。

3. 生药的质量控制　生药的质量控制是中药生产的核心环节，确保中药的质量和安全性。质量控制需要对生药进行外观检查，检测理化指标（如含水量、挥发性物质、灰分等）、微生物指标（如细菌、霉菌、酵母菌等）、农药残留和重金属等。这些检测可以通过现代科技手段进行，如高效液相色谱、气相色谱、原子吸收光谱等。质量控制应按照国家相关法律法规和中药质量标准进行，确保药材符合规定的质量要求。

4. 存储和运输　存储和运输环节对于保持药材的质量与活性非常重要。存储时应避免潮湿、暴晒和虫蛀，控制好湿度和温度，防止药材变质和霉变。运输过程中要避免碰撞和挤压，选择合适的包装和运输方式，以确保药材在运输过程中不受损坏和污染。

生药的采集、加工和质量控制是中药生产过程中的关键环节，它们直接关系到中药的质量和疗效。只有严格按照规范进行操作，保证生药的质量和安全性，才能生产出高质量的中药产品，为人民群众的健康提供可靠的保障。同时，为了实现中药产业的可持续发展，还需加强对中药资源的保护与管理，合理利用野生植物资源，推动中药产业的绿色可持续发展。

七、生药资源的保护和可持续利用

生药资源是中药产业的重要基础和核心要素，其保护和可持续利用对于中药产业的长期健康发展至关重要。以下是对生药资源保护和可持续利用的几个方面进行更详细的拓展和规范化。

1. 生态环境保护　生态环境的保护是保障生药资源可持续利用的基础。应加强对生药产地生态环境的监测和评估，定期调查和研究药材的生长环境、气候条件、土壤状况等因素，及时发现和解决生态破坏问题。在生药产地建设方面，要遵循环境友好原则，控制开采量，保护野生植物和动物的栖息地，避免非法采集和破坏生态平衡。

2. 资源评估和管理　加强对生药资源的调查、评估和监测，建立生药资源数据库，科学规划和管理生药资源的开发和利用。通过资源评估，可以了解生药资源的现状和变化趋势，为制定合理的资源保护和利用策略提供依据。对于野生生药资源，要实行保护优先原则，限制采摘数量，设立自然保护区和野生动植物保护区，建立长效管理机制。

3. 科技创新和推广　加强生药资源的科技研究和技术创新，发展新品种和新技术，提高生药资源的产量和质量。通过培育高产高效的品种，合理利用农业技术手段，提高药材的生产效率。同时，将科技成果推广到生产实践中，引导农民科学种植，提高资源利用效率。

4. 产业发展和政策支持　加强对生药产业的支持和引导，建立健全生药产业政策法规，完善生药市场体系，加强生药产业的组织和协调。政府应该加大对生药资源保护和可持续利用的投入，设立专项资金，鼓励科研院所和企业参与生药资源保护和开发。同时，要制定有利于生药产业发展的税收政策和金融支持政策，激励企业和农民积极参与生药种植和加工。

5. 教育宣传和公众参与　加强生药资源的教育宣传，提高公众对生药资源保护的认识和意识。通过宣传活动、媒体报道等方式，让更多的人了解生药资源的珍贵性和脆弱性，倡导绿色消费和可持续生产方式。同时，鼓励公众参与生药资源的保护和监督，形成全社会共同参与的保护氛围。

生药资源的保护和可持续利用需要多方面的参与和努力，涉及生态环境、资源管理、科技创新、产业发展和政策支持等多个方面。只有全社会共同努力，坚持科学规划、合理利用和环保导向，才能实现生药资源的可持续利用和中药产业的可持续发展。

第四节　天然药物化学

一、天然药物化学的定义及主要任务

（一）天然药物化学的定义

天然药物化学（natural medicinal chemistry）是指运用现代科学理论与方法研究药用植物或植

物中具有生物活性成分的化学分支学科。其主要研究对象是天然药物，重点关注天然药物中化学成分的结构、理化性质、提取分离方法及结构鉴定。天然药物化学是药学的重要组成部分，也是药学领域中非常有潜力的学科，通常作为全国普通高等教育药学类专业的一门主要专业课程。通过学习天然药物化学，可以为天然药物及其物质基础的研究和新药开发奠定基础。人类自古以来就在与疾病做斗争的过程中积累了丰富的运用天然药物治疗疾病的经验。在中国，天然药物又称为中草药，其防治疾病的独特特性已经传承了几千年，与传统的中医一起构成了中华民族文化的瑰宝，也是全人类的宝贵财富。

（二）天然药物化学的主要任务

天然药物防治疾病的物质基础是其中所含的生物活性成分，通常一种天然药物可含有多种生物活性成分，因此一般具有多种临床用途。例如，从天然药物罂粟中提取的阿片，其中罂粟碱（papaverine）具有解痉作用，吗啡（morphine）具有镇痛作用，而可待因（codeine）具有止咳作用。类似地，中药麻黄中含有麻黄碱（L-ephedrine）和伪麻黄碱（D-pseudoephedrine）等多种有机胺类生物碱，其中麻黄碱具有平喘解痉作用，而伪麻黄碱则具有升压和利尿作用。由于天然药物中的化学成分非常复杂，研究其中的生物活性成分具有重要意义。因此，天然药物化学的主要任务包括以下几点。

1. 探索天然药物中防治疾病的物质基础 天然药物防治疾病的物质基础即是其中所含的生物活性成分。通过研究天然药物中的有效成分，了解其结构与性质，可以揭示天然药物的防治疾病本质，为稳定其临床疗效、确保用药安全和质量控制提供理论依据，推动和加快中药现代化的发展。

2. 控制天然药物及其制剂的质量 中药作为一种天然药物，其防治疾病的疗效与其中有效成分的存在和含量密切相关。因此，研究中药中有效成分的含量与变化，控制其质量，是确保中药疗效的关键。对于中药复方，其中含有多种有效成分，这使得药物质量控制更加复杂，需要通过现代科学方法的支持来实现。

3. 为中药炮制提供科学依据 中药炮制是中医药学中的传统制药技术，通过炮制，中药中的化学成分会发生变化，以增强疗效、降低不良反应、便于加工储存和易于制剂和服用。现代中药侧重于有效成分的定性或定量分析，对中药炮制前后化学成分变化的研究有助于阐明炮制原理，改进和完善炮制方法和技术。

4. 改进天然药物剂型，提高临床疗效 中药传统剂型已不能完全适应现代医学防治疾病的需要。通过研究中药中的有效成分，应用现代技术对中药进行提取分离和改进剂型，可以提高药物的生物利用度和疗效，降低不良反应，使临床用药达到安全、高效和使用方便等目的。

5. 促进天然药物的开发和利用 天然药物的有效成分可以为新药的开发提供先导化合物。当某一天然药物的疗效得到确认但资源缺乏时，可以根据其中有效成分的结构和特性，从其他植物中寻找类似成分，开辟和扩大药物资源。此外，还可通过人工合成和结构改造，创制高效低毒的新药物。

天然药物化学主要任务在于通过现代科学手段深入研究天然药物中的有效成分及其化学性质，推动中药现代化的进程，提高中药的疗效和质量，为中药产业的发展和人类健康作出贡献。

二、天然药物化学成分的结构类型

天然药物中的化学成分极为复杂，包含了多种化合物，其中具有生物活性的主要有生物碱、苷、挥发油、有机酸、氨基酸等。此外，还存在糖、蛋白质、树脂、鞣质、油脂、蜡等成分，这些成分通常被视为无效成分，但在提取有效成分或制备制剂时，往往必须考虑到它们之间的相互影响。

（一）有机酸

有机酸是一类分子结构中具有羧基（—COOH）的有机化合物，不包括氨基酸。它们广泛分布于植物界，常给药中含有有机酸的中药常具有酸味。有机酸在植物体内常与钾、钠、钙、镁等离子或生物碱结合形成盐、脂肪、酯或蜡等，有些则以游离状态存在。有机酸按结构可分为脂肪酸、芳香酸等。例如，当归酸、柠檬酸为脂肪酸，而阿魏酸、肉桂酸为芳香酸。很多有机酸具有多种生物活性。在天然药物中，有机酸作为有效成分的药物很多，如维生素C是人体不可缺少的成分；水杨酸有解热镇痛作用；缬草酸有镇静作用；咖啡酸有较好的止血作用；四季青中的原儿茶酸具有抗菌活性；茵陈中的绿原酸有抗菌、利胆、升高白细胞水平等作用。

（二）氨基酸、蛋白质和酶

氨基酸是生物体中一类分子含有氨基（—NH$_2$）和羧基（—COOH）的有机化合物，它们是构成生物有机体蛋白质的基本单元。氨基酸在动植物体内广泛存在。其中，蛋白质氨基酸是由蛋白质水解而得，是构成生物有机体蛋白质的氨基酸，大多数为 α-氨基酸，共有20种。这类氨基酸中有十几种对动物的生长必不可少，其中大部分已用于临床，如精氨酸、谷氨酸用于治疗肝性脑病；组氨酸用于治疗胃、十二指肠溃疡及肝炎；赖氨酸大量用于强化食品及饲料。天然药物地黄、半夏、天南星等中也发现有此类氨基酸。另外，自然界存在游离氨基酸，这类氨基酸已发现300余种。很多天然游离氨基酸具有生物活性，如南瓜子中的南瓜子氨酸有抑制血吸虫和绦虫的作用，使君子中的使君子氨酸有驱蛔虫的作用等。

蛋白质是生物体的物质基础，是由多种 α-氨基酸通过肽键结合而成的一类高分子化合物，通常由数百个氨基酸分子组成。若氨基酸的个数在100以上，一般称为蛋白质，低于100个氨基酸单位的则称为多肽。多肽性质比较稳定，不易变性，加热不凝固，并且由于分子量比较小，能透过半透膜。

酶是一类具有催化效能的活性蛋白质，在生物体内起着催化反应的作用。酶的催化作用具有专属性，通常一种酶只能催化某一种特定的反应。例如，蛋白酶只能使蛋白质水解；麦芽糖酶可水解 α-糖苷键，对 β-糖苷键无效；苦杏仁酶则可水解 β-糖苷键，对 α-糖苷键无效。在植物体中，若含有苷，就有水解该苷的酶存在，因此在中药的提取过程中，必须注意到酶的活性。除少数中药需要保存或利用酶的活性外，一般都要破坏酶的活性，以防中药有效成分受到影响。

（三）鞣质

鞣质（又称为单宁或鞣酸）是存在于植物中的一类结构复杂的多元酚类大分子化合物。它们可以与蛋白质结合形成不溶于水的沉淀，因此在植物体内能与生兽皮中的蛋白质结合形成致密、柔韧、不易腐败、难以透水的皮革，故被称为鞣质。根据鞣质的化学结构和性质，一般将其分为可水解鞣质和缩合鞣质两种类型。

可水解鞣质的结构中含有酯键和苷键，容易被酸、碱或酶水解，从而失去鞣质的特性。而缩合鞣质的化学结构较为复杂，是由多个儿茶素（黄酮醇类化合物）聚合而成，不含有酯键和苷键，因此用酸处理或久置也不能水解，但能缩合为不溶于水的高分子棕红色化合物，称为"鞣红"。

（四）树脂

树脂是植物受伤后分泌渗出的一种液体，暴露在空气中逐渐转变为半透明的固体或半固体物质，是一类化学成分复杂的混合物，通常与挥发油、树胶、有机酸等混合存在。根据与其他成分的混合情况，树脂可分为不同类型。

油树脂：与挥发油混合存在，如松油脂。

胶树脂：与树胶混合存在，如藤黄。

香树脂：与有机酸共存，如安息香。

糖树脂：与糖结合成苷而存在，如牵牛子树脂。
油胶树脂：与挥发油和树胶同时混存，如阿魏。
单树脂：不含或含少量其他成分，如松香、血竭等。

树脂在天然药物中具有一定的药理作用，常用于中草药的提取和制备制剂。有些树脂含有有效成分，如松香和安息香，具有一定的药用价值。同时，树脂还常用于香料、润滑剂和胶黏剂等工业用途。

（五）油脂

油脂是高级脂肪酸（通常为不饱和脂肪酸）的甘油酯，主要存在于植物的种子中。油脂在医药上可以作为软膏、膏药、栓剂等的原料。有些油脂具有一定的药理作用，如大枫子油具有抑菌和治疗麻风病的作用，薏苡仁油有驱蛔虫和抗癌作用，蓖麻油有泻下作用等。但在大多数情况下，天然药物所含的油脂通常被视为杂质处理，因为它们往往只含有少量有效成分。

（六）植物色素

植物色素指分布广泛于植物界的有色物质，包括叶绿素类、叶黄素类、胡萝卜素类、黄酮类及醌类化合物等。叶绿素是绿色植物进行光合作用的主要物质，广泛存在于高等植物的叶片中。胡萝卜素类是重要的天然色素之一，是由4~8个异戊二烯分子组成的多萜烯类，其中一些是维生素A的前体，如β-胡萝卜素可以转变为维生素A，具有抗氧化、防治维生素A缺乏症及抗癌作用。

植物色素在中药中也扮演着重要角色。例如，茶叶中的儿茶素是茶叶独特的色素成分，具有抗氧化、抗菌、抗炎等多种生物活性。黄酮类化合物在中草药中广泛存在，具有抗氧化、抗炎、抗菌、抗癌等多种保健和药理作用。

（七）糖和苷

糖是植物光合作用的初级产物，也是绝大多数天然产物合成的初始原料。它们除了作为植物的储藏养料和构成细胞的骨架成分外，一些糖在抗肿瘤、抗肝炎、治疗心血管疾病、抗衰老等方面显示出独特的生物活性。糖在天然药物中的分布广泛，常常占植物干重的80%~90%。一些具有营养和强壮作用的药物，如人参、灵芝、黄芪、枸杞子、香菇、刺五加等都含有大量的糖，同时也是它们的有效成分。

苷（glycoside）是由糖或糖的衍生物如氨基糖、糖醛酸等与另一非糖物质（称为苷元或配基）通过糖的半缩醛或半缩酮羟基与苷元脱水形成的一类化合物。若干天然产物如黄酮类、蒽酮类、苯丙素类、萜类、生物碱类等均可与糖或糖的衍生物形成苷，因此苷的性质千变万化，结构各异。苷的共性是糖和苷键，由糖与糖（包括糖的衍生物）组成的化合物虽然不称为苷，但糖与糖（包括糖的衍生物）形成的化学键亦称为苷键。

糖和苷在中草药中具有重要的药理活性，对中药的药效产生重要影响。研究和认识糖与苷的作用对于中药现代化的发展及药物开发和应用都有重要意义。

（八）苯丙素类

苯丙素类是一类天然有机化合物，结构中含有一个或多个苯环和三个直链碳组成的C3~C6单元。苯丙素类包括苯丙酸类（简单苯丙素类）、香豆素类和木脂素类。其中，苯丙酸类是比较常见的，如肉桂叶和丁香中的丁香酚（eugenol），可作为香料和牙科麻醉剂；金银花、茵陈和苎麻中的绿原酸（chlorogenic acid）具有抗菌、抗病毒和利胆作用。

苯丙素类化合物在中草药中具有多样的生物活性，因此对中药的药理作用和药效成分的研究具有重要意义。

（九）醌类

醌类化合物指的是分子内具有不饱和环二酮结构（醌式结构）或容易转变成这种结构的天然有机化合物，主要分为苯醌、萘醌、菲醌和蒽醌四种类型。在中草药中，蒽醌及其衍生物尤为重要。醌类化合物广泛分布于植物界，大部分存在于高等植物中，如蓼科、茜草科、豆科、鼠李科、百合科、唇形科及紫草科等。一些低等植物，如地衣类和菌类的代谢产物中也有存在。

醌类化合物多数存在于植物的根、皮、叶及心材中，多与糖结合成苷或以游离形式存在。醌类化合物具有多样的生物活性。例如，紫草中的萘醌色素具有抗菌和抗肿瘤作用；丹参中的丹参醌类化合物具有扩张冠状动脉的作用；番泻叶中的番泻苷类化合物具有较强的泻下作用；大黄中游离的羟基蒽醌类化合物具有抗菌作用。研究还发现，蒽醌苷的泻下作用强于蒽醌苷元，而蒽醌苷元的抗菌作用强于蒽醌苷。

（十）黄酮类

黄酮类化合物（flavonoid）是广泛存在于自然界的一大类化合物。由于这类化合物大多呈黄色或淡黄色，且分子中亦多含有酮基，因此被称为黄酮。黄酮类化合物在植物体内大部分以与糖结合成苷的形式存在，小部分以游离形式存在。

黄酮类化合物经典的概念主要是指基本母核为 2-苯基色原酮（2-phenylchromone）的一系列化合物。黄酮类化合物的结构繁多，分布广泛，多存在于高等植物中，最集中分布于被子植物中。例如，黄酮类在唇形科、玄参科、苦苣苔科、菊科等植物中存在较多；黄酮醇类较广泛分布于双子叶植物，特别是一些木本植物的花和叶中；二氢黄酮类在蔷薇科、芸香科、豆科、杜鹃花科、菊科、姜科中分布较多，在豆科植物中也有存在；异黄酮类在豆科蝶形花亚科和鸢尾科植物中存在较多，在裸子植物中较少见，而在菌类、藻类、地衣类等低等植物中也有少量存在。

黄酮类化合物是中药重要的有效成分，具有多个方面的生物活性。例如，葛根总黄酮及葛根素（puerarin）和银杏叶总黄酮等具有扩张冠状血管作用，临床上用于治疗冠心病；芦丁（rutin）、橙皮苷（hesperidin）、D-儿茶素（D-catechin）等具有降低毛细血管脆性和异常通透性的作用，可用作毛细血管性出血的止血药及治疗高血压、动脉硬化的辅助用药；水飞蓟宾（silybin）、异水飞蓟宾（silydianin）及次水飞蓟宾（silychristin）等具有肝保护作用，临床上用于治疗急、慢性肝炎、肝硬化及多种中毒性肝损伤等疾病，均有较好的效果；异甘草素（isoliquiritigenin）及大豆素（daidzein）等具有类似罂粟碱（papaverine）的作用，可解除平滑肌痉挛；杜鹃素（farrerol）、川陈皮素（nobiletin）、槲皮素等具有止咳祛痰作用；染料木素（genistein）、金雀花异黄素、大豆素等异黄酮类具有雌性激素样作用，这可能是由于它们与己烯雌酚具有相似的结构部分；木犀草素（luteolin）、黄芩苷（baicalin）、黄芩素（baicalein）及槲皮素、桑色素（morin）等具有抗菌、抗病毒作用。

（十一）萜类和挥发油

萜类（terpenoid）化合物是一类骨架庞杂、种类繁多、数量巨大、结构千变万化，又具有广泛生物活性的重要天然药物化学成分。从化学结构来看，它是一类天然烃类化合物，由两个或两个以上异戊二烯分子聚合衍生而成，分子骨架以异戊二烯单位 $(C_5H_8)_n$ 为基本结构单元。因此常按其异戊二烯单位的数目分类，如半萜、单萜、倍半萜、二萜、二倍半萜、三萜等。

青蒿素是过氧倍半萜类化合物，是从黄花蒿中分离得到的抗恶性疟疾的有效成分，是我国首先研制成功的一种新型抗疟药，它的发现及其类似药物的开发应用是我国科学家在药物研究领域极其伟大和标志性的成就。屠呦呦因青蒿素研究的突出贡献而获得诺贝尔生理学或医学奖。

挥发油（volatile oil）又称精油（essential oil），是一类具有芳香气味的油状液体的总称。其在常温下能挥发，与水不相溶，可随水蒸气蒸馏。挥发油是一种混合物，化学组成比较复杂，一种挥发油常含有数十种乃至数百种组成成分。挥发油的基本组成按化学结构可分为萜类化合物、芳香族化合物、脂肪族化合物，以及它们的含氧衍生物如醇、醛、酮、酸、酚、醚、酯、内酯等。此外，有少数挥发油中还存在一些含硫和含氮的化合物。挥发油一般具有祛风和局部刺激作用，有些还有着广泛的生物活性，临床上主要用于止咳、平喘、祛痰、发汗、解热、镇痛、局麻、抗菌消炎等。例如，柴胡挥发油制备的注射液有较好的退热效果；丁香油有局部麻醉、止痛作用；薄荷油有清凉、祛风、消炎、局麻作用；大蒜油可治疗肺结核、支气管炎、肺炎和霉菌感染；生姜油有镇静催眠、解热镇痛、抗惊厥、抗氧化和护肝等作用；茉莉花油具有兴奋作用等。挥发油不仅在医药上具有重要的作用，在香料工业、食品工业及化学工业上也是重要原料。

（十二）三萜及其苷

三萜是由 30 个碳原子组成的萜类化合物，多数三萜类化合物被认为是 6 个异戊二烯单位的聚合体。该类化合物在自然界中广泛存在，有的以游离形式存在，有的与糖结合成苷。游离三萜类化合物多不溶于水，而与糖结合成苷后，则大多可溶于水，振摇后可产生大量持久类似肥皂水溶液样的泡沫，故称三萜皂苷。三萜皂苷多具有羧基，所以又称为酸性皂苷。三萜及其苷类在单子叶植物、双子叶植物、菌类、蕨类、海洋生物中均有分布，尤以双子叶植物中分布最多。

三萜及其苷类具有广泛的生物活性，对已得到的三萜及其苷类的生物活性研究显示其具有溶血、抗癌、抗炎、抗菌、抗生育等活性。例如，人参皂苷能促进 RNA、蛋白质的生物合成，调节机体代谢，增强机体的免疫功能；灵芝酸具有保肝、抗肿瘤、抑制血小板聚集、抗氧化等作用；柴胡皂苷具有抑制中枢神经系统和抗炎等作用；七叶皂苷具有明显抗渗出、抗炎、抗淤血的作用，能恢复毛细血管的正常渗透性，提高毛细血管张力，控制炎症，改善循环，对脑外伤及心血管疾病有较好的作用。因此在医药学界三萜类化合物的研究日益受到重视，成为天然药物化学中一个较为活跃的研究领域。三萜类化合物的结构类型很多，除少数链状三萜、单环三萜、双环三萜和三环三萜外，主要是四环三萜和五环三萜两大类。

（十三）甾体类

甾体类化合物是一类广泛存在于自然界中的化学成分，其结构中具有环戊烷骈多氢菲甾体母核。天然甾体类化合物的 4 个环有不同的稠合方式。在甾体化合物中，C3 位常常由羟基取代，可以与糖结合形成苷。此外，甾体化合物的 C10 和 C13 位常常带有角甲基，而 C17 位则带有侧链。根据 C17 位侧链的不同，天然甾体类成分又可分为多种类型，包括 C21 甾类、强心苷、甾体皂苷、蟾毒配基、胆酸类、昆虫变态激素、植物甾醇、甾体生物碱等。

（十四）生物碱

生物碱（alkaloid）是生物体内一类除蛋白质、肽类、氨基酸、核酸及 B 族维生素等以外的含氮化合物的总称。生物碱通常具有复杂的环状结构，呈碱性且具有显著的生物活性。

生物碱广泛分布于植物界，相对于动物，从动物中分离出的生物碱较少。在生物体内，根据生物碱分子中氮原子所处的状态，其主要存在形式如下：①游离生物碱，如酰胺类生物碱；②生物碱盐，如草酸盐、琥珀酸盐、柠檬酸盐、酒石酸盐等有机酸盐，盐酸小檗碱、硫酸吗啡等无机酸盐；③ N-氧化物，如野百合碱 N-氧化物等；④生物碱苷等。

生物碱具有多样的生物活性。例如，吗啡、四氢帕马丁具有镇痛作用；麻黄碱有止咳、平喘作用；利血平具有降压作用；喜树碱、秋水仙碱、长春碱、紫杉醇、美登素等具有不同程度的抗癌作用；许多有单或双苄基四氢异喹啉、原小檗碱或小檗碱骨架的生物碱具有抗心律失常的作用等。

（十五）海洋药物

海洋覆盖了地球表面的 71%，生物量占据地球总生物量的 87%，生活着近 40 万物种。海洋生物生长环境（高盐、高压、缺氧、缺少光照）非常特殊，在生长和代谢过程中，海洋生物产生并积累了大量具有特殊化学结构和特殊生物活性的物质。与对陆生植物的开发利用相比，目前对海洋生物的研究相当有限，利用率仅为1%左右。然而，近年来，从海洋生物中提取分离得到大量结构独特的化合物，已确定结构的化合物超过30 000个，而且每年以超过1 000个的速度递增。显然，海洋已成为药物资源最丰富、保存最完整、最具药物开发潜力的资源宝库。

中国拥有广阔的海域，海洋生物资源非常丰富。据初步统计，我国海洋生物经分类鉴定的有2万多种，其中仅在我国近海就发现了700多种具有药用价值的海洋生物。许多具有免疫、抗炎、抗肿瘤、抗病毒及作用于心血管系统和神经系统的生物活性物质，已被分离、提纯并进行相关研究。一些海洋新药如藻酸双酯钠、甘糖酯、河鲀毒素、多烯康、烟酸甘露醇等，已获得国家批准上市。海洋天然药物的结构千差万别，常见的化合物类型主要包括萜类、甾体类、大环内酯类、多糖、多肽、蛋白质、聚醚、脂肪烃等，以及海洋生物中特有的结构类型。由于海洋环境的特殊性和生物资源的丰富性，海洋药物的研究与开发具有巨大的潜力，也为寻找治疗各种疾病的新药提供了广阔的空间。

三、天然药物化学成分的物理化学性质

天然药物中的化学成分种类繁多，涵盖了多种不同类别的化合物，因此它们的物理化学性质也千差万别，非常复杂多样。在天然药物中，化学成分的理化性质是药物研究和应用中的重要方面。以下是对天然药物化学成分的物理性质和化学性质进行进一步拓展和规范化的说明：

（一）物理性质

1. 性状 天然药物化学成分的性状是指它们在室温下的外观特征。这些性状可能是固体、液体或气体，也可能是结晶性的固体，或者是无定形的粉末状。例如，黄酮类化合物多数呈现为黄色结晶固体，但也有少数化合物是无定形粉末状的。

2. 挥发性 挥发性是指化合物在常温下易于转变为气态的性质。某些天然药物成分可能具有较高的挥发性，能够在常温下快速蒸发。这对于药物提取和保存可能具有影响。有些化合物挥发性较低，可能需要特殊提取方法。

3. 溶解性 溶解性是指化合物在特定溶剂中的溶解程度。不同的天然药物成分对不同的溶剂表现出不同的溶解性。了解其溶解性对于药物提取、配制制剂和应用非常重要。例如，一些黄酮类化合物在游离态下可能难溶或不溶于水，但形成苷类则水溶性增强，一般易溶于水。

（二）化学性质

1. 酸碱性 天然药物中的化学成分可能具有酸性、碱性或中性。酸碱性对于其药效、稳定性及与其他化合物的相互作用具有重要影响。化学性质的酸碱性可以通过pH测定和酸碱试剂进行鉴别。

2. 显色反应 某些化合物在特定条件下与显色试剂反应后会出现颜色变化，这被称为显色反应。这些反应对于鉴别和定性天然药物中的化学成分非常有用。

天然药物中的化学成分非常复杂，每一类成分的理化性质各不相同。因此，在药物研究和应用中，需要针对具体的化学成分采用合适的实验方法进行分析和鉴别。对于天然药物的提取、纯化、鉴定和药物设计等方面，深入了解其理化性质非常重要。不同性质的化合物可能在不同的医药应用中发挥不同的作用，因此对其性质的研究对于药物的合理利用具有重要的指导意义。

四、天然药物化学成分的提取分离方法

天然药物中含有众多化学成分，提取和分离这些成分是药物研究和应用的重要步骤之一。不

同化学成分的特性和溶解性差异需要采用不同的提取分离方法。本部分主要介绍几种常用的提取分离方法。

（一）溶剂提取法

溶剂提取法是根据天然药物中各种成分在溶剂中的溶解性，选用对有效成分溶解度大、对其他成分溶解度小的溶剂，将有效成分从药材组织中溶解出来的方法。通过扩散和渗透作用，溶剂逐渐进入细胞内溶解可溶性物质，并在细胞内外形成浓度差，从而实现有效成分的提取。溶剂提取常用的方法包括煎煮法、浸渍法、渗滤法、回流提取法、连续回流提取法、超声提取法、超临界流体萃取法、微波萃取法和系统溶剂分离法等。在实际提取过程中，应根据被提取物的性质和实验条件选择合适的提取方法。

（二）水蒸气蒸馏法

水蒸气蒸馏法是一种利用天然药物中的挥发性成分与水或水蒸气共同加热，在一起被蒸发后再冷凝，从而分离提取成分的方法。基本原理是利用两种不相溶的液体共存时，根据道尔顿分压定律，整个体系的总蒸气压等于两组分蒸气压之和，导致混合物开始沸腾并被蒸发出来。水蒸气蒸馏法适用于提取具有挥发性、不溶或难溶于水、不与水发生化学反应的成分。它具有工艺简单、操作方便和实用性强的优点，适合一些挥发性成分的提取。

（三）升华法

升华法是一种通过加热固体物质使其直接从固态转变为蒸气态，再经冷凝后得到固体成分的方法，适用于某些化合物在加热时不经过熔融状态而直接转化为蒸气的特性。在天然药物中，一些成分具有升华和凝华的性质，如樟木中的樟脑、茶叶中的咖啡因等，可以通过升华法直接提取这些成分。

（四）萃取法

1. 两相溶剂萃取法 利用混合物中各成分在两种互不相溶的溶剂中分配系数的不同而实现分离。通过选择极性不同的两种相对不相溶的有机溶剂，将混合物分配至不同相中，从而实现成分的分离。选择合适的萃取溶剂对于提高提取效率至关重要。

2. 简单萃取法 将中药水提取液适当浓缩，或将中药乙醇（甲醇）提取液适当浓缩，回收醇后，加入适量水，用极性不同、与水不混溶的有机溶剂，按极性由小到大，如选用石油醚（或己烷）、氯仿（或乙醚）、乙酸乙酯、正丁醇，分别进行萃取，并回收溶剂得到极性不同的萃取物。

3. 逆流连续萃取法 逆流连续萃取法利用两种互不相溶的溶剂相对密度的不同，使相对密度小的作为移动相（或分散相），逆流连续穿过相对密度较大的固定相（或连续相），借以交换溶质而进行分离的一种连续萃取技术。

4. 逆流分配法 又称逆流分溶法、逆流分布法或反流分布法，与两相溶剂逆流连续萃取法原理一致，是一种高效、多次、连续的两相溶剂萃取分离方法。

5. 液滴逆流分配法 又称液滴逆流色谱法，利用混合物中各成分在两液相间分配系数的差异，使移动相形成液滴，通过作为固定相的液柱，实现逆流分配，从而达到分离目的。

（五）沉淀法

沉淀法是一种利用试剂使溶液中的成分发生沉淀或降低溶解度，从而实现有效成分的提取或杂质的去除的方法。这种方法常用于分离药材提取液中的特定化合物或净化药物提取物。沉淀法包括酸碱沉淀法、试剂沉淀法和铅盐沉淀法等。

1. 酸碱沉淀法 通过调节pH，使溶液中的特定成分发生酸碱中和反应，从而生成沉淀物。这种方法常用于分离含有酸性或碱性成分的药材提取液。

2. 试剂沉淀法 在药材提取液中加入特定的试剂，与目标成分发生化学反应，生成不溶于溶液的沉淀。例如，加入金属离子试剂可以与某些化合物形成络合物沉淀。

3. 铅盐沉淀法 在药材提取液中加入含铅的盐类试剂，与药物成分发生反应生成不溶性的铅盐沉淀，从而实现分离和富集。

（六）结晶法

结晶法是根据不同化合物的溶解度差异，通过控制温度变化来分离物质的方法。结晶法通常用于从药物溶液中获得纯度较高的晶体物质。操作过程中，可以将不是结晶状态的固体物质处理成结晶状态，也可以对不纯的结晶物质进行再次结晶以提高纯度。

（七）透析法

透析法利用半透膜，分离溶液中的大分子物质和小分子物质。这种方法适用于分离纯化天然药物中的大分子成分，如皂苷、蛋白质、多肽和多糖等。透析法是基于分子大小和溶质在半透膜上的透过性差异，实现不同成分的分离。

（八）盐析法

盐析法是通过在药材的水提取液中加入适量的无机盐，使部分成分的溶解度降低，从而导致沉淀析出。这种方法适用于提取物中的某些成分溶解度受盐浓度影响较大的情况。例如，在三七的水提取液中加入硫酸镁可以使三七皂苷沉淀析出。

（九）色谱法

色谱法是一种利用混合物中成分在固定相和流动相之间相互作用的差异，实现分离的方法。它在天然药物化学分析中得到了广泛应用，可以用于分离和纯化复杂混合物中的化合物。色谱法根据不同的分离机制和原理分为吸附色谱法、分配色谱法、离子交换色谱法、大孔吸附树脂法和凝胶色谱法等不同种类。

1. 吸附色谱法 使用吸附剂作为固定相，根据吸附剂对不同成分的吸附能力不同，实现成分的分离。吸附剂可以是硅胶、氧化铝、活性炭等。

2. 分配色谱法 利用分离物在两相不相溶的固定相和流动相中的分配系数不同，实现成分的分离。这种方法可以进一步细分为正相分配色谱法和反相分配色谱法。

3. 离子交换色谱法 利用离子交换树脂作为固定相，以水或含水溶剂为流动相，分离离子型化合物的一种色谱方法。可分为阳离子交换色谱和阴离子交换色谱。

4. 大孔吸附树脂法 利用大孔吸附树脂的吸附性能和分子筛作用，分离分子大小和吸附力差异的混合物成分。

5. 凝胶色谱法 以凝胶作为固定相，利用不同分子量的化合物在凝胶中的阻滞效应，实现分离的方法。

以上提到的提取分离方法在天然药物化学研究和药物开发中发挥着重要的作用，具体使用哪种方法取决于所研究的化合物特性、目标成分和实验条件。在选择和使用这些方法时，需要充分考虑目的、效率、纯度和安全性等因素，以确保获得理想的结果。

五、天然药物化学成分的结构测定

许多天然化合物经过提取、分离、精制成为单体化合物后，发现其结构复杂且具有特殊的生物活性。研究这些特殊结构的化合物将有力地推动有机化学的发展。发现这些化合物的特殊生物活性不仅能深入研究药效学和毒理学，还可以为结构改造、人工合成和药物设计提供可靠的依据。

在进行结构测定之前，通常需要结合对化合物在提取和分离过程中的理化性质的认识，并综合文献资料进行分析,以缩小探索范围和初步推测化合物的类型,这将对结构鉴定起到较大的帮助。结构鉴定的一般程序如下:确定纯度,测定物理常数,确定分子量和分子式,进行波谱分析,确定结构式,并在必要时进行人工合成以确认。

本节将概要介绍常用的几种光谱分析技术。

(一)紫外-可见吸收光谱

紫外-可见吸收光谱(ultraviolet-visible absorption spectrum,UV-VIS),简称紫外-可见光谱。其基本原理是用波长在200~760nm内的紫外和可见光照射化合物分子,分子中的电子因光线的照射从基态跃迁至激发态($\pi \rightarrow \pi$跃迁、$n \rightarrow \pi$跃迁)并吸收一定波长的光,从而使透过化合物的光强度减弱。通过测定化合物对不同波长光的吸光度,即可得到紫外-可见光谱。

紫外-可见光谱涉及的基本概念如下。

1. 生色团 能够吸收紫外-可见光并引起电子跃迁的基团,如CC、CO、ONO等。

2. 助色团 其本身是饱和基团(通常含有杂原子),当它连接到生色团上时,能够使后者吸收波长变长或吸收强度增加,如—OH、—NH_2、—Cl等。

3. 红移 由于基团取代或溶剂效应,导致最大吸收波长增长。

4. 蓝移 由于基团取代或溶剂效应,导致最大吸收波长减少。

紫外-可见光谱在结构鉴定中通常用于提供化合物的共轭程度,用于辅助鉴定含有共轭双键、α,β-不饱和羰基、芳香化合物等结构。此外,它还可用于判断化合物的骨架类型,如黄酮、香豆素、蒽醌等。通过结合加诊断试剂前后谱图的规律性变化,还可以推断化合物的取代情况。

(二)红外光谱

红外光谱(infrared spectrum,IR)的测定范围通常在4000~600cm^{-1}的红外光区。红外光谱是有机化合物分子吸收红外光后产生化学键振动而形成的吸收光谱。化学键的振动频率用波数(ν)来表示。通常将吸收峰范围在4000~1500cm^{-1}的称为特征区,用于确定官能团的类型,如羟基、氨基等;将吸收峰范围在1500~600cm^{-1}的称为指纹区,用于判断化合物的构象、构型、取代模式等。

红外光谱在结构鉴定中常用于鉴别化合物结构中的一些官能团,如羰基(吸收波数在1800~1500cm^{-1},强吸收单峰)、炔烃与腈(吸收波数在2300~2100cm^{-1},弱吸收尖细峰)、未缔合羟基(吸收波数在3500~3400cm^{-1},强吸收宽峰)、氨基(吸收波数在3500~3300cm^{-1},强吸收峰)等。另外,通过核对化合物的红外光谱,当两个化合物的所有吸收峰,特别是指纹区的吸收峰完全吻合时,则可确定两个化合物的结构完全一致。

(三)质谱

质谱(mass spectrum,MS)是将化合物分子用一定的方式裂解后生成各种离子,并按质量大小排列而成的图谱。其基本原理是将有机化合物样品在质谱仪中经高温(如300℃)气化,然后在离子源中受一定能量冲击产生离子。接着,这些离子在稳定磁场中按质量与电荷之比(m/z)有序进行分离,并通过检测器记录图谱。

质谱图中主要包含分子离子峰和碎片离子峰,每个峰代表一个质量数。分子离子峰的质荷比即为化合物的分子量。由于分子离子与分子本身相比仅差一个电子,而一个电子的质量相对于整个分子来说可以忽略不计,所以在质谱中,分子离子的质荷比在数值上即是该化合物的分子量。

碎片离子是由分子离子经过裂解生成的化合物结构碎片。这些碎片离子可能会再次裂解,生成质量更小的碎片离子,同时在裂解的过程中也可能发生重排。因此,在化合物的质谱中,常常可以观察到许多碎片离子峰。

质谱在结构测定中的主要作用如下。

（1）确定分子量。

（2）高分辨质谱（HR-MS）能够测定分子量的精确数值，因此可以直接提供分子式。

（3）分析开裂碎片可以提供部分结构信息，如 M-15 峰提示结构中有甲基（—CH_3），M-17 峰提示有—OH，M-18 峰为脱水峰，M-28 峰提示有—CO 等。

质谱常用于核对化合物。当两个化合物的质谱主要峰吻合时，则可确定两个化合物的结构完全一致。

这些光谱分析技术在天然药物化学成分的结构测定中起着关键作用。通过这些技术手段，可以揭示天然化合物的结构复杂性和特殊生物活性，为有机化学的发展以及药物设计和人工合成提供可靠的依据。

（四）核磁共振

核磁共振（nuclear magnetic resonance，NMR）利用能量较低的电磁波照射处于强磁场中的分子，使分子中的磁性核（如 ^1H、^{13}C）与电磁波发生相互作用，从而发生能级的共振跃迁并产生吸收信号。这些吸收信号的强度与吸收频率之间的关系构成了谱图。主要包括以下几个方面。

1. H-1 核磁共振（^{1}H-NMR） 在氢的放射性核素中，^1H 核具有最大的峰度比和较高的信号灵敏度，因此 ^{1}H-NMR 测定比较容易，应用也最广泛。核磁共振氢谱提供了三个重要参数：化学位移、峰面积和耦合常数。

（1）化学位移（chemical shift，δ）：不同类型的 ^1H 核发生共振跃迁所需的能量不同，导致共振信号出现在不同的区域（通常在 0～10ppm），通过化学位移可以推断氢原子的类型。

（2）峰面积：^{1}H-NMR 图上质子的峰面积用积分曲线高度表示，可以用来确定不同类型质子的个数。

（3）耦合常数（coupling constant，J）：不同环境中的质子会因相互自旋耦合而使信号发生分裂，呈现不同形态的峰，如单峰（s）、二重峰（d）、三重峰（t）、四重峰（q）、多重峰（m）等。耦合常数表示相互干扰的强度，可以通过分析峰形获得相邻质子的信息。

2. 碳-13 核磁共振（^{13}C-NMR） 碳的化学位移范围很广，分辨率高，可以提供不同碳核的共振信号。然而，由于 ^{13}C 的天然丰度较低，检测灵敏度仅为 ^1H 的 1/6000，因此需要大量样品和较长的检测时间。^{13}C-NMR 的解析复杂，但在确定天然化合物结构时具有重要作用。

^{13}C-NMR 的原理与 ^{1}H-NMR 基本相同，但由于 ^{13}C 的天然丰度只有 1.1%，因此需要更多的样品和时间来进行检测。尽管不太可能检测到 ^{13}C-^{13}C 间的耦合，但可以测量 ^{13}C-^1H 间的耦合，且耦合常数较大，因此在图谱中出现许多复杂的重叠峰。不同的技术可以获得不同形式的图谱，如质子噪声去耦、偏共振去耦、选择氢核去耦和 DEPT 谱等。

3. 二维核磁共振（2D-NMR） 为了克服一维谱中信号过于复杂或难以分辨的问题，发展了二维核磁共振技术。例如，氢核相关谱（^{1}H-^{1}H correlated spectroscopy，^{1}H-^{1}H COSY）可以用于分析同一自旋系统中质子之间的耦合相关关系。通过对角线和相关峰的分布，可以得到质子的化学位移和相互关系，提供重要的结构信息。

目前，还发展了同核 J 分解谱、异核 J 分解谱、^{13}C-^1H 相关谱、远程 ^{13}C-^1H 相关谱、NOESY 谱等多种二维核磁共振实验技术，已广泛应用于天然药物化学成分的结构鉴定和解析中。这些核磁共振技术为深入研究复杂化合物的结构提供了有力工具。

第五节　天然药物在祖国医药学中的作用

天然药物是指从天然植物、动物、矿物等自然资源中提取的药物。在中国医学中，天然药物一直占据着重要的地位，并对中医药学的发展作出了重要贡献。天然药物在中国医学中的作用如下。

1. 促进生态保护和可持续发展　天然药物的提取通常依赖于天然资源，因此对这些资源的合理开发和使用促进了生态保护和可持续发展。科学合理地利用天然资源，可以保持生态平衡，防止过度采集和破坏。

2. 增强药物多样性和新药研发　天然药物来源广泛，拥有丰富的化学结构和药效成分，这为新药的研发提供了广阔的空间。通过对天然药物的研究，可以发现新的活性成分，推动创新药物的开发。

3. 提供经济收益和就业机会　天然药物的种植、采集、加工和销售等环节涉及大量的人力和资源，为农民提供了增收机会，同时也促进了相关产业的发展，增加了就业机会。

4. 弘扬中医药文化　天然药物作为中药材的重要组成部分，是中医药学的重要组成部分。通过研究和应用天然药物，可以弘扬中医药文化，传承中药经典，让世界了解和认同中医药的价值。

5. 保护传统知识和智慧　许多天然药物的应用经验积累自古代，体现了我国祖先对草本植物的深刻认识和运用。对天然药物的研究和传承，有助于保护传统知识和智慧，避免中草药传统知识的流失。

6. 促进中西医学交流　天然药物在中医药学中的重要地位也吸引了西医学界的关注。现代科学技术的发展使中西医学交流成为可能，中草药的研究也得到了更多西方学者的认可。

7. 拓展国际市场和文化交流　天然药物的应用和传承吸引了世界范围内的关注。中国的中医药学在国际上日益受到认可，天然药物也在国际市场上有着巨大的潜力。

天然药物在中国医学中具有重要的地位。其不仅具有提供药材资源的作用，而且在中医药学的发展和传承、现代化的推动等方面，都具有重要的作用。中医药学与现代医学相结合，为保护人类健康和治疗疾病作出了积极的贡献。

思 考 题

1. 天然药物的多样性对医学研究和临床应用有何意义？
2. 传统实践中的天然药物应用形式与现代医学的治疗方式相比有何异同？
3. 如何将传统实践中的天然药物应用形式与现代医学相结合，以发挥其最大的疗效和优势？
4. 中药的起源与发展是中国古代智慧和劳动创造的结晶，为何在现代科技发达的背景下，中药仍然受到重视并在现代医学中发挥作用？
5. 中药现代化涉及多个方面的改革和创新，你认为在推进中药现代化的过程中会面临哪些挑战？
6. "生药学"这门综合性学科为何在中药现代化和传统中医药的保护与发展中发挥着关键作用？
7. 为保证中药的质量和安全性，生药学如何准确识别和鉴定生药的物种来源？
8. 天然药物化学的主要任务包括哪些方面？
9. 天然药物化学成分的结构类型有哪些？
10. 天然药物化学成分的提取分离方法有哪些？

（徐德锋）

第三章 化学制药

学习目标
1. 掌握：化学制药、药物研发、药物化学的概念和学科主要任务。
2. 熟悉：化学制药的研发过程，以及绿色制药和可持续发展的重要性。
3. 了解：药物化学的交叉学科特点，药物化学的发展历史和现状。

化学制药是利用化学方法和技术，通过化学合成的方式生产药物的过程。与天然药物不同，化学制药中的药物成分是通过化学反应和合成得到的，这些药物分子的结构和性质可以通过化学手段进行精确控制。

化学制药的优点如下。

1. 可精确控制药物成分和质量 化学合成过程可以确保药物的纯度和稳定性，从而提高药物的疗效和安全性。这种精确控制也有助于确保药物的一致性，使患者在不同时间和地点获得相同效果的治疗。

2. 药物的产量和纯度高 相对于从天然药物中提取药物成分，化学制药的生产过程可以实现较高的产量和更高的纯度。这使得药物的生产工艺相对简单，并且可以降低生产成本，从而提供更多经济上可行的治疗选择。

3. 创造新的治疗方法 化学制药技术可以合成新的药物，从而创造全新的治疗方法。通过对药物分子结构的设计和改进，科学家可以开发出针对特定疾病和病理过程的药物，拓展医学研究的领域。

4. 生产难以从天然药物中提取的药物成分 有些药物成分很难从天然来源中提取，或者提取过程非常复杂。化学制药可以通过合成这些成分来提高药物的供应和稳定性，确保患者能够获得所需的药物疗法。

然而，化学制药也存在如下一些缺点。

1. 环境问题和污染 化学合成过程中需要使用大量的化学试剂，这可能导致一定程度的污染和对环境的影响。因此，在化学制药的发展过程中，需要关注环境友好型的制药工艺，减少对环境的不良影响。

2. 安全性和毒性 一些化学制药可能对人体产生不良反应或毒性，因此需要进行严格的安全性评估。在药物的研发过程中，应该进行充分的临床试验和研究，以确保药物的安全性和有效性。

3. 研发时间和成本 化学制药的研发过程相对较长，需要进行大量的实验和测试。这可能导致药物的研发周期较长，并增加研发成本。因此，对于新药的开发，需要投入大量的资源和时间。

总体来说，化学制药的发展在医学研究中扮演着重要的角色，为我们带来了许多新的治疗方法和药物。然而，为了充分利用化学制药的优点，我们也应该在生产和使用过程中充分考虑其安全性和环境影响。同时，我们也应注重对天然药物的保护和利用，以维护生物多样性和可持续性。综合考虑，化学制药和天然药物在医药领域都有着重要的作用，应该在不同情况下合理应用，以满足人们的医疗需求。

第一节 化学制药的研究内容与发展概况

化学制药是现代医学领域的重要分支之一，是指利用化学合成技术制造出药物。本章节将介绍化学制药的研究内容，以及其在现代医学中的应用。

一、药物的设计与合成

药物的设计与合成是化学制药领域的核心研究内容，涵盖以下方面。

1. 药物分子的构建 药物分子是具有特定药理活性的化合物，其分子结构的设计和构建是药物合成的起点。药物分子的构建需要考虑其与靶点的结合亲和力、生物可利用性、药代动力学等因素。研究人员使用有机合成和计算化学等手段，设计和优化药物分子的结构，以达到预期的药理效果。

2. 合成路线的设计 根据药物分子的结构设计，确定合适的合成路线，选择合适的反应条件和催化剂，合成目标化合物。在药物合成中，需要考虑合成的效率、产率、纯度等因素，并克服合成中可能遇到的困难和挑战。

3. 反应的优化和控制 药物合成中需要对反应的优化和控制，以提高产率和纯度，并控制反应副产物的生成。优化反应条件和改进合成工艺，对于药物的大规模生产和商业化应用至关重要。

4. 催化剂的研究和开发 催化剂在药物合成中起着至关重要的作用，研究和开发高效、环保的催化剂，是药物合成的重要方向之一。合成更加环保和高效的催化剂有助于降低药物制造过程中的废物产生和能源消耗。

5. 新药的发现与合成 药物的发现是化学制药的基础和核心。现代药物研究中，基于靶点的高通量筛选和计算机辅助设计等技术成为主要手段，通过大规模筛选化合物库，寻找具有潜在药理活性的化合物。然后进一步进行活性评价和结构优化，最终得到具有优异药效和良好生物利用性的新型药物。

化学制药作为现代医学的重要支柱，不断地推动着新药物的研发和生产。通过药物的设计与合成，化学制药为现代医学研究和临床治疗提供了丰富的药物资源和新的治疗方法。然而，同时也需要加强对新药物的安全性评估和研发过程的合理性，以确保化学制药的应用安全和有效，为人类的健康事业作出更大的贡献。

二、药物的分离和纯化

化学制药的另一个重要研究内容是药物的分离和纯化。药物的分离和纯化需要用到各种化学和物理方法，如结晶、色谱、质谱等技术，以及各种化学试剂和设备。这些方法可以有效地提高药物的纯度和质量，并保证其稳定性和有效性。

药物的分离和纯化是化学制药的重要环节之一，其目的是从天然产物中分离出具有药理活性的化合物，并通过纯化使其达到一定的纯度要求，以满足制剂和药物研究的需要。

药物的分离和纯化主要包括以下几个方面。

1. 提取 提取是从天然产物中分离出化合物的最基本方法。它是将天然产物与适当的溶剂（如水、乙醇等）混合，通过溶剂与化合物的相互作用使其溶解于溶剂中，得到提取物的过程。常用的提取方法有浸泡法、渗滤法、浸出法、蒸馏法等。

2. 色谱分离 色谱分离是药物分离和纯化中常用的一种方法。根据分离原理不同，色谱分离可以分为很多种，如薄层色谱、纸层色谱、气相色谱、高效液相色谱等。它们的原理都是将混合物分离成不同的组分，再通过不同的手段使其逐一分离出来。

3. 结晶 结晶是一种常用的纯化方法，其原理是将化合物溶解于溶剂中，然后通过降温或加入沉淀剂等方法使其逐渐结晶析出。经过多次结晶，可以得到较纯的药物晶体。

4. 蒸馏 蒸馏是一种基于化合物的不同挥发性而进行的分离方法。蒸馏可分为常压蒸馏、真空蒸馏、分馏、萃取等不同种类。蒸馏的原理是将混合物中的化合物加热到其沸点，然后用冷却水等冷却收集其蒸气，在蒸馏过程中通过升温、减压等条件来实现不同组分的分离。

5. 其他纯化方法 此外，还有一些其他的纯化方法，如离子交换、凝胶过滤、超滤、电泳等方法，它们被广泛应用于药物的分离和纯化过程中。

药物的分离和纯化是化学制药过程中非常重要的步骤，对于保证药物的质量、疗效和安全性具有至关重要的作用。通过高效的分离和纯化技术，可以获得高纯度的药物成分，提高药物的效力和稳定性，为医学研究和临床治疗提供更可靠的药物资源。同时，在分离和纯化过程中也需要充分考虑其对环境的影响，采取环保措施，确保化学制药的可持续发展。

三、药物的质量控制

药物的质量控制是化学制药研究的重要内容，其目的是确保药物的质量、安全和有效性。药物的质量控制包括以下几个方面。

1. 药物成分的分析 通过对药物成分进行详细分析，可以了解药物的组成和含量，从而判断药物是否符合规定的标准。药物成分的分析方法包括色谱、质谱、光谱等现代化学分析方法。这些方法能够准确地识别和定量药物中的各种成分，确保药物的一致性和稳定性。

2. 药物的理化性质检验 药物的理化性质检验包括药物的外观、溶解度、熔点、燃点、水分含量等。这些检验可以判断药物的纯度、稳定性和易用性。例如，药物的熔点和溶解度可以反映其纯度与晶体结构，而水分含量的控制可以影响药物的稳定性和保存条件。

3. 药物的微生物检验 药物在生产、储存和使用过程中，可能会受到微生物的污染，因此需要进行微生物检验，以确保药物的无菌、无致病菌和细菌含量符合标准。微生物检验可以保证药物在使用过程中不会引起感染或其他不良反应。

4. 药物的稳定性研究 药物在储存和使用过程中，会受到温度、湿度、光照等因素的影响，因此需要进行稳定性研究，以确定药物的储存条件和有效期。通过暴露药物样品于不同环境条件下，可以评估药物的降解速率和稳定性，制订适当的储存指导和使用建议。

5. 药物的生物利用度研究 药物的生物利用度是指药物在体内的吸收、分布、代谢和排泄过程中的表现。药物的生物利用度研究可以评估药物的效能和安全性，帮助确定适当的剂量和给药方式，优化临床治疗方案。

通过药物的质量控制，可以保证药物的质量和安全性，提高药物的治疗效果和临床应用价值。质量控制不仅关乎患者的健康，也是化学制药产业赖以建立信任和声誉的重要基础。持续不断的质量监测和改进是确保药物疗效和安全性的关键步骤，为人类的健康提供可靠的药物资源。

四、药物的药理学和毒理学研究

药物的药理学和毒理学研究是化学制药的重要研究内容之一。药理学研究旨在通过深入了解药物在机体内的作用机制，探索药物的临床应用及其副作用，为药物的研究和开发提供理论基础和指导。药物的毒理学研究则着眼于评估药物的毒性，包括急性毒性、慢性毒性、致癌性、致突变性、致畸性等方面的研究，为药物的安全性评价提供必要的数据支持。

药理学研究的主要内容如下。

1. 药物的药效学 药效学研究探究药物在机体内的作用机制、药效特性及与生物体的相互作用。通过药效学的研究，可以揭示药物的分子水平作用机制，从而为药物的适应证、剂量和给药方式提供指导。

2. 药代动力学 药代动力学研究药物在机体内的代谢、分布和排泄过程。了解药物的代谢途径和动力学规律可以帮助预测药物的药效持续时间、潜在的药物相互作用等,为药物的合理使用提供依据。

3. 药物相互作用 药物相互作用研究关注药物与其他药物、食物等物质之间的相互作用。这些相互作用可能影响药物的吸收、分布、代谢和排泄,对于合理用药和减少药物不良反应具有重要意义。

药物的毒理学研究主要如下。

1. 药物毒性的评价 药物毒性的评价旨在了解药物对机体的不良影响,包括急性毒性、慢性毒性、生殖毒性、肝毒性等。这些评价通常通过动物实验、细胞实验和体外试验等方法进行,以获得毒性数据和评估药物的安全性。

2. 安全性评价 药物的安全性评价主要通过临床试验进行,以评估药物在人体内的安全性和耐受性。这些试验会监测药物的不良反应及安全使用的限制,为药物的注册和上市提供决策依据。

药物的药理学和毒理学研究是化学制药过程中不可或缺的环节。通过深入了解药物的作用机制和毒性特性,可以确保药物的安全有效性,为人类健康提供可靠的药物资源。这些研究不仅是药物研发的基础,也是保障患者用药安全的关键措施。

五、药物结构与活性关系研究

药物结构与活性关系研究是化学制药领域的一个重要研究方向,旨在通过分析药物的化学结构与生物活性之间的关系,设计和合成更加活性和选择性的药物分子。这种研究方法被称为"构效关系研究",即通过研究药物分子的结构和特性,预测其在生物体内的作用和效果。

药物结构与活性关系研究通常包括以下几个方面。

1. 分子结构和性质的分析 通过理论计算和实验方法,研究药物分子的物理化学性质、电子结构、构象和反应活性等方面,探索药物分子的结构和性质对其生物活性的影响。这些分析可以揭示药物分子与生物分子的相互作用机制,为进一步优化药物结构提供依据。

2. 药物与受体的作用机制研究 通过分子对接和模拟等技术,研究药物分子与受体之间的相互作用,揭示药物分子与受体之间的结构和作用机制。这种研究有助于预测药物的生物活性和选择性,指导药物设计的方向。

3. 结构优化和活性改进 基于分子结构和活性的分析,设计和合成新的化合物,或对已有化合物进行结构优化和活性改进,以提高其生物活性和选择性。这是药物发现和开发中至关重要的一步,旨在获得更加优异的药效和更少的不良反应。

药物结构与活性关系研究是化学制药领域的重要研究方向,具有重要的应用价值和意义。通过深入了解药物分子的结构与活性之间的关系,可以加速药物的发现和开发过程,降低研发成本,提高新药研究的成功率。同时,这种研究方法也为药物分子设计和合成提供了科学依据,促进了药物化学的发展。药物结构与活性关系研究在构建更安全、有效的药物库,优化药物设计流程,推动药物创新方面发挥着重要的作用。

六、药物代谢和药效学研究

药物代谢和药效学研究是化学制药领域非常重要的一部分,涵盖了药物在体内的吸收、分布、代谢和排泄等过程,以及药物的药效学研究。这些研究内容旨在深入了解药物在生物体内的行为和效应,为药物的合理使用和安全应用提供科学支持。

药物代谢和药效学研究的主要内容如下。

1. 药物吸收 研究药物在体内的吸收过程,涉及不同给药途径(如口服、注射、吸入等)对药物吸收速度和程度的影响。了解药物的吸收动力学有助于预测药物在体内的浓度变化和时间延迟。

2. 药物分布 研究药物在体内的分布过程，探究药物在组织、器官、血液中的浓度分布情况。这对理解药物在靶组织中的有效浓度及药物在不同组织中的滞留时间至关重要。

3. 药物代谢 研究药物在体内的代谢转化过程，主要集中在药物在肝脏、肾脏等器官中的代谢反应。了解药物代谢途径和产物有助于预测药物的代谢速率和清除能力。

4. 药物排泄 研究药物在体内的排泄过程，包括药物从体内被排出的途径（如尿液、粪便、呼气等）和排出速率。这有助于评估药物在体内的停留时间和总体清除率。

5. 药物药效学研究 研究药物的药效特性，包括剂量-效应关系、生物利用度、药物作用持续时间等。这有助于优化药物剂量方案，确保药物在体内产生理想的治疗效果。

通过对药物代谢和药效学的深入研究，可以更好地理解药物在体内的作用机制和影响因素。这为药物的合理使用、剂量控制及临床研究和应用提供了科学依据。药物代谢和药效学研究有助于优化药物治疗方案，减少药物不良反应，提高治疗效果，从而为患者的健康带来更大的益处。

七、新药发现和开发

新药发现和开发是化学制药领域的至关重要环节，它涵盖了许多关键步骤，旨在从药物候选化合物到获得批准上市的全过程中确保药物的安全、有效和高质量，其研究内容主要包括以下几个方面。

1. 化学合成和高通量筛选 在新药发现和开发过程中，化学合成是制备潜在药物候选化合物的关键步骤。化学合成涉及设计、合成和优化大量化合物，以找到具有理想药理活性的候选化合物。而高通量筛选则是利用自动化技术，对大规模化合物库进行快速的生物学活性筛选，以寻找对目标靶点具有生物活性的化合物。

2. 药物设计和计算机辅助药物设计 现代药物研发中，计算机辅助药物设计（computer-aided drug design，CADD）成为重要的手段。通过计算机模拟和分子对接技术，可以预测药物分子与靶点的相互作用，优化药物分子结构，提高药物的选择性和亲和力，从而加速新药研发的过程。

3. 转化药物学 转化药物学是将基础研究的发现应用到新药开发的过程。它将研究实验室中的候选化合物和治疗方法转化为可用于临床治疗的新药。这包括对候选化合物的药物代谢、药动学、毒理学和临床前安全性等方面进行评估。

4. 生物药物的研发 除了小分子化学药物，生物药物（如蛋白质药物、抗体药物等）也在新药开发中扮演越来越重要的角色。生物药物的研发涉及大规模生产、质量控制和临床应用的复杂过程。

5. 药物再评价和再利用 药物再评价是指对已有药物进行新的临床或实验室研究，探索其在其他疾病治疗中的潜在用途。这种方法可以缩短新药开发的时间和成本，发现具有新适应证的药物，提高药物资源的有效利用。

6. 社会伦理和法规合规 在新药发现和开发过程中，需要严格遵守伦理和法规要求，确保研究过程的合法性、道德性和安全性。药物研发人员需要遵守各国药品监管机构的法规和指南，确保新药的合规性和上市申报的成功。

总之，新药发现和开发是一项复杂而系统的过程，需要多学科的合作和综合性的研究。通过不断深入的科学研究和技术创新，化学制药领域能够不断推动新药的研发，为人类的健康事业作出重要贡献。

八、化学制药的发展概况

化学制药是利用化学合成和相关技术手段，设计、合成和开发新药及改良现有药物的过程，是现代医药领域的关键组成部分。自20世纪以来，随着科学技术的突飞猛进，化学制药经历了持续而迅速的发展，为世界医药业的进步和人类健康作出了重要贡献。

在化学制药的演进历程中，出现了许多里程碑式的事件和重要进展，如下所述。

1. 早期阶段（20世纪50～60年代） 这个时期标志着人类首次成功合成了多种重要药物，如利尿剂、抗生素、降血压药等。这些药物的问世开启了化学制药的新纪元，为临床治疗提供了重要的药物资源。

2. 进一步发展（20世纪60～70年代） 药物合成技术得到了进一步发展，大量新药相继问世。在这个时期，心血管疾病治疗药物普萘洛尔、利福平等的成功合成，为药物研发注入了新活力。

3. 生物技术时代（20世纪70～80年代） 分子生物学的迅猛发展促进了药物研究的进一步深化。生物大分子药物如干扰素、人胰岛素等的成功研发，开辟了生物技术在药物领域的广阔前景。

4. 多样化发展（20世纪80年代至今） 化学制药领域的研究逐渐扩展到更多领域，如生物制剂、基因工程药物、抗体药物等的涌现，丰富了药物的类型和选择。

目前，全球化学制药产业已形成以美国、欧洲、日本为代表的制药三极格局。这些地区的制药企业在全球范围内占据主导地位，推动了新药的发现、开发和生产。同时，近年来，中国的化学制药业也取得了突飞猛进的发展。中国已成为全球第三大制药市场，中国制药企业在创新药物研发、制造和销售方面取得了显著进展。一些企业已经成为具有全球竞争力的代表。

总之，化学制药是现代医药研究的核心领域，经过几十年的不断发展，已经成为全球药物研究和制造的重要支柱。随着科技不断进步，化学制药将继续在药物研究、创新和治疗方面发挥重要作用，为人类的健康事业作出更大的贡献。

【案例】 　　　　　　　　　　　**恩杂鲁胺药物的设计与合成**

1. 背景与需求 前列腺癌是男性最常见的泌尿生殖系统癌症之一，在全球男性肿瘤中排名第2位。据统计，大约有1/9的男性在其一生中会被诊断为前列腺癌。2018年，全球新确诊前列腺癌患者数量约为130万例。在美国，2019年的预测显示将有17.465万例患者被确诊为前列腺癌。在中国，前列腺癌的发病率约为9.8/10万人。

恩杂鲁胺，也称为安杂鲁胺（enzalutamide），商品名：安可坦XTANDI，是一种用于治疗前列腺癌的新型雄激素受体抑制剂。它能够通过竞争性抑制雄激素与雄激素受体的结合，抑制核易位的雄激素受体，以及抑制雄激素受体与DNA发生作用，从而有效地抑制前列腺癌细胞的生长和扩散。相较于第一代雄激素受体抑制剂比卡鲁胺，恩杂鲁胺具有更高的雄激素受体亲和力，对741位色氨酸突变为半胱氨酸突变型雄激素受体也具有较好的拮抗活性，并且不促进雄激素受体向细胞核的迁移（图3-1）。

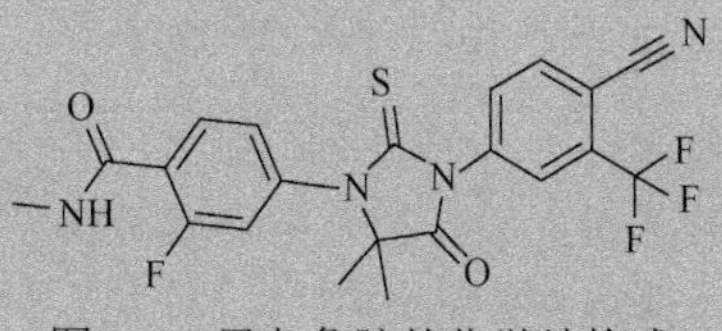

图3-1　恩杂鲁胺的化学结构式

2. 药物设计 恩杂鲁胺的设计是基于对雄激素受体通路的深入理解，并旨在抑制受体的活性及其对核酸的结合，从而实现更全面的治疗效果。相较于第一代药物，恩杂鲁胺在以下几个方面进行了优化。

（1）增强的受体亲和力：恩杂鲁胺通过增强与雄激素受体的结合亲和力，使其更有效地竞争性抑制雄激素与受体的结合，从而降低雄激素对癌细胞的刺激。这一优化使恩杂鲁胺在抑制雄激素信号通路上表现更出色，对前列腺癌细胞的生长和扩散起到更为有效的作用。

（2）抑制核易位：除了抑制受体的核易位，恩杂鲁胺还能阻止受体进入细胞核，进一步减弱雄激素受体信号通路的活性。核易位是雄激素受体激活的关键步骤，通过抑制此过程，恩杂鲁胺可以有效地阻断雄激素受体的信号转导，从而对前列腺癌细胞产生更强的抑制作用。

（3）干扰与DNA的结合：恩杂鲁胺还通过阻止雄激素受体与DNA的结合，降低其对靶基因的调控，从而减缓前列腺癌细胞的增殖。这个优化使恩杂鲁胺能更精确地调控雄激素受体对特定基因的表达，进而影响前列腺癌细胞的增殖和转录调节。

恩杂鲁胺的设计优化使其在前列腺癌治疗中表现出色。通过增强受体亲和力、抑制核易位和干扰与DNA的结合，恩杂鲁胺能更全面地干预雄激素受体通路，对前列腺癌的治疗产生积极影响。这些优化策略为药物研发提供了新的思路，并为其他相关疾病的治疗研究提供了重要的启示。

3.合成路径 恩杂鲁胺的合成路径涉及多个关键步骤，如下所示。

（1）以2-氟-4-硝基苯甲酸为原料，经氯化、胺化、还原及缩合制得恩杂鲁胺中间体N-1。

（2）以4-氨基-3-（三氟甲基）苯甲为原料与硫光气反应制得恩杂鲁胺中间体N-2。

（3）将两个恩杂鲁胺中间体通过环合反应生成最终的恩杂鲁胺分子，其合成路线见图3-2。

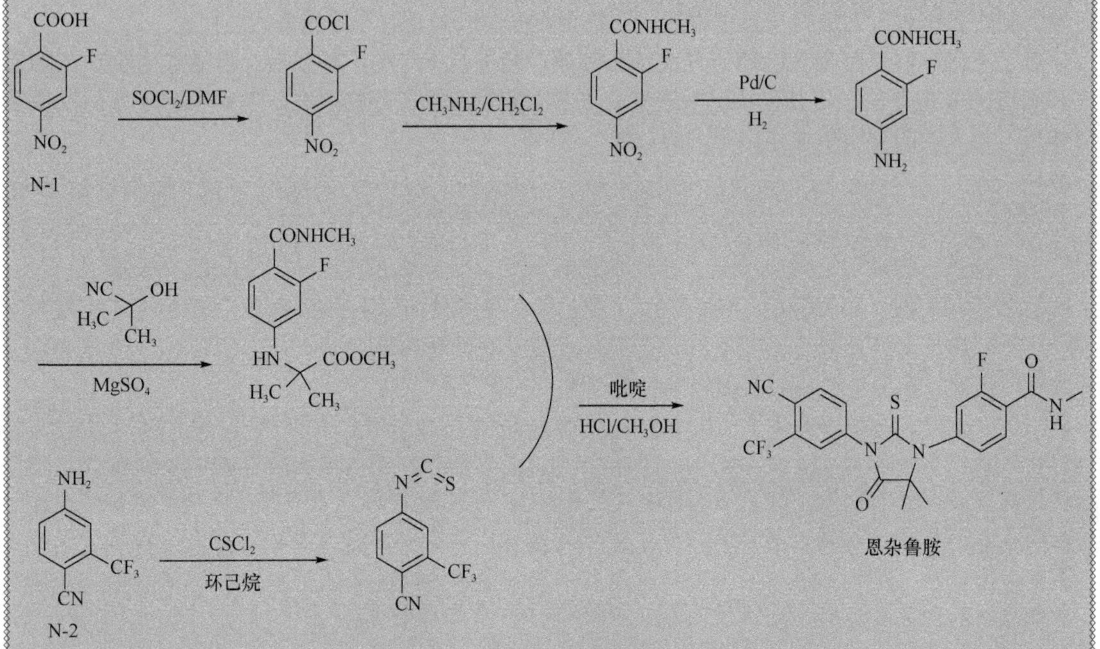

图3-2 恩杂鲁胺的合成路线

恩杂鲁胺是一种在前列腺癌治疗中表现出色的药物，其设计与合成过程经历了科学家们的不懈努力和精心策划。该药物的研发为前列腺癌患者提供了一种有效的治疗选择，并为其他相关疾病的治疗研发提供了重要的启示。药物设计与合成领域的持续创新将继续推动医药领域的发展和进步。

第二节　化学制药的研发过程

化学制药的研发过程可以大致分为药物发现阶段、药物优化阶段、药物评价阶段、临床试验阶段和批准上市阶段。

一、药物发现阶段

药物发现阶段是化学制药研发的起始阶段,主要目的是通过对疾病的分子机制进行深入研究,设计和开发具有治疗潜力的新化合物。在药物发现阶段,科研人员利用各种方式寻找具有潜在药物活性的化合物,如下所示。

1. 天然产物筛选 从天然产物中筛选出具有药物活性的化合物,如青蒿素是从中草药黄花蒿中发现的有效抗疟药物。

2. 高通量筛选 通过高通量筛选技术,对大量化合物进行快速筛选,发现具有潜在药物活性的候选化合物。

3. 计算机辅助药物设计 利用计算机模拟技术,设计和筛选具有潜在药物活性的化合物,加速药物发现过程。

二、药物优化阶段

药物优化阶段是在药物发现阶段的基础上,通过一系列的筛选、评估、改良和优化,使药物分子更具有选择性、亲和力、生物利用度和药代动力学等良好性质的过程。其主要任务是提高药物分子的药效、安全性和可用性,使之更适合临床应用。在药物优化阶段,科研人员进行如下工作。

1. 结构优化 通过结构修饰、合成衍生物等方法,优化已有药物的化学结构,提高药效和减少副作用,以期获得更理想的药物候选物。

2. 药代动力学优化 通过调整药物的代谢途径、药物代谢酶的选择等方法,优化药物的代谢和排泄过程,提高药物的生物利用度和稳定性。

3. 剂型优化 通过选择合适的剂型、添加剂等方法,优化药物的给药方式,提高药物的吸收和稳定性,以便更好地满足临床需要。

三、药物评价阶段

药物评价阶段是药物研发过程中的一个关键阶段,旨在评估候选药物在体内和体外的药理学、药效学、毒理学、代谢动力学等方面的性质,确定其临床前和临床试验的可行性和安全性。药物评价阶段主要包括以下内容。

1. 体外评价 通过体外试验,评价药物对靶标的亲和力、选择性、药效和药物代谢等性质,预测其体内药效学和药代动力学性质,为药物优化提供参考。

2. 体内评价 通过动物实验,评价药物的药效、药物代谢、毒性、安全性等性质,确定其在体内的药代动力学和药效学性质。

3. 安全性评价 评价药物的安全性,包括急性毒性、亚急性毒性、慢性毒性、致突变性、致癌性、致畸性等方面,确保候选药物在进入临床试验前的安全性。

4. 药物代谢评价 评价药物在体内的代谢动力学性质,包括药物的代谢途径、代谢产物、代谢酶等方面,确定药物在体内的代谢和清除规律。

5. 药物制剂评价 评价药物的制剂性质,包括制剂稳定性、溶解度、生物利用度等方面,确定最优制剂方案,为临床试验做好准备。

药物评价阶段为后续临床试验提供了可靠的科学依据,以提高新药研发的成功率。

四、临床试验阶段

临床试验是新药研发过程中的一个重要阶段,目的是评价药物在人体内的药效、安全性、代谢过程等。临床试验一般分为如下4个阶段。

1. 临床前研究阶段 包括药理学、毒理学、药代动力学和安全性评价等试验,以确定药物的最佳剂量、给药途径、药代动力学参数和不良反应等，为后续的临床试验提供基础数据支持。

2. 临床试验阶段Ⅰ 在少数健康志愿者身上进行，评估药物的安全性、耐受性和药代动力学特性。

3. 临床试验阶段Ⅱ 在一定数量的患者群体中进行，评估药物的治疗效果和安全性。

4. 临床试验阶段Ⅲ 在大规模患者群体中进行，进一步评估药物的疗效和安全性，并确定最佳用药剂量。

临床试验的结果将决定药物是否获得上市许可，因此是新药研发过程中不可或缺的一环。

五、批准上市阶段

在临床试验阶段，如果药物表现出足够的疗效和安全性，研发企业将提交药品注册申请，获得国家药品监管机构的批准后，药物才能正式上市销售。批准上市阶段是化学制药研发过程的最后一步，也是最重要的一步。在此阶段，药物已经完成了临床试验，并已经获得了有关部门的批准，可以在市场上销售和使用。

1. 申请批准 药物开发者必须向相关的监管机构提交申请，以获得批准。在美国，食品药品监督管理局（FDA）是主要的监管机构，在欧洲，欧洲药品管理局（EMA）负责药品的批准工作。申请中需要包括关于药物疗效和安全性的详细信息，如药物的化学结构、药理学和毒理学数据、制剂和用量、临床试验结果等。

2. 批准审查 监管机构将仔细审查申请材料，评估药物的疗效和安全性，并决定是否批准该药品上市销售。审查过程可能需要数月或数年的时间，取决于申请中提供的数据质量和完整性。

3. 上市销售 一旦药物获得批准，就可以在市场上销售和使用。药物开发者通常需要在不同的国家或地区进行额外的审批和注册工作，才能将药品推向全球市场。同时，监管机构还将持续监督药物的安全性和疗效，以确保药品的质量和安全性。

总之，化学制药研发过程是一个复杂而漫长的过程，需要耗费大量的时间、金钱和资源。只有在不断探索和创新中，才能开发出更安全、更有效的药物，为人类健康事业作出更大的贡献。

第三节 药物化学

一、药物的化学结构与药效关系

药物的化学结构与药效关系，即构效关系研究，是化学制药领域的一个关键方向，旨在深入理解药物分子的结构与其生物活性之间的相互关系，从而设计和合成更具活性和选择性的药物分子。这种研究对于加速药物发现和开发过程、降低研发成本及提高新药研究的成功率具有重要意义。

药物结构与活性关系研究涵盖了如下方面。

1. 分子结构和性质分析 通过理论计算和实验手段，深入研究药物分子的物理化学性质、电子结构、构象和反应活性等，以探索药物分子的结构特征如何影响其生物活性。这种分析有助于揭示药物与生物体内分子的相互作用方式。

2. 药物与受体的作用机制研究 借助分子对接、分子模拟等技术，研究药物分子与生物体内受体之间的相互作用，揭示药物分子与受体之间的结构和作用机制。这有助于预测药物的生物活性、选择性及潜在的副作用。

3. 结构优化和活性改进 基于对分子结构和活性的深入分析，设计和合成新的化合物，或对已有化合物进行结构优化和活性改进。通过微调分子结构，可以提高药物的生物活性、选择性和药代动力学性质，从而更适合临床应用。

药物结构与活性关系研究不仅加速了药物发现和开发过程，还为药物分子的合理设计和合成提供了科学依据。此外，这种研究方法在药物化学领域的发展中也起到了推动作用，促进了药物化学的创新和进步。通过深入探索药物分子的构效关系，科学家们能够更好地理解药物与生物体的相互作用，从而为疾病治疗提供更有效的药物解决方案。

二、药物化学的定义和研究内容

药物化学（medicinal chemistry）是药学领域中的一门重要学科，专注于药物的发现、发展、确证及在分子水平上研究药物的作用机制。药物化学在药物研发过程中起着关键的作用，通过研究药物分子的结构和性质，优化药物的效能和安全性，从而为临床药物的应用提供科学依据。

药物化学研究涵盖了如下方面。

1. 药物设计与合成　基于生物学研究，揭示药物作用的潜在靶点，参考内源性配体或已知活性物质的结构，设计和合成具有期望生物活性的化合物。这包括优化分子结构、合成路线和工艺稳定性，以获得高效的药物分子。

2. 药物的结构与性质研究　深入研究药物分子的化学结构和物理化学性质，包括电子结构、构象和反应活性等，以揭示这些特性如何影响药物的生物活性和稳定性。

3. 药物的代谢与药代动力学　研究药物在生物体内的吸收、分布、代谢和排泄规律，探索药物代谢产物及其对药物活性的影响，以及药物在体内的动态变化过程。

4. 药物的构效关系研究　分析药物分子结构与生物活性之间的关系，通过探索结构变化对药效的影响，优化药物的活性和选择性。

5. 药物的毒理学与安全性评价　研究药物分子的毒性特性，评估药物对人体和环境的安全性，确保药物在临床应用中的安全性。

6. 药物的临床前与临床试验支持　为药物的临床前和临床试验提供科学依据，设计合理的药代动力学和毒理学试验方案，评估药物在体内外的性质。

药物化学的研究方法可以帮助科学家深入了解药物与生物体内分子的相互作用方式，以及药物的性质如何影响其在体内的表现。例如，以组胺 H_2 受体拮抗剂西咪替丁为例，详细地说明药物化学的研究内容和方法：

在过去，治疗胃溃疡所使用的无机抗酸药物（如碳酸氢钠、氧化镁、氢氧化铝等）存在用量大、副作用明显等问题，因此寻找一种新型的抗酸药物变得迫切。研究人员早期发现组胺在胃酸分泌的调控中扮演重要角色。组胺与组胺 H_2 受体结合后，能够刺激胃酸的分泌。基于这一发现，科学家设想设计一种能够与 H_2 受体结合、但不会刺激胃酸分泌的分子，以达到抑制胃酸分泌的效果。

1964 年，以詹姆斯·布莱克（James Black）为首的研究小组开始寻找组胺 H_2 受体拮抗剂。经过 12 年的艰苦努力，他们最终合成出了第一个 H_2 受体拮抗剂——西咪替丁（泰胃美），并于 1976 年将其推向市场。西咪替丁的成功开创了消化性溃疡治疗领域的新篇章，取代了传统的无机抗酸药，成为首选药物，被誉为消化性溃疡治疗史上的"泰胃美"革命。

在西咪替丁的设计过程中，药物化学家采用了如下一系列策略。

1. 模型化合物设计　西咪替丁以组胺为模型化合物，保留了组胺结构中的咪唑环，并通过侧链的置换来引入拮抗作用，从而实现了与 H_2 受体的结合和抑制作用。

2. 构效关系研究　通过对化合物结构的逐步修改和优化，研究人员发现咪唑环的侧链应具有一定柔性，延长侧链并在末端引入碱性较弱的甲基硫脲基，最终合成出了高度选择性、完全拮抗 H_2 受体的化合物布立马胺。

3. 动态构效分析　在设计过程中，研究人员发现咪唑环在生理 pH 条件下存在多种互变异构体，通过调整环上取代基 R 的电性效应，调控了异构体的比例，增强了拮抗作用。

4. 结构置换　为了进一步提高药物的活性和选择性，研究人员对化合物结构进行置换，引入各种官能团，最终合成了高活性的甲硫米特。

5. 类似性分析　针对甲硫米特的副作用，研究人员将分子中的硫脲基置换为胍基，并在亚氨基的氮原子上引入强吸电子的氰基或硝基,设计出了无不良反应的高活性化合物西咪替丁。

通过这些方法,研究人员成功地设计出了西咪替丁,一种高活性、高选择性的 H_2 受体拮抗剂,用于治疗消化性溃疡,为药物化学的合理药物设计成功案例之一。这个例子充分展示了药物化学在药物研发中的关键作用,通过深入理解分子的相互作用和结构活性关系,科学家们能够精准地设计和合成药物,以满足医疗需求,改善人类健康。

药物化学的研究在药物研发和创新中发挥着不可替代的作用,为新药的发现和应用提供了关键的科学基础。

三、药物化学的主要任务

药物化学的主要任务涵盖了多个方面,旨在为药物研发、生产和临床应用提供理论和技术支持,药物化学的主要任务如下。

1. 为有效利用现有药物提供理论基础 药物化学的一个重要任务是深入研究药物的化学结构与理化性质,以理解药物的稳定性、药品质量控制、储存条件的规范等方面的关系。通过研究药物的结构与生物活性之间的关联,药物化学家能够为临床药学中的配伍禁忌、合理用药以及新药的研发提供重要的理论基础。同时,药物化学家还能够揭示药物在体内的代谢过程,推测和确定代谢产物,从而阐明药物的作用机制,为药物剂型制备和化学结构修饰提供指导。

2. 为生产化学药物提供经济合理的方法和工艺 药物化学不仅关注药物的研发,还专注于提高生产化学药物的合成效率和经济性。药物化学家通过研究药物的合成路线、工艺条件和工业生产过程,改进合成方法、优化工艺流程、降低生产成本,以便生产更经济合理的药物。这不仅有助于降低药物价格,减轻患者经济负担,还能提高药物的质量和产量。

3. 不断研究开发安全、有效的新药 研发新药是药物化学的重要使命之一。药物化学家不断探索创制新药的途径和方法,以满足不断变化的医疗需求。新药的研发可以解决原本无法治疗或难以治疗的疾病,保障人类的生命安全。例如,药物化学的努力使得梅毒、细菌感染等原本危害严重的疾病得以得到有效治疗。针对当前仍未能有效治疗的疾病,如艾滋病、癌症、阿尔茨海默病等,药物化学仍在不断探索创新的药物设计和研发方法,以期找到更安全、更有效的治疗方法。

总之,药物化学在现代医药领域发挥着关键作用,不仅为已有药物的合理利用和优化提供支持,还为新药的研发和生产提供了重要的理论和技术支持,促进了医疗科技的不断进步,推动了人类健康的持续发展。

四、药物化学的发展历程

人类在数千年前就知道利用自然界的动物、植物、微生物、矿物质等天然产品防病、治病。中国古代《神农本草经》记载了大量植物药的应用,而药物化学的发展是一个由经验性的试验到科学合理设计的过程,可以大致分为三个阶段:发现(discovery)阶段、发展(development)阶段和设计(design)阶段。

(一)发现阶段

发现阶段始于 200 多年前,起源于天然药物。意大利生理学家丰塔纳(Fontana)通过动物试验对千余种天然药物进行了毒性测试,得出了"天然药物都有其活性成分并选择作用于机体某个部位而引起典型反应"的结论。这一观察揭示了天然药物的药效来源于其中特定活性成分,这是后来药物发现和设计的基石。

1805 年,德国化学家 Sertürner 从罂粟中分离提纯的吗啡首先证实了这一客观事实。吗啡的发现标志着从天然产物中分离有效成分的先河,也开启了 19 世纪从天然产物中发现新药物的热潮。随后,许多其他生物碱类药物相继被分离出来,如 1818 年从番木鳖中分离得到番木鳖碱和马钱子碱、从金鸡纳树皮中分离得到奎宁，1821年从咖啡豆中分离得到咖啡因，1833年从颠茄中分离得到阿托品等。这些生物碱成为19世纪早期天然药物的代表，并且为后来药物化学的发展奠定了基础。

药物化学的起源与有机化学息息相关。随着工业革命的发展，钢铁、冶金工业产生了大量的煤焦油等副产品，而纺织工业对染料的需求增大。19世纪，有机化学工业从无到有快速发展，人们在煤焦油中分离出苯、萘、蒽、甲苯、苯胺等一系列有机化合物，为后来药物化学的研究提供了丰富的化合物资源。

1856年，英国化学家帕金（Parkin）以苯胺为原料合成了第一个人工染料苯胺紫，以适应染料需求的增加。1859年，化学家利用大量易得的苯酚轻易地合成了水杨酸。水杨酸是19世纪初从柳树叶中分离提取的，其可以用于止痛，但提取来源有限，成本过高，同时水杨酸对胃有强烈的刺激作用而限制了其规模化使用的可能。直到1893年，德国化学家霍夫曼将其修饰成刺激性较小的乙酰水杨酸，并经过6年临床试验后，于1899年以阿司匹林的名字上市用于临床。阿司匹林的上市标志着人类可以通过化学合成改造天然化合物的化学结构，从而研制出更理想的药物，同时也宣告了药物化学的诞生。19世纪末和20世纪初，化学家在合成药和天然药的研究过程中，逐渐形成了药物化学的基本理论，提出了化学有效基团与药理作用相互联系的初步思想。随着人们对理论认识的深化，产生了药物构效关系理论，提出了药效团和受体学说等新概念或理论。受体学说解释了许多药物的作用机制，促进了新药研究的发展。

（二）发展阶段

20世纪初至20世纪60年代是以合成药物为主的发展时期。在这一时期，合成药物的大量涌现，内源性生物活性物质的分离、鉴定和活性筛选，酶抑制剂的临床应用等取得了重要进展，为药物化学的进一步发展奠定了基础。

代谢拮抗学说的建立是这一时期的典型代表。1932年，德国细菌学家兼药物学家多马克（Domagk）发现了一种偶氮染料"百浪多息"对链球菌及葡萄球菌有抑制作用，当时认为这种抗菌作用是由结构中的偶氮基团引起的。然而，1935年后期的研究揭示，百浪多息在体外没有活性，其真正的抗菌活性成分是在体内代谢产生的磺胺——对氨基苯磺酰胺。这一发现揭示了药物干扰生物体正常代谢过程的治疗作用，为药物研究提供了新的理论支持。随后的10年中，超过5000个类似物被合成，其中数十种磺胺类药物被证明有效。磺胺类药物通过与细菌所需的代谢物对氨基苯甲酸（PABA）竞争性拮抗，干扰了细菌的酶系统，从而证实了代谢拮抗学说的可行性。这一学说不仅阐明了抗菌药物的作用机制，也为寻找新药开辟了新的途径。此后，抗代谢抗肿瘤药、利尿药、抗疟药等相继问世，促进了药物结构与生物活性关系研究的开展。

抗生素的发现同样是这一时期的伟大成就。1928年，英国微生物学家弗莱明（Fleming）发现了青霉素的抗菌作用，经过多年的临床试验及对发酵工艺的改进，1943年开始工业化生产并大量用于临床。青霉素的成功带动了一大批抗生素的问世，1943年，美国科学家瓦克斯曼（Waksman）从链霉菌中分离出对结核杆菌敏感的链霉素，使之成为第一个用于治疗肺结核的特效药，此后他定义了抗生素一词。随后的10年中，有3000多种抗生素通过土壤微生物的培养被筛选出来，其中常用的有土霉素、氯霉素、金霉素、四环素等。这一时期的抗生素研究为人类医疗作出了巨大贡献，拯救了无数生命。

同时，20世纪初至20世纪60年代也见证了甾体激素的飞跃发展。甾体激素从动物体内提取到人工半合成的转变解决了来源不足的问题，推动了抗炎药、中枢神经兴奋药、降压药等药物的合成研究。

在发展阶段，分子药理学的形成及酶学的发展很好地促进了一些药物作用机制的阐明。随着对药物代谢过程、身体的调节系统、疾病的病理生理过程都有了更全面的认识，人们开始联系生理、生化效应和针对病因寻找新药，改进了单纯从药物的显效基团或基本结构寻找新药的方法。例如，利用潜效和前药概念，设计能降低不良反应和提高选择性的新化合物。这一时期的药物研究不仅深化了对药物作用机制的理解，也为寻找新药物提供了更多的策略和思路。从药物化学的角度来看，这一阶段的成就与有机化学及实验技术的发展密不可分，为药物研发的成功奠定了坚实的基础。

在药物化学的漫长历程中，发现阶段和发展阶段共同构筑了现代药物研究的基石，为新药物的不断涌现和医学的进步提供了坚实的支持。

（三）设计阶段

设计阶段始于 20 世纪 60 年代，是药物化学的重要阶段之一。在这一时期，药物的设计研究与开发逐渐完善，要求药物的研究与开发建立在科学、合理的基础上，即合理药物设计。这一阶段的发展与多方面因素密切相关，包括药物研究速度的加快、药物安全性的重视、构效关系研究的定量化，以及分子药理学和酶学等学科的发展。

在 20 世纪 60 年代，随着合成的新化合物数量增多，药物研究需要更科学的方法来指导。因此，构效关系的研究从定性转向定量，即定量构效关系研究。研究人员通过定量分析药物结构与生物活性之间的关系，建立了三种不同的二维定量构效关系研究方法，即汉施（Hansch）方法、弗里-威尔逊（Free-Wilson）方法和分子连接性方法。这些方法的提出，为药物设计提供了新的理论基础，使药物研发从经验设计转向合理设计，增加了新药研发的成功率和效率。

此外，药物研发过程中的安全性问题也受到越来越多的关注。1957 年，欧洲发生数万名严重畸形婴儿事件（沙利度胺事件），引起全球范围内对药物安全性的警醒。各国政府制定法规，要求新药的安全性试验除了进行急性毒性和长期毒性试验外，还必须进行"三致试验"，即致癌（carcinogenesis）、致畸（teratogenesis）、致突变（mutagenecity）试验，从而增加了研发周期和经费。这种对安全性的重视，使得改进研究方法成为药物研发的重点。

随着人类基因组、蛋白质组和生物芯片等研究的深入，大量与疾病有关的基因被发现，为新药的设计提供了更多的靶点分子。以靶点为核心的药物设计加速了药物分子的设计与发现过程，如基于结构的药物设计、基于机制的药物设计、基于靶点的药物设计等方法的发展和运用，增加了药物的靶向性，降低了药物的不良反应。分子靶向治疗在肿瘤治疗中发挥着越来越重要的作用，蛋白激酶抑制剂就属于分子靶向抗肿瘤药里的小分子化合物类。伊马替尼是第一个批准上市的酪氨酸激酶抑制剂，是治疗慢性粒细胞白血病慢性期的一线药物，通过竞争性地与激酶上的 ATP 位点结合，抑制其酪氨酸激酶活性，选择性地抑制肿瘤细胞生长，发挥抗肿瘤的作用。伊马替尼的成功上市，在抗肿瘤药物开发史上具有重要的意义。

在设计阶段，物理化学、生物化学、分析化学和分子生物学的发展，以及计算机技术的广泛应用，为阐明药物作用机制和深入解析药物构效关系提供了良好的基础，使药物化学的理论和药物设计的方法与技巧不断发展和完善。定量构效关系、合理药物设计、计算机辅助药物设计、组合化学、高通量筛选等新技术、新方法被应用到新药的研究开发之中，使新药设计与开发有了突飞猛进的发展，优良的新药不断问世，为世界制药工业带来了蓬勃生机。

现代药物化学的发展在药物研发和临床应用中发挥着至关重要的作用。通过发现、发展和设计三个阶段的不断演进，药物化学不断推动医药领域的发展，为人类的健康和生命安全作出重要贡献。药物化学的发展历程也体现了人类对药物的认识和利用的不断深入与提高，带来了越来越多的治疗疾病的有效药物。

五、药物化学发展的趋势

21 世纪是生命科学发展的重要时期，药物化学与生物学科、计算机技术的紧密结合与相互促进，是今后药物化学发展的大趋势。人类基因组计划的完成及后续功能基因组、结构基因组和蛋白质组计划的实施，深刻地改变了药物研究开发的思路和策略，形成了新药研究的新模式——从基因功能到药物。

药物靶点是能够与特定药物特异性结合并产生治疗作用或调节生理功能作用的生物大分子或生物大分子结构。近几十年来，药物发现研究几乎均集中于寻找或设计作用于靶点的高选择性配体药物分子。目前，国际上药物研究的竞争主要体现在药物靶点的研究上。药物靶点一旦被认识和掌握，往往会成为一系列新药发现的突破口。新的药物靶点对于药物研究至关重要。

然而，近年来的研究表明，基因的功能及其调控远比设想的要复杂得多。大多数疾病尤其是肿瘤疾病、神经退行性疾病、代谢性疾病等受多个基因调控，因此，针对单个分子靶点的新药研究思路和高通量筛选技术，难以全面、完整地反映化合物与疾病的相关性。对此，新药研究必须调整策略，采用"从基因功能到药物"的研发模式，从针对单个基因转变为针对多个基因（或基因调控网络），深入研究基因（靶点）之间的相互作用，更要考虑信号转导通路和功能系统的调控。这种综合性的研究模式有望为多基因调控疾病的治疗提供更有效的药物设计和开发方案。

另一个近年来药物化学研究的重点是手性药物。化合物结构中存在不对称因素，由此可产生立体异构体，即手性分子。生物大分子的立体结构可识别特定的手性分子。手性药物进入人体后产生手性识别，对体内如酶、受体、离子通道、蛋白质、载体等靶点产生不同的药效学、药代动力学和毒理学等方面的作用。因此，对手性药物的研究和开发具有重要意义，旨在寻找更优异的手性药物，提高药物的治疗效果，减少副作用和毒性。

综合来看，药物化学在未来将继续与生物学、计算机技术等学科相互融合，利用先进的技术手段加快药物研发的速度和效率。研究重点将更加注重多基因调控疾病的治疗，采用系统化的研究方法，同时针对手性药物的优化研究，为人类提供更安全、高效的药物，推动医药领域的发展，增进人类健康和生命安全。

六、药物化学在新药研发中的作用

新药研究是指新药从实验室发现到上市应用的整个过程，包括新药的发现研究和开发研究，经过靶点的发现和确证、先导化合物的产生和优化、临床前研究和临床研究等阶段。药物化学在新药研发中起着至关重要的作用，主要体现在以下几个方面。

1. 先导化合物的发现和优化　药物化学家通过分析疾病的生物学机制和药物的作用靶点，设计并合成潜在的先导化合物。这些化合物被用于初步验证治疗假设，其药效和不良反应进行初步评估。药物化学家通过结构活性关系研究，对先导化合物进行结构优化，以提高其药效、选择性和药代动力学等性质，同时降低毒性和副作用。

2. 结构改造和修饰　在已有药物分子的基础上，药物化学家可以进行结构改造和修饰，以改善药物的性质。这可能涉及改变分子的结构、引入特定官能团或调整分子的化学性质，从而改变药物的活性、溶解度、生物利用度等。这种方法可以改进现有药物的疗效和药代动力学，延长药物的作用时间或减少副作用。

3. 药物设计与优化　药物化学家运用分子模拟、计算机辅助设计等技术，针对药物靶点的结构进行药物设计和优化。通过计算模拟，药物化学家可以预测分子的结合模式、亲和力和药效，从而引导药物分子的设计方向，提高药物的效力和选择性。

4. 药代动力学研究　药物化学家关注药物在人体内的代谢和转化过程，以及药物与生物体的相互作用。药物化学家通过调整药物的分子结构，优化药物的代谢稳定性、生物利用度和排泄途径，从而提高药物的药代动力学性质，保证药物在体内的有效浓度和持续时间。

5. 临床前研究支持　药物化学在临床前研究阶段为药物的毒性评价和药代动力学研究提供支持。药物化学家可以通过合理的分子设计和化学修饰，降低药物的毒性，增加药物的安全性。此外，药物化学家还可以优化药物的药代动力学性质，确保药物在体内的稳定性和分布。

综上所述，药物化学在新药研发中扮演着关键的角色，从药物的设计、合成到优化，都对新药的研发成功至关重要。药物化学的不断发展和创新将继续推动医药领域的进步，为人类健康提供更多有效和安全的药物选择。

七、先导化合物的发现和优化

先导化合物（lead compound）又称原型物，是通过多种途径、方法或手段得到的具有某种生物活性的化合物。一般来说，先导化合物存在某些缺陷，如活性不够强、化学结构不稳定、毒性较大、特异性不高、药动学性质不合理等，需要对其进行结构修饰和改造，使其成为高效、低毒、可控的优良药物。这种对先导化合物进行结构修饰和改造的过程，称为先导化合物的优化。

（一）先导化合物的发现

经过对200年来药物发现、发展过程的总结，先导化合物的发现有多种途径和方法。

1. 从天然活性物质中发现先导化合物 天然产物是药物发现的重要来源。许多药物最初来源于植物、动物或微生物等天然资源。研究人员从天然产物中分离和提取具有生物活性的化合物，并通过进一步研究和优化，使其成为潜在的先导化合物。紫杉醇是从太平洋紫杉树中分离出来的天然产物，后来发展成为治疗癌症的药物。

2. 随机或意外发现获得先导化合物 有时，药物的发现是偶然或意外的结果。研究人员在进行其他实验时，意外地发现某个化合物具有生物活性，从而引发了进一步的研究和优化。例如，安定药氯氮最初是在研究非巴比妥类药物时意外发现的。

3. 通过药物的临床副作用发现先导化合物 有些药物在治疗疾病的同时会产生其他不同于治疗作用的生物活性，称为副作用。研究人员可以对这些副作用进行深入研究，发现并优化先导化合物，开发出新的药物。例如，某些磺胺类抗菌药物被发现对心力衰竭患者有利尿作用，由此引发了利尿药物的开发。

4. 通过药物的代谢研究发现先导化合物 药物在体内会发生代谢，产生代谢产物。有些代谢产物具有更强的活性，可以被作为优化的先导化合物。例如，研究发现磺胺类药物的代谢产物是一类新的抗菌药物类型。

5. 以现有高活性药物为先导化合物 近年来，有些新药的研发是以已知高活性药物为原型进行结构改造得到的。这种方法可以减少开发新药的时间和成本，使得药物研发更具效率。

6. 用活性内源性物质作为先导化合物 研究人员可以以人体内的生物活性分子，如激素、维生素和神经传导物质等，作为优化的先导化合物。这些生物活性分子在生理过程中起着重要的调节作用，可以成为新药设计的靶点。

7. 通过计算机辅助药物筛选得到先导化合物 计算机辅助药物设计是药物设计的新兴技术。通过计算机模拟和计算，研究人员可以预测化合物的生物活性和代谢动力学性质，加速先导化合物的发现和优化过程。

8. 组合化学和高通量筛选发现先导化合物 组合化学和高通量筛选是一种高效的药物发现方法。通过组合化学技术，可以快速合成大量具有结构多样性的化合物；而高通量筛选则可以快速对这些化合物进行生物活性测试，发现潜在的先导化合物。

（二）先导化合物的优化

在新药研究过程中，确定了先导化合物后，进一步的工作就是对先导化合物进行优化，以得到与先导化合物结构类似的较好的药物，使其活性更强、选择性更好、不良反应更小，并满足使用要求的药代动力学性质。通常用于先导化合物优化的方法有生物电子等排体替换、前药修饰、软药设计，以及其他方法如局部修饰等。

1. 生物电子等排体替换 生物电子等排体是指那些具有相似的物理和化学性质，并能产生相似的或相反（拮抗）的生物活性的分子或基团。这些分子或基团的外层电子相似，而且在分子、原子或基团的大小、形状、构象、电子云分布、脂水分配系数、化学反应活性及氢键形成能力等方面存在相似性。正是上述某些重要参数的相似，才导致对同一靶标产生相似或拮抗的生物活性。

利用生物电子等排体对先导化合物中的某一个基团逐个进行替换得到一系列新化合物，是设计研究药物的经典方法。例如，抗肿瘤药氟尿嘧啶就是将生物体内的代谢物尿嘧啶上5位氢原子用其生物电子等排体氟取代得到的。

2. 前药修饰　前药（prodrug）是指一类在体外无活性或活性较小，在体内经酶的催化或非酶作用，释放出活性物质而产生药理作用的化合物。修饰前的活性药物称为母体药物，也称为原药。前药修饰是进行先导化合物优化的最常用的手段。前药分为两大类，一类是载体前体药物；另一类是生物前体药物。载体前体药物是通过共价键，将原药与某种无毒性化合物（载体部分）相连接而形成的，到达体内经酶的催化或非酶作用，裂解恢复成原药和载体部分，发挥作用。生物前体药是药物经过体内酶催化代谢而产生的活性物质，如非甾体抗炎药舒林酸，本身无活性，在体内还原酶的作用下转化为硫醚形式而产生作用。制备前药的方法有很多种，对于含醇类羟基的基团，常将羟基制成酯、醚、缩醛或缩酮等；对于含有羧基的药物，常制成酯或酰胺；胺类化合物可制成酰胺、亚胺、偶氮、氨甲基化等形式；羰基类药物可通过制成亚胺、肟、缩醛或缩酮等形式来制备前药。

利用前药原理修饰先导化合物，虽不能增加其活性，但可以达到许多目的，主要包括增加药物稳定性，提高药物的选择性，延长药物作用时间，提高生物利用度，降低不良反应，改善药物溶解性，改善药物的不良气味或不适宜的性质。还有一种特殊的前药，即孪药（twin drug），孪药是指将两个相同或不同的先导化合物或药物分子，经共价键连接，骈合成一个新的分子，经体内代谢后，产生以上两种具协同作用的药物，结果是增强了活性或者产生了新的药理活性，或者提高作用的选择性。构成孪药的两个原药分子可以具有相同的药理作用，如由阿司匹林和对乙酰氨基酚骈合生成的贝诺酯，在体内分解成两个原药共同发挥解热镇痛作用，为协同前药；也可以将两个不同药理作用的药物骈合在一起，产生新的或联合的作用，如抗肿瘤药苯丁酸氮芥和甾体激素泼尼松龙骈合生成泼尼莫司汀，利用甾体激素在肿瘤细胞分布较多的特点，增加苯丁酸氮芥的靶向性，降低其毒性。

3. 软药设计　20世纪70年代末期，有人提出了为避免有害代谢物的产生而设计出不受任何酶攻击的药物，这类药物称为"硬药"（hard drug）。硬药主要通过肾脏排泄，不但可排除中间产物和活性代谢物带来的毒性，而且由于不被代谢，其体内药代动力学行为大为简化，但实际上硬药是不可能存在的。任何一个具有药理活性的药物，在体内都不可能不受酶的攻击。另外，设计出容易代谢失活的药物，使药物在完成治疗作用后，按预先规定的代谢途径和可控的速率分解、失活并迅速排出体外，从而避免药物的蓄积毒性，这类药物被称为"软药"（soft drug）。软药缩短了药物在体内的过程，而且避免了有毒的代谢中间体的形成，可减轻药物的不良反应，提高治疗指数，故软药设计得到了广泛应用。局部修饰是先导化合物结构改造使用较多的方法之一，修饰的方法很多，如将复杂结构简化、链状化合物闭环，以及环的开裂、双键的引入、大基团的移入或置换、改变基团的电性等。

先导化合物的优化是新药研究过程中的关键步骤，通过生物电子等排替换、前药修饰、软药设计等方法，可以提高药物的活性、选择性和药代动力学性质，降低不良反应，从而为最终得到适合临床应用的药物打下坚实的基础。这一过程需要多学科的知识和技术的综合运用，以期取得成功的药物研发。

第四节　化学制药在我国制造行业的作用

化学制药在中国制造业中扮演着非常重要的角色，它是制药工业的基础和核心。中国化学制药工业的发展始于20世纪50年代，经过几十年的发展，目前已经成为世界上最大的制药原料和制剂的生产国之一。

具体来说，化学制药在中国制造业的作用主要有以下几个方面。

一、支撑医药产业

化学制药是医药产业的核心部分,药物的原料、中间体和活性成分均需由化学制药企业生产。化学制药的发展对支撑医药产业发展有着重要的作用。

1. 为医药产业提供基础和核心支撑 化学制药是医药产业的基础和核心部分。它生产药物的原料、中间体和活性成分,是制造药物所必需的基础物质。没有化学制药企业提供的原料和中间体,医药产业无法进行药物的制造和生产。

2. 支持制药技术发展 制药技术是药物研发和生产的关键环节。化学制药企业不仅提供各种制药技术的支持,还持续进行技术研发,为医药产业提供更先进、高效的制药技术,推动整个医药产业向更高水平发展。

3. 推动新药研发 新药研发是医药产业的重要组成部分,也是化学制药企业的核心业务之一。化学制药企业具有先进的技术和专业的研发团队,致力于新药的研发,为整个医药产业带来新的药物和治疗方案,不断推动医药科技进步。

4. 提供高品质药物原料和制剂 化学制药企业拥有完善的质量控制体系,能够为医药产业提供高品质的药物原料和制剂。这对于确保药物的安全性和有效性具有重要意义,保障患者的用药安全。

5. 促进医药产业的发展 化学制药的发展直接支撑医药产业的持续发展。大规模生产和供应药物原料和制剂,使得医药产业能够更好地满足市场需求,推动医疗保健事业的进步。

总体来说,化学制药在中国制造业中的地位日益重要,对于支撑医药产业的发展和提高人民的健康水平起着至关重要的作用。随着中国制药技术和产业的不断发展壮大,将进一步推动医药产业的创新和提升,为国民健康和社会福祉作出更大的贡献。

二、推动经济增长

化学制药产业是我国制造业中的一个重要组成部分,它对国民经济的发展起着积极的推动作用。化学制药企业的发展不仅可以创造就业岗位,还可以提高国内产业链的附加值,进而推动经济的增长。具体来说,化学制药在推动经济增长方面发挥着以下几个方面的作用。

1. 吸引外资投资 我国化学制药企业的发展和技术水平的提升吸引了大量外国企业的投资和合作。外资投资促进了产业的国际化和资源的优化配置,为我国经济的发展注入了新的活力。

2. 带动相关产业发展 化学制药是高技术含量的产业,其发展不仅直接带动了药物原料、制剂等相关产业的发展,还影响了医疗器械、生物医药、生物技术等产业的发展。这些产业的蓬勃发展进一步推动了整个医药产业链的形成和健康发展。

3. 增加研发投入 化学制药企业需要不断进行技术研发和创新以满足市场需求及提高产品竞争力。这促进了我国科技水平的不断提高,推动了技术创新,为经济的可持续发展奠定了基础。

4. 提高医疗水平和健康水平 化学制药产业的发展带来了更多高质量、有效的药物产品,有助于提高医疗水平和人民的健康水平。健康的人力资源是国家经济的重要支撑,提高健康水平对经济的发展具有重要意义。

5. 增加出口收入 我国化学制药产品在国际市场上具有竞争优势,出口收入的增加有助于改善贸易顺差和国际收支,推动了经济的稳定增长。

6. 促进区域经济发展 化学制药企业在一些地区的集聚形成了产业集群,带动了当地的经济发展,增加了就业机会,提高了地方的经济总体实力。

7. 促进健康产业发展 化学制药产业的发展与健康产业密切相关。随着人们健康意识的提高和医疗水平的不断进步,化学制药产品的需求将继续增加,这将进一步推动整个健康产业的发展,包括医疗器械、保健品、医疗服务等领域。

8. 促进产业链发展和升级　化学制药是一项高技术含量的产业，涉及药物研发、原料生产、制剂生产、销售等多个环节。其发展带动了相关产业链的发展和升级，如化学原料、药物包装材料、仪器设备等。这样的发展能够增加产业链的附加值，提高整体产业的竞争力和创新能力。

总体来说，化学制药产业的发展对于推动我国经济增长具有重要意义。它不仅是医药产业的基础和核心，还能吸引外资投资，带动相关产业发展，增加研发投入，提高医疗水平和健康水平，增加出口收入，促进区域经济发展，为经济的繁荣和可持续发展作出了积极的贡献。同时，政府和企业也需要共同努力，加强合作，加大科技创新力度，推动化学制药产业的高质量发展，为我国经济增长贡献更大力量。

三、改善人民生活

随着化学制药技术的不断进步，越来越多的药物可以被研发和制造出来，这些药物能够有效地治疗疾病，提升人民的健康水平，提高人民的生活质量。具体而言，化学制药在改善人民生活方面发挥着以下几个关键作用。

1. 促进健康水平提升　化学制药能够治疗和预防多种疾病，如感冒、高血压、糖尿病等，显著地提高了人们的健康水平和生活质量。

2. 满足个性化需求　随着人们对健康需求的不断提高，个性化定制药物的需求日益增加。化学制药企业可以根据不同的病症和个体差异，定制符合个性化需求的药物，提高了药物治疗的针对性和效果。

3. 降低医疗费用　仿制药和普通药物能够有效地降低人们的医疗费用，使更多的人受益于现代医疗技术，从而减轻了医疗负担，增强了人们的经济安全感。

4. 推动医疗服务发展　化学制药企业不仅可以生产药物，还可以提供各种医疗设备和医疗服务，为人们提供更加全面的医疗服务，从而提升了整体医疗水平，改善了人们的生活。

化学制药在改善人民生活方面扮演着重要角色。其药物治疗能力的提升、个性化需求的满足、医疗费用的降低及医疗服务的发展，都有力地提升了人民的健康水平和生活质量。

四、加速科技创新

化学制药企业需要不断进行技术创新和研发，这促进了科技进步和技术创新。在这个过程中，化学制药企业和相关机构会不断地开发新药物和新技术，推动产业的创新和发展。具体来说，化学制药在加速科技创新方面发挥着以下几个方面的作用。

1. 推动新药研发　化学制药企业需要不断进行新药研发，以满足人们对治疗效果更好、副作用更小的药物的需求。这促进了药物研发领域的技术创新和科技进步。通过投入大量资源和人才，不断进行药物筛选、测试和临床试验，化学制药企业加速了新药的研发和上市，提供更多有效的治疗选择，同时推动了医学科学的发展。

2. 开发新技术和新材料　化学制药企业涉及药物研发、原料生产、制剂生产、包装等多个领域，这促进了新技术和新材料的开发和应用，进而促进整个产业的科技创新。例如，研发新的药物传递技术、制剂工艺的改进、新型药物包装材料等，都能够提升药物的效能、稳定性和安全性。

3. 加强合作与交流　化学制药企业需要与各个领域的专家、学者、研究机构等进行广泛的合作和交流，从而在药物研发、新技术和新材料开发等领域汇聚人才、技术和资源，促进了产业的科技创新。通过与学术界、科研机构、医院等紧密合作，化学制药企业获取前沿科技信息和资源，加速技术的交流和应用，提高了科技创新的效率和水平。

4. 推进数字化转型　化学制药企业正逐步实现数字化转型，运用人工智能、大数据、云计算等新技术，优化和提升制造、质量控制、供应链管理等方面，促进了产业的科技创新。数字化转型使得制药过程更加智能化和高效化，提高了研发和生产效率，减少了资源浪费，同时也有助于提高药物的质量和安全性。

化学制药在加速科技创新方面扮演着重要角色。其推动新药研发、开发新技术和新材料、加强合作与交流及推进数字化转型等方面，都有助于促进产业的科技创新和发展，为人类的健康福祉和经济发展作出积极的贡献。随着科技的不断进步，化学制药产业将继续在创新中迈向更高的高度。

五、促进医疗保健事业

化学制药产业的持续发展不仅对经济增长有着积极的推动作用，同时也直接影响着医疗保健事业的发展水平。高质量的药物供应和创新性药物的推出，对医疗保健事业的促进具有深远影响，为人民的健康状况提升和医疗水平的提高作出了重要贡献。

1. 多样化的治疗选择　随着化学制药产业的不断创新，越来越多种类的药物被研发和生产，从基础药物到创新药物，从慢性疾病到罕见病治疗，都得到了更多的关注。这为医疗保健提供了更多治疗选择，医生可以根据患者的具体情况，制订更为个性化的治疗方案，提高了治疗效果和医疗质量。

2. 药物创新与疾病控制　化学制药产业的持续创新有助于应对新出现的疾病，甚至全球性的疫情。例如，在新传染病暴发时，制药企业可以迅速研发并生产相应的药物，帮助控制疫情的蔓延。药物的创新也有助于提高治疗效果，缓解疾病症状，提高生存率和生活质量。

3. 降低医疗成本　高质量的药物供应和药物创新不仅提高了治疗效果，也有助于降低医疗成本。有效的药物治疗可以减少住院时间，降低并发症发生率，从而降低了医疗费用的支出。此外，药物的仿制和普及也使得药物更加负担得起，使更多人受益于现代医疗保健。

4. 促进医学研究　化学制药产业的发展推动了与药物研发相关的医学研究的深入进行。科研人员通过与制药企业的合作，共同推动药物的发现、开发和临床应用，加速了医学知识的积累和传播，推动了整个医疗保健领域的发展。

5. 改善预防保健　化学制药产业不仅致力于治疗疾病，还在疾病的预防方面发挥重要作用。疫苗、预防性药物等的研发有助于减少疾病的发生，降低医疗负担，提升了人民的整体健康水平。

化学制药产业的发展对医疗保健事业产生了积极的影响。通过推动药物创新、多样化的治疗选择、降低医疗成本、促进医学研究及改善预防保健，化学制药产业为人民的健康状况和医疗水平的提升作出了重要贡献，进一步推动了医疗保健事业的可持续发展。

思 考 题

1. 在化学制药领域，药物的设计与合成是核心研究内容。请探讨药物的设计与合成对于新药研发的重要性，并讨论在这个过程中可能面临的挑战和解决方案。
2. 化学制药的发展为人类健康事业作出了重要贡献，但同时也带来了一些问题。请谈谈你认为化学制药领域需要重点关注和解决的挑战，如药物安全性、研发成本等，并提出你认为的应对策略。
3. 在化学制药的研发过程中，药物发现阶段和药物优化阶段的关键区别是什么？
4. 临床试验阶段是新药研发过程中的关键环节，但在该阶段可能会面临哪些挑战？
5. 药物化学中的构效关系研究是如何帮助优化药物活性和选择性的？
6. 靶向多基因调控疾病的药物研发将成为药物化学的未来发展趋势，你认为在这个领域，药物化学应该如何发挥作用？
7. 你认为化学制药在中国制造业中的作用是什么？它是如何支撑医药产业发展的？
8. 化学制药产业在推动中国经济增长方面扮演着什么样的角色？它对就业、产业链、出口收入等方面有何影响？

（徐德锋）

第四章 生物制药

学习目标
1. 掌握：生物制药的研究对象、内容及学科任务。
2. 熟悉：生物制药主要方法与技术，生命科学技术在化学药物与中药开发中的应用。
3. 了解：生物制药的发展简史与应用，生物制药研究动态及发展方向。

在生物制药的生产流程中，关键步骤包括基因克隆和表达、发酵、纯化及鉴定和质量控制。基因克隆和表达阶段通过基因工程技术将目标基因克隆到宿主细胞中，并使其表达出所需的目标蛋白。发酵阶段将克隆的宿主细胞培养在发酵罐中，通过调控条件使细胞生长并产生目标蛋白。纯化阶段则利用多种技术手段将目标蛋白从发酵液中纯化和分离出来。最后，通过多种鉴定和质量控制手段对纯化后的目标蛋白进行确认和检验，确保其质量和效力。

生物制药在医药领域得到广泛应用，特别是在抗癌、免疫调节、抗病毒、心血管等领域。一些常见的生物制药品包括单克隆抗体、重组人血凝素、重组人血红蛋白、生长因子和疫苗等。单克隆抗体是利用基因工程技术和细胞培养技术制备的抗体药物，具有高度的特异性和选择性，可用于治疗多种疾病。重组人血凝素和重组人血红蛋白是用基因工程技术制备的人体凝血因子及血红蛋白，可用于治疗相关的疾病。生长因子包括人类生长激素、促性腺激素和促甲状腺激素等，可用于治疗与生长和代谢有关的疾病。疫苗则是预防和治疗传染病的重要手段，如麻疹疫苗、百日咳疫苗、肝炎疫苗等。

尤其在新冠疫情中，疫苗的研发和应用成为全球关注的焦点。通过广泛接种疫苗，可以有效预防和控制疫情的传播，保护人民的健康和生命安全。

生物制药的不断发展将继续推动医药领域的进步，为人类的健康事业作出更大的贡献。随着生物技术的不断突破和创新，我们有理由相信，生物制药将在未来发展中展现更广阔的应用前景。

第一节 生物制药的发展简史与应用

生物制药是一项利用生物技术手段，以生物来源性材料为原料，通过发酵、纯化等高级技术生产制药产品的创新领域。相较于传统的化学制药，生物制药以其更高的目标选择性、较低的不良反应、卓越的疗效和广阔的应用前景，在医药界掀起了一场创新浪潮。

生物制药的历史可以追溯到19世纪末至20世纪初。当时，人们开始使用动物和植物来制造一些基本的药物，如胰岛素和青霉素。然而，直到20世纪60年代，人类才首次成功制造出生物药物，主要是一些基础性的蛋白质药物，如人类生长激素等。

到了20世纪80年代，生物技术得到快速发展，基因工程技术的出现使得人类可以通过改变生物体的基因结构，制造出更多种类的生物药物，如重组人血小板生成素、重组人白细胞介素-2等。

进入20世纪90年代至今，生物制药市场持续扩大，尤其是在生物技术和基因工程技术不断创新的推动下，越来越多的新药被开发出来。例如，基于单克隆抗体技术的癌症免疫疗法药物，如赫赛汀、帕博利珠单抗等，在临床应用中显示出了良好的疗效和前景。

随着技术的不断进步，生物制药的研发及生产变得越来越高效和精准。现在，生物制药已成为医药行业中不可或缺的一部分，并为治疗癌症、糖尿病、自身免疫病等多种疾病提供了有效的治疗手段。生物制药也成为全球医药市场上增长最快的领域之一。

生物药物通常由生物大分子（如蛋白质、抗体、核酸等）制成。生物药物具有高效、高精准、低不良反应等优点，已经广泛应用于临床医学领域，主要应用包括以下几个方面。

一、治疗肿瘤

治疗肿瘤是生物制药领域中的一个重要研究方向和应用领域。肿瘤是由体内细胞异常增殖而形成的组织肿块，是一种常见的疾病，其治疗一直是医学界面临的巨大挑战。传统的化学治疗和放射治疗虽然在一定程度上能够控制肿瘤的生长，但同时也伴随着严重的副作用，对患者的身体和心理健康造成很大影响。生物药物治疗肿瘤作为一种新型的治疗方法，具有许多独特的优势。

1. 靶向性治疗 生物药物治疗肿瘤可以通过靶向性药物作用于癌细胞特定的生物标志物，实现选择性杀死癌细胞，而对正常细胞几乎没有损害。这一特点使得治疗更加精准和个性化，最大限度地降低了副作用的风险。靶向治疗的研究不断深入，科学家们不断发现新的癌细胞标志物，并研发出更多的靶向药物，如表皮生长因子受体（EGFR）抑制剂、HER2抑制剂等，它们在特定类型的肿瘤治疗中已经取得了显著的疗效。

2. 免疫治疗 免疫治疗是生物药物治疗肿瘤的另一重要手段。它通过激活机体免疫系统，增强机体对肿瘤的自我免疫力，促进免疫细胞对癌细胞的识别和清除，从而达到治疗肿瘤的效果。免疫治疗主要包括癌症免疫治疗和细胞免疫治疗两种方法。

（1）癌症免疫治疗：主要包括免疫检查点抑制剂，这些药物可以阻断肿瘤细胞对免疫细胞的抑制作用，使免疫细胞能够更有效地攻击肿瘤。

（2）细胞免疫治疗：利用患者自身的免疫细胞，经过体外处理增强活性后再注入患者体内，增强免疫细胞对肿瘤的攻击能力。

3. 配合化疗和放疗 生物药物治疗肿瘤不仅可以单独使用，还可以与传统的化疗和放射治疗相结合，形成综合治疗方案，提高治疗效果。配合使用生物药物可减少传统治疗的剂量，降低对正常细胞的损害，减轻副作用。例如，生物药物治疗可以提高肿瘤细胞对化疗和放疗的敏感性，增加治疗的成功率。

常见的生物药物治疗肿瘤的方法包括单克隆抗体药物、细胞因子药物、疫苗和基因治疗等。每种治疗方法都有其特点和适用范围，需要根据患者的具体病情和身体状况来选择最合适的治疗方案。

总的来说，生物药物治疗肿瘤是当代医学领域的一个重要突破，为肿瘤患者带来了新的希望。随着科技的不断进步和研究的深入，相信生物制药在治疗肿瘤方面的应用将会不断拓展，为患者提供更有效、更个性化的治疗方案，帮助他们战胜疾病，重返健康。

二、治疗炎症性疾病

生物制药在治疗炎症性疾病方面也有广泛的应用。炎症性疾病是由机体免疫系统对某种外来物质或自身抗原的过度反应所引起的疾病，包括风湿性关节炎、炎症性肠病、类风湿性关节炎、多发性硬化症、系统性红斑狼疮等。

传统的治疗方法包括非甾体抗炎药（NSAID）、类固醇等药物，但这些药物的副作用较大，并且不能长期使用。相比之下，生物药物治疗炎症性疾病具有以下特点。

1. 靶向性强 生物药物治疗炎症性疾病的药物可以针对特定的炎症调节因子或免疫分子进行靶向调控，从而抑制炎症反应的发生和发展，减轻炎症症状。

2. 安全性高 生物药物一般是在体外生产，经过严格的质量控制和安全评估，因此其安全性相对较高。并且，与传统的化学药物相比，生物药物对正常组织的损害较小，减少了不必要的副作用。

3. 有效性强 生物药物在治疗炎症性疾病方面显示出显著的疗效，尤其在对传统治疗无效或耐药的患者中表现出良好的治疗效果。

常见的生物药物治疗炎症性疾病的药物包括抗肿瘤坏死因子（TNF）药物、白细胞介素（IL）抑制剂、B细胞抑制剂等。这些药物通过靶向调节机体免疫系统来治疗炎症性疾病。

（1）抗肿瘤坏死因子药物：抗肿瘤坏死因子药物可以抑制肿瘤坏死因子的作用，从而减轻炎症反应，缓解炎症性疾病的症状。

（2）白细胞介素抑制剂：这类药物可以阻断白细胞介素的信号转导，抑制炎症细胞的活化和炎症反应的发生。

（3）B细胞抑制剂：这类药物可以抑制B细胞的活化和分化，从而减少自身抗体的产生，对某些自身免疫病具有疗效。

需要注意的是，生物药物治疗炎症性疾病也有一些副作用，如感染、过敏等。因此，在治疗过程中需要密切监测患者的病情和身体状况，以及及时调整治疗方案，确保治疗的安全有效。治疗炎症性疾病的生物制药是医学领域的一项重要进展，为患者提供了更多治疗选择，帮助他们改善生活质量并减轻疾病的症状。随着科学技术的不断进步，相信生物制药在治疗炎症性疾病方面的应用将持续发展，并为患者带来更多福音。

三、治疗血液疾病

生物制药在治疗血液疾病方面发挥着重要作用，可以用于治疗多种血液疾病，如贫血、白血病、淋巴瘤等。这些血液疾病涉及血液中的各种细胞和因子的异常，而生物制药治疗的优势在于其靶向性强、安全性高和有效性强。

常见的生物药物治疗血液疾病的药物包括生长因子、单克隆抗体、重组凝血因子等。这些药物可以通过靶向作用于血液系统中的关键分子或细胞来治疗血液疾病。

例如，重组人促红细胞生成素（rHuEPO）是治疗贫血的生物药物，它可以刺激红细胞生成，从而增加血液中红细胞的数量，改善贫血症状，提高患者的生存率和生活质量。

另外，单克隆抗体是治疗白血病和淋巴瘤等血液肿瘤的重要药物。这些抗体可以特异性地识别并结合到肿瘤细胞表面的抗原，激活免疫系统攻击和杀死这些异常细胞，从而达到治疗的效果。

重组凝血因子是用于治疗血友病等凝血因子缺乏的疾病的生物制药。这些药物可以补充患者缺乏的凝血因子，帮助正常血液凝固，预防或控制出血情况。

需要注意的是，生物药物治疗血液疾病也可能伴随一些副作用，如过敏反应、血栓等。因此，在治疗过程中需要密切监测患者的病情和身体状况，以及及时调整治疗方案，确保治疗的安全有效。

治疗血液疾病的生物药物是医学领域的重要进展，为血液疾病患者提供了新的治疗选择，改善了疾病的管理和预后。随着科学技术的不断发展，相信生物制药在治疗血液疾病方面的应用将继续深入研究和拓展，为患者带来更多福音。

四、疫　　苗

生物制药在疫苗的制造、预防和控制传染病方面发挥着重要作用。疫苗是一种预防传染病的生物制品，它由病原体或其部分制成，通过引起人体免疫反应，从而达到预防疾病的目的。生物制药技术在疫苗领域的应用，使得疫苗的生产更加规范化、高效化和安全化，可以大大提高疫苗的质量和产量，为预防和控制传染病提供了有力的手段。

生物制药技术可以用于制造多种类型的疫苗，包括病毒疫苗、细菌疫苗、亚单位疫苗等。制造疫苗的主要步骤包括病原体培养、病原体分离、抗原提取、纯化、结构表征和疫苗制备等。其中，病原体培养和抗原提取是关键的制造步骤。病原体培养需要提供适宜的培养基和培养条件，使病原体能够快速生长和繁殖。抗原提取需要使用分离和纯化技术，将病原体中含有免疫原性的成分提取出来。在疫苗的制备过程中,还需要对病原体或其成分进行修饰,使其具有更好的免疫原性和安全性。例如,对病毒进行灭活、减毒或重组,对细菌进行毒素或表面蛋白的提取和纯化等。

常见的生物制药疫苗包括狂犬疫苗、乙肝疫苗、流感疫苗等。这些疫苗在预防相应传染病方面起到了重要的作用,帮助人们建立免疫防御,减少传染病的传播和发病率。

疫苗的研发和生产需要严格遵循药物监管的法规和标准,确保疫苗的质量和安全性。同时,在疫苗的应用过程中,需要进行严密的监测和疫苗接种计划,以确保人群免疫效果和预防传染病的有效性。

总的来说,生物制药在疫苗领域具有广泛的应用前景,已经成为现代医学的重要组成部分。随着生物科学技术的不断发展和研究的深入,相信生物制药将继续在疫苗研发和应用中发挥更为重要的作用,为人类的健康事业带来更多的突破与希望。

第二节 生物制药主要方法与技术

生物制药是一门利用生物技术和生物工程手段开发和生产药品的领域,主要方法和技术如下。

1. 基因工程技术 这是生物制药领域的基础和核心技术之一。通过基因工程技术,可以获取特定的基因序列,并将其插入合适的宿主细胞中,使其表达出目标蛋白或生物药物。

2. 细胞培养技术 在生物制药过程中,细胞培养是非常关键的一步。包括细胞培养基的配制、培养条件的控制、细胞生长的监测和细胞培养器具的设计等,用于大规模培养和扩增生产细胞系,以产生所需的蛋白质或药物。

3. 分离纯化技术 生物制药产品通常需要从复杂的生物体中提取和纯化。分离纯化技术包括离子交换、凝胶过滤、亲和层析、逆向高效液相色谱等,用于分离、纯化和富集目标蛋白,确保产品的纯度和质量。

4. 免疫技术 免疫技术在生物制药领域中广泛应用,包括抗体制备、ELISA、免疫印迹、免疫组化等,用于检测和鉴定目标蛋白及评价生物制品的质量。

5. 生物反应器工程技术 生物反应器是生物制药生产过程中的关键设备。生物反应器工程技术包括反应器的设计、控制策略优化、气体分配、底物添加等,旨在优化生产过程、提高生产效率和减少废弃物的产生。

6. 生物信息学技术 生物信息学在生物制药中扮演着越来越重要的角色。包括计算机模拟、蛋白质结构预测、系统生物学、生物信息分析等,用于分析和优化生产过程、开发新药物、挖掘生物信息等。

这些方法和技术的应用,使得生物制药的研发和生产更加高效和可控,大大提高了生物制品的质量和产量,也促进了生物制药领域的不断发展和创新。通过不断的技术进步和创新,生物制药行业将为人类健康和医药产业的发展作出更大贡献。

一、基因工程技术

基因工程技术是一组通过改变、插入或删除基因来实现特定目的的高级技术手段。在生物制药领域中,基因工程技术被广泛应用于将目标基因导入宿主细胞中,以实现大规模生产目标蛋白质的目的。基因工程技术的主要方法如下。

1. 聚合酶链反应(PCR)扩增 利用PCR,通过反复循环在体外扩增DNA片段,从而得到大量目标DNA序列。PCR技术的快速高效使得科学家们能够从微量DNA样本中扩增出足够的目标基因,为后续基因克隆和表达提供了必要的材料。

2. 限制酶切割 利用限制酶的特异性识别目标DNA序列,将DNA分子切割成特定的DNA片段。通过限制酶切割,可以精确地截取所需的DNA片段,并进行后续的重组操作。

3. 连接酶处理 利用连接酶将DNA片段黏合成完整的DNA分子,以获得所需的重组DNA。

连接酶在基因工程中起着关键作用，它能够有效地将 DNA 片段连接成完整的基因序列，为后续的基因表达奠定基础。

4. 转化 将重组的 DNA 分子导入宿主细胞内，使其成为宿主细胞的一部分，从而实现目标蛋白的合成。转化是基因工程技术中的关键步骤，它使得宿主细胞具备表达目标蛋白的能力，为生产大量重组蛋白奠定基础。

5. 转染 利用特定的载体，将重组 DNA 分子导入细胞质内，以实现目标蛋白的合成。转染技术在体外细胞培养中广泛应用，可以将重组 DNA 导入细胞中，并在体外实现目标蛋白的大规模合成。

基因工程技术的应用使得生物制药的研发和生产变得更加高效和可控。它被广泛用于生产多种重要的生物制品，如抗体、酶、激素、疫苗等。通过基因工程技术，科学家们能够设计和生产更安全、更有效的生物药物，从而改善患者的治疗效果。

随着基因工程技术的不断发展和创新，生物制药领域也在迅速发展。新的基因编辑技术如 CRISPR-Cas9 的出现，为基因工程带来了更多可能性，能够实现更精准的基因修饰和基因治疗。

基因工程技术的不断推进和应用，为生物制药产业的持续发展和创新提供了强大的技术支持，为人类健康事业作出了重要的贡献。它将继续引领生物制药领域的发展，为更多的疾病治疗提供新的希望和可能。

二、细胞培养技术

细胞培养技术是生物制药领域中一项关键而常用的技术手段。它涉及将细胞在体外以人工方式培养，通过调控培养基中的营养物质、气体、温度等条件，促使细胞不断增殖，并合成所需的目标蛋白质。

具体来说，细胞培养技术的主要方法如下。

1. 细胞株筛选 通过从人体组织、动物或植物体中筛选出适合细胞培养的细胞株，如肝细胞、肾细胞、CHO 细胞等，确保所选细胞株具有适当的特性和功能，以满足生产目标的要求。

2. 培养基制备 根据细胞类型和所需生产的蛋白质类型，精心选择培养基的成分，如氨基酸、糖类、维生素等，以满足细胞生长和蛋白质合成的需要。此外，培养基中还可能添加血清或蛋白质因子等辅助成分，以促进细胞增殖和目标蛋白质的表达。

3. 细胞传代 细胞传代是将已经培养的细胞转移到新的培养皿中，使其继续增殖和产生目标蛋白。这个过程有助于维持细胞系的稳定增殖和持续产出所需的蛋白质。

4. 细胞凋亡抑制 细胞在体外培养时容易发生凋亡，为了防止凋亡对产量的不利影响，采取适当措施来抑制细胞凋亡。通常会添加生长因子、细胞凋亡抑制剂等，以维持细胞的生存和稳定。

5. 产物分离纯化 通过分离纯化技术，如层析、过滤、电泳等手段，将目标蛋白从培养基和细胞碎片等杂质中分离出来，获得纯度较高的目标产物。产物的纯化对于生物制药产品的质量和效力至关重要。

细胞培养技术的广泛应用范围包括生产多种生物制品，如单克隆抗体、重组蛋白、生物类似物等。随着技术的不断创新和进步，细胞培养技术为生物制药领域的研发和生产提供了更加可靠及高效的手段。

不断优化和改进的细胞培养技术使得生物制药的产能显著提升，同时生产的蛋白质更趋于纯净和稳定。这些技术进步有助于满足日益增长的医疗需求，推动医药行业的创新和发展，为全球健康事业作出了重要的贡献。

三、分离纯化技术

分离纯化技术在生物制药领域扮演着不可或缺的至关重要角色。生物制药是利用生物体或其细胞表达、合成所需药物的一类制药技术，其中包括蛋白质、抗体、疫苗等生物制品的生产。在生物体内合成的这些目标产物往往与复杂的生物体组分混合在一起，因此必须通过分离纯化技术将目标产物从复杂混合物中提取出来，以获得高纯度的最终制品。

以下是常用的分离纯化技术。

1. 层析技术 层析技术根据分子大小、电荷、亲和性等差异，利用固相和移动相之间的相互作用，将混合物中的目标产物与其他成分分离出来。离子交换层析、凝胶过滤层析和逆相层析等是常见的层析技术。

2. 超滤技术 超滤技术利用膜孔径的差异，将混合物中的大分子物质与小分子物质分离开来。逆渗透、纳滤和超滤是常用的超滤技术，适用于从发酵液中分离大分子产物。

3. 电泳技术 电泳技术利用电场对荷电分子或离子的迁移作用，将混合物中的分子分离出来。聚丙烯酰胺凝胶电泳和等电聚焦电泳等是常见的电泳技术，可用于分离带电分子。

4. 结晶技术 结晶技术通过控制溶剂条件，使目标产物从混合物中结晶出来。溶剂结晶和热力学控制结晶是常用的结晶技术，可用于分离纯化晶体产物。

5. 色谱技术 色谱技术根据分子的化学性质和物理性质，利用某种固定相和移动相之间的差异，将混合物中的目标产物分离出来。气相色谱和液相色谱是常见的色谱技术。

6. 结合多种技术 为了达到更高的纯度和产量，常常需要采用多种技术相结合的方式进行分离纯化，如层析技术结合超滤技术、电泳技术结合结晶技术等，以确保目标产物的纯度和产量满足制药要求。

精确和高效的分离纯化技术是制药过程中的关键步骤，它直接影响到生物制品的质量和产量。只有通过适当的纯化工艺，才能获得符合质量标准的高纯度生物制品，确保产品的疗效和安全性。因此，分离纯化技术的不断发展和改进为生物制药领域的创新及发展提供了坚实的支持，推动着制药行业向着更高效、更安全、更可持续的方向发展。

四、免疫技术

免疫技术是一组利用生物体免疫反应的特异性和选择性来对抗病原微生物、肿瘤细胞等异常细胞的技术。在生物制药领域中，免疫技术被广泛应用于药物研究、药物治疗和药物质量控制等方面。这些技术基于抗体与抗原之间的特异性结合，能够高度灵敏地检测特定的生物分子，并在医学和制药领域发挥着重要的作用。

常用的免疫技术如下。

1. 酶联免疫吸附试验（ELISA） ELISA 利用抗体和抗原之间的特异性结合，通过酶标记的二抗或底物使反应产生信号，用于检测血清中的抗体或抗原等生物分子。ELISA 在生物制药中常用于药物疫苗的筛选、蛋白质的定量和药物质量控制等方面。

2. 蛋白质印迹法（Western blotting） 蛋白质印迹法将分离纯化后的蛋白质样品用电泳分离，然后转移到膜上，利用抗体特异性识别目标蛋白质，并使用酶标记的二抗或底物使反应产生信号。这种技术在药物研究中常用于检测蛋白质的表达和定性。

3. 免疫荧光（immunofluorescence）技术 免疫荧光技术利用荧光标记的抗体或标记荧光素的抗原，对细胞、组织或器官进行检测，用于疾病诊断、研究等。这种技术可用于观察特定蛋白质在细胞内的位置和表达水平。

4. 免疫电泳技术 免疫电泳技术将样品进行电泳分离，然后利用抗体特异性识别目标蛋白质，并使用酶标记的二抗或底物使反应产生信号，用于检测血清中的特定蛋白质或抗体。这种技术在药物质量控制和药物治疗方面具有重要意义。

5. 流式细胞术 流式细胞术利用荧光标记的抗体，对细胞进行特异性识别，结合流式细胞术仪，可以对单个细胞进行多个参数的检测和分析，用于研究细胞的免疫学特性、检测病原微生物等。在生物制药中,流式细胞术可用于药物疫苗的评估和免疫治疗效果的评估。

免疫技术在生物制药领域中发挥着重要作用,不仅可以加速药物研究的进展,提高药物的生产效率和质量,还可用于监测患者的免疫反应和评估药物治疗的效果。随着技术的不断发展和创新,免疫技术将继续为生物制药领域的研发和生产提供更加高效及可靠的工具。这将有助于推动生物制药领域的创新,并为人类的健康和疾病治疗提供更多可能性。

五、生物反应器工程技术

生物反应器工程技术在生物制药领域中扮演着至关重要的角色。它主要应用于微生物、动植物细胞的培养和表达蛋白质等生产过程,用于生产各种生物制品,如蛋白质药物、疫苗、抗生素等。生物反应器是用于生物反应的容器,它提供了一个控制生产过程的环境,包括控制温度、pH、气体供应和搅拌速度等参数的设备。

生物反应器工程技术包括以下方面。

1. 反应器类型和设计 不同类型的生物制品和生产工艺需要不同类型的反应器来实现最佳生产效率与质量。常见的反应器类型包括批式反应器、连续式反应器和半连续式反应器等。批式反应器适用于小规模生产和研究试验,连续式反应器适用于大规模产业化生产,而半连续式反应器则结合了两者的优点,常用于中规模生产。

2. 培养基和培养条件的优化 培养基是生产生物制剂的基础,其组成和配比需要根据不同细胞类型和生产工艺进行优化。培养基中含有营养物质和必需因子,可以满足细胞生长和产物合成的需求。同时,培养条件如温度、pH、气体供应、搅拌速度等参数也需要进行优化,以保持细胞的生长和代谢活性。

3. 智能化控制系统 智能化控制系统可以实现对反应器中生物制剂的自动化监测和控制,提高生产效率和产品质量。通过传感器实时监测关键参数,并根据预设的控制策略调节操作条件,可以实现反应过程的精确控制和稳定运行。这样的自动化控制系统有助于减少人为误差,提高生产一致性。

4. 生物传感技术 生物传感技术可以实时监测反应器中生物体的生长和代谢状态,为生产过程的优化和控制提供重要参考。这些传感技术可以通过监测细胞生长速率、代谢产物的积累、营养物质的消耗等指标,帮助生产者了解反应器中的生物活性并做出相应的调整。

5. 微生物发酵技术 微生物发酵技术是一种重要的生物反应器工程技术,主要应用于微生物类生物制剂的生产过程中。通过对菌株、培养基、发酵条件等进行优化,可以提高生产效率和产品质量。微生物发酵技术被广泛应用于生产抗生素、酶、激素等生物制品。

6. 细胞培养技术 细胞培养技术是一种应用广泛的生物反应器工程技术,主要应用于动植物细胞类生物制剂的生产过程中。通过对细胞株、培养基、培养条件等进行优化,可以提高生产效率和产品质量。细胞培养技术被广泛应用于生产单克隆抗体、疫苗等生物制品。

生物反应器工程技术的不断发展和创新,为生物制药领域的研发和生产提供了更加高效和可靠的手段。通过优化反应器设计和控制系统,改进培养条件和传感技术,生物反应器工程技术可以有效提高生产效率,降低生产成本,同时保证生物制品的质量和稳定性。这些技术的应用将进一步推动生物制药产业的发展,为全球医药领域的创新和健康事业作出更大的贡献。

六、生物信息学技术

生物信息学技术是一门交叉学科,将计算机科学、信息技术与生物学有机结合,主要用于处理和分析生物学数据,并研究与生物学相关的问题。在生物制药领域中,生物信息学技术得到广泛应用,尤其在基因组学、转录组学、蛋白质组学、代谢组学等方面,为解决生物制药中的关键问题提供有力支持。

具体来说，生物信息学技术在生物制药领域中主要应用于以下方面。

1. 基因工程 生物信息学技术可以用于分析基因序列，预测基因功能和结构，从大量的基因组数据中搜索和定位感兴趣的基因，进而研究基因在生物制药过程中的作用和调控机制。此技术有助于构建高效的基因表达系统，包括基因克隆、基因编辑等操作，推动生物制品的生产。

2. 蛋白质组学 生物信息学技术可以用于分析蛋白质序列、结构和功能，深入了解蛋白质的特性和作用机制。通过蛋白质组学的研究，研发人员可以指导蛋白质的表达、纯化和结构优化，进一步提高蛋白质类药物的生产效率和质量。

3. 代谢组学 生物信息学技术可用于分析代谢产物的结构和代谢途径，确定代谢物的生物学功能和代谢通路的调控机制。代谢组学研究对于生物制药的代谢工程和代谢调控具有重要意义，有助于优化生物制品的生产过程。

4. 数据库管理 生物信息学技术可用于建立和管理生物数据库，包括基因序列、蛋白质序列、代谢产物等数据，促进数据共享和信息检索。生物数据库的建设和维护，有助于研究人员更好地存储、共享和分析大量生物学数据，推动生物制药研究的进展。

生物信息学技术在生物制药领域扮演着重要的角色，为生物制药研究和开发提供有力支持。通过结合计算机技术和生物学研究，生物信息学为生物制药领域带来了许多创新和进步，推动了生物制品的开发和生产。同时，生物信息学技术也为生物医学研究提供了强大的工具和方法。随着技术的不断发展，生物信息学在生物制药领域的作用将会不断增强，为更多药物的开发和治疗方法的探索带来新的机遇。

第三节 生物制药研究动态及发展方向

生物制药是近年来快速发展的领域，随着生物技术和生物信息学技术的发展，越来越多的生物制药产品问世。以下是生物制药研究动态及发展方向的一些概述。

一、个性化药物

个性化药物是医学领域中的一项前沿研究，旨在根据患者的个体特征，量身定制药物治疗方案，以提高治疗效果，降低副作用，增加治疗的安全性和有效性。随着基因测序技术和生物信息学技术的不断进步，个性化药物的研究日益受到重视，被认为是生物制药领域的重要发展方向。

在个性化药物的研究中，涉及多个领域和技术，其中主要包括以下几个方面。

1. 基因检测技术 通过对患者的基因进行检测，了解其对药物代谢、药物反应性等方面的遗传特征，从而更好地选择药物和药物剂量。基因检测技术可以帮助医生确定个体对药物的敏感性和耐药性，从而避免不必要的药物副作用，并确保药物治疗的安全和有效性。

2. 组学技术 通过对患者的基因、蛋白质和代谢产物等多个方面的分析，了解其在药物治疗中的表型和代谢状态，从而更好地选择药物和药物剂量。组学技术的发展为个性化药物的研究提供了更全面和深入的信息，有助于制订更加精准的治疗方案。

3. 药物制造技术 利用生物工程技术制造定制化的药物，如针对特定靶点的单克隆抗体等。药物制造技术的发展使得生产个性化药物成为可能，通过定制化的药物制剂，可以更好地满足患者的个体化治疗需求。

4. 其他 个性化药物的发展有助于更好地满足患者的个体化治疗需求，提高药物的疗效、降低不良反应和治疗费用，是生物医药领域的重要发展方向。尽管个性化药物的研究和发展仍处于初级阶段，存在着技术难题和法律、道德等方面的挑战，但随着技术的不断发展和社会需求的增加，个性化药物将逐渐成为未来生物医药领域的重要发展方向。

个性化药物的实现将为医疗行业带来深刻的变革，为患者提供更加精准、有效和安全的治疗手段。随着科学的不断进步，个性化药物必将成为生物制药领域的一大亮点，为人类健康事业带来更多福祉。加强个性化药物研究和推广应用，将为医学的发展和医疗技术的进步作出积极贡献。

二、新型抗体药物

抗体药物是生物制药领域中的一类重要产品，利用生物技术制造的人工合成抗体，能够特异地针对特定分子结构，具有高度特异性和亲和力，从而发挥治疗作用。随着生物技术的不断进步，新型抗体药物的研究和开发持续蓬勃发展，包括单克隆抗体、双特异性抗体、Fc 改变型抗体等，为生物制药领域带来了重要的创新。

1. 单克隆抗体 单克隆抗体是由单一抗体克隆株产生的抗体药物，具有高度特异性和单一的免疫应答。它们已经广泛用于临床治疗，如针对肿瘤细胞的西妥昔单抗和帕博利珠单抗，以及用于治疗自身免疫病的阿达木单抗和英夫利昔单抗。单克隆抗体的研究和应用为精准医疗提供了有力支持。

2. 双特异性抗体 双特异性抗体具有两个不同抗原结合位点，能够将两种不同的分子或细胞连接起来，促进免疫反应。双特异性抗体在治疗肿瘤和传染病方面具有潜在的应用前景，可通过调节免疫系统对肿瘤或病原体的攻击能力，增强治疗效果。

3. Fc 改变型抗体 Fc 部分是抗体分子的一个功能区域，通过改变 Fc 部分的结构，可以增强抗体的抗炎作用、延长抗体的半衰期等，从而提高抗体药物的治疗效果。Fc 改变型抗体的研究为个性化治疗提供了更多选择。

新型抗体药物的制备涉及基因工程技术、细胞培养技术、分离纯化技术等多个方面的知识和技术。其中，基因工程技术是制备新型抗体药物的核心，通过重组 DNA 技术将目标抗体的基因导入适当的表达载体中，然后在宿主细胞中表达并产生抗体。这些技术的不断进步将推动新型抗体药物研究的不断发展。

新型抗体药物已在临床上取得显著成就，并将继续影响未来生物制药领域。这些药物不仅为传统治疗方式带来了革新，还为患者提供了更为精确和有效的治疗选择。随着科学技术的不断发展，新型抗体药物将在促进生物制药领域的发展和提高人类健康水平方面扮演更重要的角色，为精准医学的实现和个性化治疗的推进作出贡献。通过不断创新和研发，新型抗体药物必将为人类健康事业带来更多福祉。

三、基因治疗

基因治疗是一种新型的治疗方法，通过基因工程技术将特定的基因导入患者体内，以达到治疗目的。它是生物制药领域中备受关注的重要领域之一，目前已有多种基因治疗产品进入临床试验阶段，未来将进一步发展和推广。

基因治疗的原理是利用外源性基因或 RNA 干扰技术来纠正或替代患者体内的异常基因，以修复基因缺陷、抑制病因基因表达或增加特定基因的功能。基因治疗可以通过不同的途径实施，包括直接输送治疗基因、利用载体（如病毒或质粒）将治疗基因输送到患者体内，以及利用干细胞等方式实现基因治疗。这些方法在不同的疾病中显示出潜在的治疗效果。

目前，基因治疗在某些遗传性疾病、癌症和免疫系统疾病的治疗中已经取得了一定的成功。例如，基因治疗已经显示出纠正基因缺陷的潜力，用于治疗一些遗传性疾病，如囊性纤维化和遗传性视网膜疾病等。对于某些癌症，基因治疗可以提供更加精准和个体化的治疗方案，如通过植入改造的 T 细胞来治疗某些血液系统肿瘤。然而，基因治疗面临着一些挑战和限制，如治疗效果的可靠性、安全性、长期效果的可持续性及治疗成本等问题，需要进一步研究和探索。

未来，基因治疗的发展方向将主要围绕以下几个方面展开。

1. 加强基础研究 深入了解基因治疗的原理、机制和影响因素，从分子水平到细胞和生理水平，全面掌握基因治疗的科学基础，这将为开发更有效和安全的治疗策略提供坚实的基础。

2. 探索更加有效和安全的治疗方法和技术 不断改进治疗的载体、输送系统和治疗剂量，以提高基因治疗的疗效和安全性。例如，开发更具有定向和选择性的基因输送载体，以减少对正常细胞的不良影响。

3. 开发定向、选择性和高效性的基因治疗药物 研究新的治疗靶点和治疗策略，开发更具针对性的基因治疗药物，如利用基因编辑技术来实现精确的基因修复或替代。

4. 建立完善和规范的监管机制 确保基因治疗的安全性和可靠性，加强对临床试验和治疗过程的监管，防止潜在的风险和安全隐患。同时，建立更有效的伦理审查和知情同意程序，保护患者的权益。

随着基因治疗技术的不断突破和生物制药领域的进步，基因治疗将为未来医学带来革命性的变革。它将为许多目前无法根治的疾病提供新的治疗途径，并为个性化医疗和精准医学的实现提供强有力的支持。然而，基因治疗在应用过程中还需克服许多技术和伦理挑战，因此需要科学家、医生和监管机构共同努力，确保基因治疗的安全和有效。通过持续的研究和创新，基因治疗必将在未来为人类健康带来更多的福祉。

四、新型疫苗

新型疫苗是生物制药领域中备受关注的重要产品之一，随着科技的不断进步，新型疫苗的研究也将不断取得进展，包括 DNA 疫苗、RNA 疫苗、腺病毒载体疫苗等。这些疫苗类型的出现代表了疫苗研究和开发的新方向，为预防和控制传染病带来了新的希望。

新型疫苗的研发是基于先进的技术手段和创新的研究思路，旨在引导免疫系统以更高效、更精准的方式产生特异性免疫应答。这些疫苗采用多种途径实施，包括基因工程、RNA 技术、载体传递系统、细胞疫苗等，以更好地满足不同疾病和人群的需求。

1. 基因工程疫苗 基因工程疫苗利用基因工程技术，将目标病原体的 DNA 序列转化为可表达抗原的 DNA 片段，并将这些片段注入人体，刺激免疫系统产生抗体。通过这种方式，研究人员可以精确控制疫苗所表达的抗原，提高疫苗的安全性和有效性。

2. RNA 疫苗 RNA 疫苗是将目标病原体的 RNA 序列转化为可表达抗原的 RNA 片段，并将其输送至人体，从而激活免疫系统产生针对该病原体的免疫反应。RNA 疫苗在新冠疫苗开发中取得了巨大成功，为快速应对疫情提供了新的解决方案。

3. 载体疫苗 载体疫苗利用病毒、细胞、质粒等作为载体，将目标病原体的基因片段导入人体，使人体免疫系统产生抗体。这种疫苗类型在研发治疗 HIV 和癌症等疾病方面显示出了潜在的应用前景。

4. 重组疫苗 重组疫苗利用重组 DNA 技术，将目标病原体的抗原基因片段导入表达载体中，然后将表达载体注入人体，刺激免疫系统产生抗体。这种疫苗类型在研发流感疫苗等方面具有重要意义。

5. 病毒样颗粒疫苗 病毒样颗粒疫苗利用病毒样颗粒技术，将目标病原体的抗原表面蛋白表达出来，形成类似于病毒的颗粒，然后将这些颗粒注入人体，刺激免疫系统产生抗体。这种技术为病毒研究和疫苗开发提供了重要的工具。

6. 细胞疫苗 细胞疫苗利用患者自身免疫细胞，对目标病原体进行处理，产生与病原体相关的抗体和免疫效应。这种个性化的疫苗策略在肿瘤治疗中显示出了潜在的应用前景。

新型疫苗的开发不仅有助于提高疫苗的免疫效力、安全性和可靠性，还为预防和控制传染病提供了新的手段。然而，新型疫苗的研究和应用也面临着一系列挑战，包括技术难度、开发成本、监管政策等问题。因此，加强基础研究、探索更加有效和安全的疫苗类型和技术，以及建立完善的监管机制，都是未来新型疫苗发展的重要方向。

新型疫苗的不断研究和推广将为防控传染病、提高全球公共卫生水平发挥重要作用。这些疫苗的成功研发不仅有助于对抗当前和未来的传染病威胁，还将推动生物制药领域的进步与创新，为人类带来更加健康和美好的未来。然而，为确保新型疫苗的安全性和可靠性，需要科学家、医生和监管机构共同努力，共同推动疫苗研究和应用的发展。

五、生物制药的智能制造

生物制药的智能制造是利用人工智能、物联网、云计算、大数据等先进技术来实现生物制药的自动化、智能化和数字化生产。这种智能制造模式具有高效、精准、可靠、灵活等特点，能够显著提高生产效率、降低生产成本、缩短研发周期，并推动整个生物制药产业的快速发展。未来，生物制药的智能制造有望成为主流模式，引领行业的进步。

生物制药的智能制造应用广泛，涵盖以下几个重要方面。

1. 生产过程的自动化控制　借助物联网技术和传感器等设备，实现生产过程的自动化控制，减少人为干预，提高生产效率和产品质量。通过智能设备和自动化系统，关键生产环节能够实时监测和调整，确保生产过程的顺利进行。

2. 数据化生产过程管理　应用云计算和大数据技术，对生产过程中的数据进行采集、存储和分析，实现生产过程的数字化管理和追溯。数据化管理使生产者能够深入了解生产过程中的关键参数和环节，及时做出调整，提高生产过程的可控性和透明度。

3. 质量控制的智能化　利用人工智能技术对质量控制过程进行优化，实现对生产过程中的质量参数进行实时监控和调整。智能质量控制系统可以及时发现潜在问题，保证产品质量的稳定性和一致性。

4. 个性化生产的实现　通过基因测序、大数据分析等技术，实现针对不同患者的个性化药物生产。个性化生产模式有望提高药物的疗效和安全性，满足不同患者的特殊需求。

随着人工智能、物联网、云计算和大数据等技术的飞速发展和广泛应用，生物制药的智能制造将逐渐普及并成为生物制药产业发展的重要趋势。这种智能制造模式将不断创新和优化，以适应生物制药行业的需求，并为生物制药企业带来更多商机和发展空间。同时，智能制造也将进一步推动生物制药行业朝着更加智能化、高效化和可持续发展的方向迈进。智能制造的引入将为生物制药产业带来更多的机遇和挑战，需要行业内的科学家、工程师、企业家及政府机构共同努力，推动智能制造技术的不断发展和创新，以提高生物制药的质量和效率，造福全人类的健康。

六、生物制药的绿色化、可持续化

生物制药的绿色化、可持续化是未来发展的重要方向。随着全球对环境保护和可持续发展的日益重视，生物制药产业也在积极探索和采用更环保、低能耗、低污染的生产技术与工艺，以降低对环境的影响，同时推广绿色合成技术和环保生产工艺，减少对化学品的依赖，实现生产的可持续性。

在生产过程中，生物制药企业应采取可持续性的方法，如使用生物降解材料，减少或替代有害化学物质的使用，优化能源利用，减少废水排放和废弃物产生。引入绿色合成技术，利用天然资源或微生物来生产目标产品，不仅减少了化学合成过程中的废弃物产生，还有助于降低对环境的负面影响。

另外，推行循环经济理念也是生物制药绿色化、可持续化的重要策略。鼓励资源的再利用和废物的再加工，如废弃物中的有用成分回收、再生，将有助于减少资源浪费，降低生产过程中对新资源的需求，促进生物制药产业的可持续发展。

废弃物和副产品的处理也是绿色化、可持续化的关键环节。生物制药产业产生的废弃物应该采取可持续的处理方式，如生物降解、再利用、回收等。这些方法不仅能减少对环境的污染，还有助于降低资源消耗，推动循环经济的实践。

未来的生物制药产业需要坚持绿色可持续发展的理念，从研发、生产到废弃物处理，实现生产的可持续性。政府机构、科研机构、企业和公众应共同努力，加强技术创新、政策支持和社会参与，形成多方合作的推动力，以推动生物制药产业向更加绿色、环保、可持续的方向转变。

生物制药的绿色化、可持续化不仅有利于保护环境和资源，也将为人类的健康和未来的可持续发展作出积极贡献。通过倡导和实践绿色、环保的生产方式，生物制药产业将在健康产业中发挥越来越重要的作用，并为社会的可持续发展作出积极的贡献。只有通过可持续发展的生产模式，才能在满足人类健康需求的同时，确保地球的生态平衡和资源的可持续利用。

第四节 生命科学技术在化学药物与中药开发中的应用

生命科学技术在化学药物与中药开发中有广泛的应用，包括药物设计、药效评价、毒理学评价等方面。已经成为推动新药研发和创新的重要力量。随着技术的不断发展和创新，相信将会有更多的生命科学技术被应用于药物研发和生产中，为人类健康和医疗事业作出更大的贡献。

一、在药物设计方面的应用

1. 计算机辅助药物设计（CADD） CADD是利用计算机模拟技术，通过对分子结构、生物活性和物理化学性质进行精确分析和模拟，预测潜在的药物分子与靶点结构之间的相互作用，并进行虚拟筛选和优化的方法。这项技术结合了计算化学、生物信息学和药物学等多学科的知识，使药物研发者能够更准确地预测候选药物分子的活性、选择性和药代动力学性质，从而加速药物研发过程。CADD可以大大减少实验的时间和资源投入，同时还有助于降低药物研发失败的风险。

2. 结构生物学 结构生物学是一种研究生物大分子三维结构的技术，包括蛋白质、核酸和复合物等。通过解析分子的结构，研究者可以深入了解分子之间的相互作用和结合方式，特别是药物与受体之间的结合模式。结构生物学为药物设计提供了重要的信息和指导，使研究人员能够设计出更具选择性和亲和力的药物分子。通过深入了解受体的结构，药物研发者能够开发出更具靶向性的药物，从而提高药物的疗效和减少不良反应的发生。

3. 高通量筛选（high throughput screening，HTS） 高通量筛选是一种用于快速测试大量化合物与特定生物标志物或受体之间相互作用的方法。通过自动化系统，高通量筛选可以在短时间内测试成千上万个化合物，找到与目标生物分子相互作用的潜在药物候选物。这项技术加速了药物筛选和优化过程，使研究人员能够更快速地找到可能有效的化合物，进而进行深入研究和进一步优化。

4. 基因组学和蛋白质组学 基因组学和蛋白质组学是研究基因和蛋白质在生物体内功能和相互作用的学科。这些技术可以帮助识别与疾病相关的基因和蛋白质，从而为药物研发提供潜在的靶点。通过了解疾病相关的基因和蛋白质，研究者可以更加深入地了解疾病的发生机制，找到潜在的治疗靶点，并开发更具针对性的药物。

综合来看，生命科学技术在药物设计方面的应用极大地促进了药物研发的进展。这些技术使研究人员能够更准确地预测候选药物的活性和性质，同时为药物分子的设计和优化提供了重要的指导。借助这些创新技术，我们有望开发出更安全、更有效的药物，为全球范围内的医疗事业作出更大的贡献，促进人类健康的持续发展。

二、在药效评价方面的应用

生命科学技术在药效评价方面扮演着至关重要的角色，它能够通过多种方法对药物的效果进行评价,并为药物的临床研究提供支持,确保药物的安全性和有效性。以下是对药效评价方面应用的进一步拓展和规范化。

1. 高通量筛选技术 高通量筛选技术是一种快速测试大量化合物与特定生物标志物或受体之间相互作用的方法。在药效评价中,高通量筛选能够帮助研究人员快速筛选出对目标生物分子具有潜在治疗效果的化合物。这项技术通过自动化系统和微量反应器,高效地对大量化合物进行筛选和评估,从而大大缩短了药物研发的时间。通过高通量筛选,研究人员可以快速找到可能具有治疗潜力的药物候选物,进一步优化它们的结构和性质,为进一步的临床研究奠定基础。

2. 基因组学和蛋白质组学技术 基因组学和蛋白质组学是研究基因和蛋白质在生物体内功能和相互作用的学科。在药效评价中,这些技术被用来研究药物与目标生物分子之间的相互作用,以及药物对基因表达的影响。通过这些技术,研究人员可以深入了解药物在细胞水平的作用机制,进一步预测药物的效果。基因组学和蛋白质组学技术还可以帮助寻找新的药物靶点和生物标志物,为个体化治疗和精准医学提供支持。

3. 分子影像学技术 分子影像学技术是一种用来观察药物在体内分布和代谢过程的方法。在药效评价中,分子影像学技术能够帮助科学家了解药物在体内的行为,包括药物在特定组织和器官中的积累情况,以及对疾病组织的作用。这对于确定药物的剂量和用药方案非常重要,同时也有助于评估药物的安全性和毒性。分子影像学技术包括单光子发射计算机断层成像(SPECT)、正电子发射计算机断层成像(PECT)、磁共振成像(MRI)等多种方法,它们在药物研发和临床评价中的应用日益广泛。

4. 神经科学技术 神经科学技术在药效评价中广泛应用于研究药物对中枢神经系统和周围神经系统的影响,以及药物对各种神经递质的调节作用。通过神经科学技术,科学家可以了解药物对神经系统的影响和作用机制,有助于开发针对神经系统疾病的药物,并评估药物的神经毒性。这些技术包括脑电图(EEG)、功能性磁共振成像(fMRI)、电生理学和免疫组织化学等方法,它们为研究和评价神经系统药物提供了强大的工具和手段。

这些生命科学技术在药效评价方面的应用,使科学家能够更好地了解药物在体内的作用机制和副作用,从而更有效地设计和评价药物。药效评价是药物研发过程中不可或缺的环节,它确保了药物的安全性和有效性,为开发更安全、更有效的药物提供了重要支持。通过不断拓展和创新这些技术,我们可以进一步提高药物研发的成功率和质量,为人类健康作出更大的贡献。

三、在毒理学评价方面的应用

生命科学技术在毒理学评价方面发挥着重要作用,它可以帮助药物研发者对药物的不良反应进行评价,预测药物对人体的安全性,从而减少药物开发过程中的风险。

1. 体外细胞毒理学 体外细胞毒理学是利用体外培养的细胞模拟体内的生理和生化过程,通过检测细胞的形态、代谢和死亡等指标来评价药物对细胞的毒性。相比于传统的动物实验,体外细胞毒理学更快速、简便且成本更低,更符合人体实验的可比性。通过使用人体细胞或特定细胞系,研究人员可以更准确地评估药物对人体的毒性,预测其潜在的不良反应。体外细胞毒理学技术在早期药物筛选中发挥重要作用,能够迅速排除具有明显细胞毒性的化合物,减少后续动物实验的使用,为药物研发提供高效的筛选方法。

2. 计算机模拟 计算机模拟利用计算机模型预测药物对生物体的毒性,如定量构效关系(QSAR)模型、吸收、分布、代谢、排泄、毒性(ADMET)模型等。这种方法不仅可以减少动物实验的使用,还可以在药物设计和优化阶段提前预测毒性,为药物研发提供重要参考。计算机模拟技术结合了大量的分子和生物信息数据,能够更全面地评估药物与生物分子的相互作用,提供药物在体内代谢和毒性的预测。通过计算机模拟,研究人员可以更早地发现潜在的不良反应,并在药物设计的早期阶段剔除有安全风险的化合物,从而提高药物研发的效率和成功率。

生命科学技术在毒理学评价方面的应用可以提高评价的速度、精确度和可比性，为药物研发提供更加准确和可靠的数据支持。这些技术有助于在早期阶段筛选出具有潜在不良反应的药物候选物，减少不必要的动物实验，从而降低开发过程的成本和时间。同时，这些技术还有助于提前发现潜在的药物安全问题，确保药物在临床应用时的安全性和有效性。有效的毒理学评价还可以降低药物研发过程中的失败率，避免不安全或低效的药物进入市场，从而更好地保障患者的用药安全和治疗效果。

随着生命科学技术的不断创新和发展，我们可以预期毒理学评价方面的应用将变得更加精准和高效。这将为药物研发提供更坚实的基础，推动药物的安全上市，为人类健康保驾护航。同时，拓展毒理学评价技术的应用也有助于推动替代动物实验的发展，促进药物研发的可持续发展，更好地服务于临床医学和公共健康。综合应用这些先进的技术，我们将不断提高药物安全性和有效性的评估水平，从而为人类健康和医疗事业作出更大的贡献。

四、中药有效成分的提取和分离

中药是人类长期积累的宝贵药物资源，其有效成分的提取和分离是中药研究和开发的核心任务之一。中药有效成分是指在中药材中具有药理活性的化学成分，这些成分对于药物的疗效和药效起着决定性的作用。生命科学技术在中药有效成分提取和分离方面发挥了关键作用，为中药研究提供了强大的工具和方法。

1. 提取方法 中药有效成分的提取是从中药材中分离和获取具有药理活性的化学成分的过程。常见的提取方法包括水提取、醇提取、超临界流体提取等。水提取适用于提取水溶性的成分，而醇提取适用于提取油溶性或部分油溶性的成分。超临界流体提取是利用超临界流体的溶解性来实现对成分的高效提取。这些方法可以帮助提高中药有效成分的得率和纯度，从而确保从中药材中充分提取药理活性成分。

2. 分离技术 分离技术用于将提取得到的复杂混合物中的化学成分分离开来，以获取单一或纯度较高的有效成分。高效液相色谱（high performance liquid chromatography，HPLC）是一种常用的分离技术。高效液相色谱利用不同化学成分在固定相和流动相的相互作用力的差异，实现对混合物的分离和纯化。该技术对于中药有效成分的提取和分离非常重要，可以帮助研究人员获得高纯度的中药有效成分，从而进行进一步的药效评价、毒理学评价等相关工作。

3. 质谱技术 质谱技术是一种用于对化学分子进行精确质量分析和结构鉴定的高级分析技术。在中药研究中，质谱技术可以用于中药有效成分的分离、鉴定和定量分析。质谱技术通过测定化学分子的质量并根据质谱图谱来推测其分子结构，为中药有效成分的研究提供了强有力的工具。通过质谱技术，研究人员可以准确地鉴定中药中的化学成分，了解其结构和性质，从而为进一步的药理学研究和药物开发提供重要参考。

中药有效成分的提取和分离是中药研究的重要环节，生命科学技术为中药研究和开发提供了多种方法和手段，帮助研究人员获得高纯度的中药有效成分，并进行进一步的研究和评价。这些技术的应用不仅能够推动中药的现代化研究，也为新药开发和中药的临床应用提供有力的支持。通过不断拓展和创新这些技术，我们可以更好地挖掘中药的药理作用和潜在疗效，为人类健康和医疗事业作出更大的贡献。同时，加强中药有效成分提取和分离的研究，有望进一步拓展中药的应用范围，并为中医药的国际化和现代化进程提供有力支持。

五、中药药效评价

中药药效评价是中药研究和开发的重要环节，它涉及对中药的药理作用、临床应用价值、副作用等方面进行评价和研究。生命科学技术在中药药效评价中发挥了关键作用，为中药的药理学研究和临床应用提供了强大的工具和方法。

1. 体外细胞实验 体外细胞实验是通过将中药有效成分添加到细胞培养基中，观察对细胞的影响，以评价中药的药理作用和细胞毒性。常见的细胞实验方法包括MTT法、细胞增殖实验、细胞凋亡实验等。通过这些实验，研究人员可以了解中药对不同类型细胞的作用，如抗炎、抗氧化、抗肿瘤等，从而为中药的临床应用提供科学依据。

2. 体内药效评价 体内药效评价是通过动物实验研究中药在整个生物体内的药理作用和毒性反应。其中包括急性毒性试验、慢性毒性试验、药代动力学实验等。通过体内试验，研究人员可以了解中药在体内的药物代谢、药效作用持续时间、药物安全性等，为中药的临床安全性评估提供重要数据。

3. 分子生物学实验 分子生物学实验用于研究中药对基因表达和蛋白质表达的影响，从而了解其药理作用机制。常见的分子生物学实验包括蛋白质印迹法、PCR、实时聚合酶链反应（real-time PCR）等。通过这些实验，研究人员可以探究中药对关键基因的调控，深入了解中药的作用机制和分子靶点，为中药的合理应用和优化设计提供理论支持。

4. 体外和体内药代动力学评价 体外和体内药代动力学评价用于了解中药在体内的药代动力学过程，包括药物吸收、分布、代谢、排泄等。常见的评价方法包括体内外药代动力学研究、代谢产物分析等。这些评价方法可以帮助研究人员了解中药在体内的代谢途径、代谢产物的形成和清除，为合理用药和减少药物不良反应提供依据。

综合以上方法，生命科学技术在中药药效评价中起到了关键作用，可以全面、客观地评价中药的药效和安全性。这些评价数据为中药的临床应用提供科学依据，有助于挖掘中药的潜在药理作用、优化中药方剂、推动中药现代化研究，并为中药的国际化和现代化进程提供重要支持。同时，加强中药药效评价技术的创新和发展，有望进一步提高中药的疗效和安全性，为人类健康和医疗事业作出更大的贡献。

六、中药成分的结构鉴定

中药成分的结构鉴定在中药研究中具有至关重要的地位。中药中含有众多化学成分，其中许多成分的化学结构尚未完全阐明或存在争议，这为中药的研究和应用带来了巨大挑战。生命科学技术为中药成分的结构鉴定提供了多种分析手段，常用的技术包括如下。

1. 核磁共振（NMR）技术 是一种常用的结构鉴定技术，它通过观察分子中氢、碳等原子核的共振信号来确定分子的化学结构。核磁共振技术能够提供关于分子的空间结构、化学键类型和周围环境信息，帮助研究人员解析中药中复杂成分的结构。

2. 质谱（MS）技术 可以分析分子的质量和碎片信息，通过与数据库比对或者结构解析软件分析，可以确定分子的化学结构。质谱技术在中药研究中被广泛应用于鉴定中药中的化学成分和代谢产物。

3. 红外光谱（IRS）技术 可以分析分子中的化学键类型和数目，通过比对分子的红外光谱图谱，可以确定分子的化学结构。红外光谱技术对于中药中的多糖类和其他含氧官能团的结构鉴定有很好的应用价值。

4. 紫外光谱（UVS）技术 可以分析分子的吸收特性，通过比对分子的紫外光谱图谱，可以确定分子的化学结构。紫外光谱技术常用于中药中的芳香族化合物和类黄酮类化合物的结构鉴定。

5. 其他分析技术 除了上述常用技术，还有一些其他的分析技术可以用于中药成分的结构鉴定，如X射线衍射用于研究晶体结构，电子顺磁共振用于研究分子的电子结构等。

结构鉴定是中药研究中不可或缺的一环，它帮助研究人员深入理解中药的药理作用和药效，同时也为合理应用中药和优化中药方剂提供科学依据。生命科学技术的不断创新和发展将进一步提高结构鉴定的准确性与高效性，有助于推动中药现代化研究，挖掘中药的潜在价值，为人类健康服务。随着技术的不断拓展，我们可以期待中药研究在结构鉴定方面取得更加深入和广泛的进展，为中药的临床应用和药物开发带来更多益处。

第五节　生物药物实例

生物药物的研发和生产都需要涉及生命科学技术的应用，包括基因工程技术、细胞培养技术、蛋白质表达和纯化技术、免疫技术、生物反应器工程技术、生物信息学技术等。这些技术的应用不仅可以提高药物的疗效和安全性，也可以提高药物生产的效率和质量。下是一些生物药物的实例。

一、重组人胰岛素

重组人胰岛素是一种生物制药，是利用基因工程技术合成的胰岛素，其结构和功能与天然胰岛素相似，可用于治疗糖尿病等疾病。生命科学技术在重组人胰岛素的研发和生产过程中发挥了重要作用，为制备高质量的胰岛素提供了可靠的手段。

重组人胰岛素的制备过程主要包括以下几个步骤。

1. 基因克隆　在制备重组人胰岛素的第一步，研究人员从人类 DNA 样本中克隆出编码胰岛素的基因序列。这个基因序列包含了构成胰岛素的多肽链编码信息。

2. 表达　将胰岛素基因插入特定的表达载体中，通常是大肠杆菌等微生物的载体。接着，将携带胰岛素基因的表达载体转化到宿主细胞中，如大肠杆菌细胞。宿主细胞开始根据这个基因产生胰岛素的前体蛋白，这个前体蛋白被称为"proinsulin"。

3. 提取　经过发酵和培养后，大肠杆菌中表达的胰岛素前体蛋白被表达出来。接下来，通过离心、过滤等方法对大肠杆菌进行处理，分离和提取出重组人胰岛素前体蛋白。

4. 转化　在重组人胰岛素前体蛋白中，一段特定的肽链（称为 C 肽）需要被剪切，将其转化为成熟的活性胰岛素。这个过程可以通过一系列酶的作用完成。

5. 纯化　接下来，对重组人胰岛素前体蛋白进行纯化。通过离子交换、凝胶过滤、亲和层析等技术，去除其他杂质，从而获得高纯度的重组人胰岛素制剂。

6. 后处理　重组人胰岛素需要进行后处理步骤，如重配、滤清和灭菌等处理，以确保产品的质量和安全性。这些步骤对于生产符合药品质量标准的胰岛素至关重要。

重组人胰岛素相对于传统来源的胰岛素具有多个优点。由于经过精确的基因工程技术合成，重组人胰岛素在以下方面表现优越。

1. 纯度高　经过纯化和检测后，重组人胰岛素的纯度可以达到 99% 以上，确保其药物效果和安全性。

2. 不含动物源性成分　传统来源的胰岛素通常从动物（如猪和牛）胰腺中提取，存在动物源性疾病传播的风险。重组人胰岛素则是由基因工程技术制备而成，不含动物源性成分。

3. 治疗效果稳定　由于重组人胰岛素具有高纯度和单一结构，其治疗效果相对稳定，且在不同批次之间的变异较小。

4. 可以量产　传统来源的胰岛素只能从有限数量的动物胰腺中提取，而重组人胰岛素则可以通过基因工程技术大规模生产，确保供应充足。

重组人胰岛素已经广泛应用于临床，成为治疗糖尿病的重要药物之一。它通过替代人体胰腺功能，维持血糖水平，帮助糖尿病患者保持正常的生活和健康。在未来，随着生命科学技术的不断发展，重组人胰岛素的研发和生产将更加高效和精确，为更多患者带来福音。

二、重组人干扰素 α2b

重组人干扰素 α2b 是一种生物制剂，是人类天然干扰素 α 的合成形式，广泛应用于治疗多种疾病，包括乙型肝炎、白血病、黑色素瘤、多发性骨髓瘤等。它是生命科学技术在制药领域的重要应用，为疾病治疗提供了高效、精确的手段。以下是重组人干扰素 α2b 的详细拓展。

1. 制备过程　重组人干扰素 α2b 的制备过程依赖于基因工程技术。首先，从人类 DNA 中克隆出干扰素 α 基因，并将其插入特定的表达载体，通常是细菌（如大肠杆菌）或真核细胞的载体。接着，将携带干扰素 α 基因的表达载体转染到宿主细胞中，使其开始产生重组人干扰素 α2b。

2. 表达和纯化　宿主细胞根据干扰素 α 基因产生干扰素 α 前体蛋白。这个前体蛋白经过一系列酶的作用，转化为成熟的、活性的重组人干扰素 α2b。通过离心、过滤等方法，将重组人干扰素 α2b 从细胞培养基中分离和提取。

3. 作用机制　重组人干扰素 α2b 在临床上展现出多种作用机制。它能抑制病毒的复制和传播，因此被用于治疗乙肝等病毒性疾病。此外，它还具有抗肿瘤作用，能够激活免疫系统，帮助机体抵抗癌细胞的增殖。同时，重组人干扰素 α2b 还能调节免疫系统，用于治疗一些免疫相关性疾病。

4. 临床应用　重组人干扰素 α2b 在临床上得到广泛应用，表现出良好的疗效和安全性。它被用于治疗多种疾病，尤其在乙肝和某些恶性肿瘤等复杂疾病的治疗中，显示出显著的临床效果。

5. 技术发展　随着生物制药技术的不断发展，重组人干扰素 α2b 的生产工艺和质量控制也在不断提高和完善。新的表达系统、纯化技术及分析方法的引入，使得重组人干扰素 α2b 的生产更加纯净、高效、安全。这为其更广泛的临床应用和推广奠定了坚实的基础。

重组人干扰素 α2b 的研发和应用代表了生命科学技术在药物领域的重要突破，为生物制剂的发展开辟了新的道路。通过不断研究和创新，重组人干扰素 α2b 有望在更多疾病治疗中发挥更大的作用，为患者带来更多的希望和健康。

三、重组人生长激素

重组人生长激素（recombinant human growth hormone，rhGH）是一种通过重组 DNA 技术制备的生长激素。与天然生长激素具有相同的氨基酸序列，rhGH 是一种具有生物活性的蛋白质激素。它可用于治疗多种生长激素缺乏症，如儿童生长激素缺乏症、特纳（Turner）综合征等。

制备过程：重组人生长激素的制备过程包括基因克隆、表达、纯化和结构鉴定等步骤。首先，从人体组织中提取生长激素基因，并将其克隆到重组质粒中。接下来，将重组质粒转染到宿主细胞中，使其表达生长激素蛋白。随后，使用分子生物学和蛋白质化学技术对生长激素进行纯化和结构鉴定，得到高纯度的重组人生长激素。

应用领域：重组人生长激素的应用领域不仅包括治疗生长激素缺乏症，在医学和运动领域也有其他重要应用。在儿童和青少年生长激素缺乏症患者中，rhGH 可以促进骨骼和肌肉的生长发育，帮助患者达到正常的生长水平。此外，对于成人生长激素缺乏症患者，rhGH 可以改善体脂肪分布、增加肌肉质量、改善心血管功能和代谢状态。

除了治疗生长激素缺乏症，rhGH 在其他领域也有应用。在医学中，rhGH 被用于治疗特定的代谢性疾病，如 Turner 综合征、普拉德-威利（Prader-Willi）综合征等。此外，rhGH 也被广泛应用于增强免疫力、促进伤口愈合、改善心血管健康等方面的治疗。

在体育领域，国际体育界禁止运动员使用 rhGH 以获得非法竞技优势，以维护公平竞赛的原则。

安全性和合规性：重组人生长激素是一种安全有效的生物制剂，在临床治疗中表现出较好的耐受性。但在使用过程中仍需严格遵循医生的建议和处方。滥用或不当使用生长激素可能会引发不良反应，如关节疼痛、水肿、胰岛素抵抗等。因此，必须根据医生的指导，正确使用重组人生长激素，以确保其安全性和有效性。

重组人生长激素作为一种重要的生物制剂，已经在临床治疗中得到广泛应用。它对于生长激素缺乏症患者的治疗效果显著，同时在其他领域也展现出许多潜在的应用前景。通过持续的研究和发展，重组人生长激素有望为更多患者带来健康福祉。但需强调，在使用重组人生长激素时必须遵循医学指导和合规要求，确保其安全合理的使用。随着技术的不断进步，重组人生长激素的制备过程和应用将进一步优化，为疾病治疗和健康促进提供更多可能性。

四、重组人促红细胞生成素

重组人促红细胞生成素（recombinant human erythropoietin，rhEPO）是一种通过基因工程技术制备的蛋白质药物，具有刺激骨髓产生更多红细胞的功能，从而治疗贫血。它被广泛应用于肾功能不全患者的治疗，特别是慢性肾脏疾病患者，因为这类患者由于肾脏功能损伤而无法产生足够的内源性促红细胞生成素，导致贫血发生。此外，rhEPO 也可用于其他导致贫血的疾病，如癌症患者在化疗后引起的贫血。

1. 制备过程　rhEPO 的制备过程基于基因工程技术。首先，将人类促红细胞生成素的基因从人体细胞中克隆出来。然后，将这个基因插入到特定的表达载体中，通常是细菌（如大肠杆菌）或真核细胞中的载体。接下来，将携带促红细胞生成素基因的表达载体转染到宿主细胞中，使其开始产生重组人促红细胞生成素。随后，通过一系列的纯化步骤，如过滤、离心、层析等，从培养基中纯化得到高纯度的 rhEPO。

2. 作用机制　rhEPO 主要作用于骨髓中的红细胞祖细胞，刺激其增殖和分化，从而促进红细胞的生成。在贫血治疗中，rhEPO 可以有效提高血红蛋白水平，改善症状和生活质量。通过增加红细胞数量，rhEPO 可以提高氧气输送能力，帮助机体更有效地运输氧气到组织和器官，从而改善患者的贫血症状。

3. 临床应用　rhEPO 广泛应用于临床治疗，特别是在肾功能不全患者和癌症化疗后引起的贫血患者中。对于肾功能不全患者，rhEPO 的应用可以有效补充缺乏的促红细胞生成素，刺激骨髓产生更多的红细胞，从而改善贫血症状。在癌症化疗后引起的贫血中，rhEPO 同样可以促进红细胞的生成，帮助患者恢复红细胞数量，减轻贫血引起的不适。

4. 兴奋剂滥用　由于 rhEPO 促进红细胞生成的特性，其在体育运动中被滥用作为兴奋剂。增加红细胞数量可以提高氧气输送能力，从而增加运动员的耐力和表现。然而，这种非医学目的的滥用行为被国际体育界严格禁止，因为其可能导致不公平竞赛和健康风险。

5. 安全性和合规性　使用 rhEPO 需要严格按照医生的建议和药品说明书。过量或错误使用 rhEPO 可能会引发副作用，如高血压、血栓形成等。因此，使用 rhEPO 的患者需要定期进行血压监测和血液检查，以确保使用的安全性和有效性。在使用 rhEPO 时，患者应密切关注医生的指导，遵循合规要求，以确保其在治疗过程中的安全和疗效。随着对 rhEPO 作用机制的深入研究，以及临床治疗的不断改进，重组人促红细胞生成素将继续为贫血患者带来希望和福祉。

五、基因治疗药物

基因治疗药物是一类创新性的药物，通过将特定基因导入人体，以恢复或增强细胞或组织的功能来治疗疾病。与传统药物不同，基因治疗药物利用基因工程技术介入细胞内部的基因调控过程，从源头上修复疾病。这种疗法为多种疾病的治疗提供了新的可能性，并在科学界和医学领域广泛研究和探索。

基因治疗药物主要包括以下几类。

1. 质粒 DNA 治疗　将治疗所需的 DNA 片段包装到质粒中，然后将质粒导入患者的细胞中，使其表达需要的蛋白质来治疗疾病。例如，通过质粒 DNA 治疗，可以将特定基因导入患者的肌肉细胞，有助于治疗肌肉萎缩症等疾病。

2. 病毒载体治疗　利用经过改造的病毒作为载体，将所需的基因导入患者的细胞中。这些病毒载体能有效传递基因信息，使目标细胞开始表达缺失或异常的基因，并达到治疗目的。例如，可以通过病毒载体治疗将治疗所需的基因导入患者的肝细胞中，以治疗一些遗传性疾病。

3. RNA 干扰治疗 利用 RNA 干扰技术，通过 RNA 序列的靶向作用来抑制或降低特定基因的表达，从而达到治疗的目的。通过 RNA 干扰治疗，可以干扰病原体的基因表达，从而有效治疗病毒感染和癌症等疾病。

4. 基因编辑治疗 利用 CRISPR/Cas9 等基因编辑技术，直接编辑或修复细胞或组织中的基因，以达到治疗疾病的目的。通过基因编辑治疗，可以纠正一些遗传性疾病的基因突变，有望实现治愈或显著改善患者的病情。

基因治疗药物的优势如下。

1. 精准治疗 基因治疗药物可以更加精准地针对特定基因或细胞，有助于更有效地治疗疾病，并减少对正常细胞的损害。

2. 减少副作用 由于作用在基因层面，基因治疗药物的副作用可能较少，从而提高患者的耐受性和治疗依从性。

3. 长期疗效 一些基因治疗药物可能带来持久的疗效，甚至是一次性的治疗，避免了长期用药带来的负担。

目前，基因治疗药物在癌症、遗传性疾病、心血管疾病等领域都取得了一定的疗效。例如，针对某些癌症，基因治疗药物可以选择性地杀死恶性细胞，而对正常细胞的损害较少。在遗传性疾病方面，基因治疗药物有望纠正特定基因突变，从而治愈或改善患者的病情。然而，基因治疗药物的研发和应用也面临一些挑战，包括技术复杂性、安全性和效果的长期评估等。因此，在推进基因治疗药物的发展过程中，需要不断加强安全性评估和临床试验，确保其在临床应用中的安全和有效。随着科学技术的进步和对基因治疗药物认识的不断深化，基因治疗有望成为未来重要的治疗手段之一，为患者带来更多希望和福祉。

【案例】　　　顾方舟：用自己儿子试药解救万千儿童，消灭脊髓灰质炎的伟大奉献

顾方舟是中国脊髓灰质炎疫苗之父，他为了消灭脊髓灰质炎这可怕的传染病，投身于艰苦的研究之中，最终成功研制出了脊髓灰质炎疫苗。他的成就和奉献让中国成为无脊髓灰质炎的国家，使数以万计的儿童免于病痛。

脊髓灰质炎，又称小儿麻痹症，是一种由脊髓灰质炎病毒引起的急性传染病，主要影响1～6岁的儿童。该病最严重的后果是引起不可逆的脊髓损害，导致瘫痪。20世纪50年代，脊髓灰质炎在中国肆虐，造成大量儿童瘫痪和死亡，给社会带来了巨大的负担和痛苦。

顾方舟于1955年从苏联医学科学院病毒学研究所毕业后，返国担任研发脊髓灰质炎疫苗的重任。他带领团队在昆明郊外建立了医学生物学研究所，面对各种困难，他们坚持不懈地进行疫苗研究。

经过多年的艰苦努力，顾方舟团队终于成功研制出了脊髓灰质炎疫苗。为了证明疫苗的安全性和有效性，还需要进行临床试验。因为是活病毒疫苗，顾方舟毅然决定在自己身上试用疫苗，证明其对成人是安全的。他成功通过自我试验，并展示了对科学研究和医学事业的无比执着和责任心。

但要证明疫苗对儿童也是安全的，顾方舟面临着更大的挑战。为了确保试验的准确性，他选择瞒着所有人，包括自己的妻子，用自己不满一岁的儿子小东做试验。这是一个艰难而伟大的决定，体现了他为医学研究和人民健康所作出的巨大牺牲和奉献。

经过数月观察，顾方舟的儿子和其他试验孩子们都没有出现异常，临床试验顺利通过。1960年，首批500万人份的脊髓灰质炎疫苗成功生产，并开始在全国范围内推广。由于疫苗的广泛应用，中国成为无脊髓灰质炎的国家，无数儿童从此免受病痛的折磨。

顾方舟及其团队的贡献使得中国的医学事业受益匪浅。他们为科学研究的精神和医学道德树立了榜样。2000年，中国消灭脊髓灰质炎的证实报告签字仪式在北京举行，顾方舟作为疫苗研究的领军人物，亲自签下了报告。他为中国医学事业的发展作出的巨大贡献将永远被铭记，他的事迹将永远激励着后人在科学研究和医学领域不懈奋斗。

思 考 题

1. 生物制药在治疗炎症性疾病方面相比传统药物有哪些优势？
2. 生物制药疫苗在预防传染病方面的重要作用是如何实现的？
3. 生物制药领域的技术进步和创新对人类健康和医药产业的发展有何影响？
4. 生物信息学技术在生物制药领域的应用有哪些优势？
5. 个性化药物的发展如何推动了生物制药领域的进步？
6. 新型抗体药物的研究和应用对生物制药领域有何重要意义？
7. 生命科学技术在中药开发中的应用和发展如何促进中药现代化和国际化？
8. 在药效评价和毒理学评价方面，生命科学技术如何帮助减少药物研发过程中的风险，同时提高药物的安全性和有效性？
9. 如何评估生物药物的疗效和安全性？
10. 基因治疗药物在治疗癌症、遗传性疾病等方面展现了潜在的疗效，但在临床应用中面临哪些挑战？如何确保基因治疗药物的安全性和长期疗效？

（孟 启）

第五章 药理学

学习目标
1. 掌握：药理学的研究对象、内容及学科任务。
2. 熟悉：药物与毒物之间的关系，基本的药物治疗原则和方法。
3. 了解：药理学发展史，药理学分支学科及其在新药研发中的作用。

药理学（pharmacology）是一门研究药物在生物体内作用机制、药物与生物体相互作用及药物对生物体的影响等方面的学科，它是药物学的一个重要分支，也是现代医学研究中不可或缺的一部分。

药理学主要包括以下几个关键领域。

1. 药代动力学（pharmacokinetics） 研究药物在生物体内的吸收、分布、代谢和排泄等过程。这包括了药物的吸收、分布、代谢、排泄（ADME）过程，以及药物在体内的浓度随时间的变化、药代动力学及药物消除半衰期等相关内容。

2. 药效学（pharmacodynamics） 研究药物在生物体内的作用机制、效果及作用持续时间等方面。这包括了药物对生物体内生理、生化、免疫等方面的影响，以及药物对疾病的治疗效果、作用机制和可能的副作用等内容。

3. 药物毒理学（drug toxicology） 研究药物对生物体产生的有害效应、毒性和可能的副作用等方面。这包括药物的毒性评价、药物的安全性评价及对药物毒性机制的研究。

4. 综合药理学（integrated pharmacology） 研究药物在生物体内的相互作用、药物的联合使用、药物的代谢途径等方面，以及对药物对疾病的治疗效果和副作用进行综合评价。

药理学在医学领域中具有重要意义，帮助科学家和医生更好地理解药物的性质、用途和安全性，从而改进药物疗法，提高患者的治疗效果，同时也有助于识别和减轻药物可能引发的风险和副作用。

第一节 药理学的性质与任务

药理学是一门研究药物在生物体内作用、吸收、分布、代谢、排泄等方面的学科，旨在深入探究药物的作用机制和药物治疗的基本规律，为药物的研究、开发和应用提供科学依据。药理学是一门综合性的学科，涉及生物化学、生物物理学、分子生物学、细胞生物学、解剖学、生理学、病理学等多个领域，是现代医学研究的重要基础。

药理学的性质包括以下几个方面。

（1）基础性：药理学是现代医学研究的基础，它探究药物在生物体内的作用机制和规律，为新药的研发和应用提供科学依据。

（2）实用性：药理学不仅为药物的研发提供科学基础，还为药物的治疗、预防和管理提供了实用性的理论和方法。

（3）综合性：药理学是一门综合性的学科，涉及多个学科和领域，包括化学、生物学、医学等，需要综合运用多种方法和技术。

（4）动态性：药理学研究的对象是药物在生物体内的作用和代谢过程，这些过程是动态的、复杂的，药理学研究需要跟随生物体内的变化和反应。

（5）实验性：药理学是一门实验性的学科，需要运用实验方法和技术，对药物在生物体内的作用过程进行研究和评价。

药理学是一门研究药物在生物体内作用机制和规律的学科，具有基础性、实用性、综合性、动态性和实验性等性质。

一、药理学的概念和主要任务

药物（drug）是指用以防治及诊断疾病的物质，从理论上说，凡是能够影响机体器官生理功能及（或）细胞代谢活动的化学物质都属于药物的范畴，包括预防、诊断、治疗、计划生育和保健用药等。

毒物（poison，toxicant）是指在一定条件下较小剂量就能够对生物体产生损害作用或使生物体出现异常反应的外源化学物质。然而，任何药物给药剂量过大都会产生毒性反应，而且在特定情况下毒物亦可能成为防治疾病的药物。所以，药物和毒物没有明显的边界，其差别主要是剂量的不同，如三氧化二砷。

药理学是主要研究药物和机体（包括病原体）的相互作用及其规律的学科。一方面研究药物对机体的作用及作用机制，即在药物影响下机体细胞功能如何发生变化，称为药效学；另一方面研究药物在机体的作用下所发生的变化及规律，即机体如何对药物进行处置，称为药代动力学。可见，药理学主要以药物处理后的机体为研究对象，以生理学、生物化学、病理学、病理生理学、微生物学、免疫学、分子生物学等为基础，为指导药物的临床防治疾病及合理用药提供基本理论、基本知识和科学的思维方法。同时，药理学是联系基础医学与临床医学的"桥梁"学科，更是药学与医学之间的"纽带"学科。由于药物与毒物有时难以严格区分，所以药理学实际上也以毒物为研究对象，而毒物与机体的相互作用及其规律的毒理学也属于药理学研究范畴。我们把药理学中关于药物治疗方面的应用称为药物学，而以毒物为对象的研究称为毒物学。此外，药理学研究范畴还包括为了合理用药而进行的药物相互作用研究。

药理学是生命科学的重要组成部分，也是医药学各专业的必修课程。其学科任务包括阐明药物作用及作用机制、机体对药物的处置及其规律，以及药物之间的相互作用，为临床合理用药、改善药物质量、发挥药物最佳疗效、降低不良反应发生率提供理论依据；参与新药研究与开发、发现药物新用途，为新药有效性和安全性提供药理学证据，是新药研究、开发工作中的重要组成部分；探索机体器官的生理生化及病理生理过程等，为揭示生命科学规律提供科学的依据和研究方法。

药理学是一门实验性科学，即在严格控制的条件下观察药物对机体或其组成部分的作用规律并分析其作用原理。从形态学、机能学、行为学等不同角度，在整体、器官、组织到细胞、分子等不同水平，药理学有多种研究方法。譬如，整体与离体器官功能检测法，生物检定法，形态学方法，心电、脑电、诱发电位、微电极记录、电压钳及膜片钳等电生理学方法，行为学方法，生物化学与分子生物学方法，免疫学及化学分析法等。根据实验目的的不同，药理学研究方法可分为实验药理学方法、实验治疗学方法、临床药理学方法等。

二、药理学的发展历程

在人类文明发展的历史长河中，生老病死是亘古不变的规律。药理学的发展一直伴随着人类历史的发展，而数学、物理学、化学和生物学等基础学科是药理学发展的支柱。同时，药理学的发展史是一部伴随人类疾病发展及克服疾病的历史。

药理学的主要任务是研究药物的性质、作用机制、药效学、副作用、药代动力学、药物相互作用等方面的内容，从而为药物的合理应用提供科学依据和指导。具体来说，药理学的主要任务包括以下几个方面。

（1）药物的化学特征和结构：药理学研究药物的化学特征和结构，探讨药物分子与生物体分子的相互作用规律，为药物的设计、合成和优化提供基础知识。

（2）药物的作用机制：药理学研究药物的作用机制，探讨药物对生物体的作用途径、作用部位、作用强度等方面的内容，为药物的应用提供科学依据。

（3）药效学：药理学研究药物的药效学，即药物的剂量-反应关系、药物的效力、药物的效能和药物的效价等方面的内容，为药物的剂量和用法提供指导。

（4）药物的副作用和毒性：药理学研究药物的副作用和毒性，即药物的不良反应和对生物体的有害作用，探讨药物的安全性和风险，为药物的合理应用提供保障。

（5）药代动力学：药理学研究药物的药代动力学，即药物在生物体内的吸收、分布、代谢和排泄等方面的过程与规律，为药物的剂量和用法提供指导。

（6）药物相互作用：药理学研究药物相互作用，即两种或多种药物同时应用时对生物体的影响和相互作用规律，为药物的联合应用提供指导。

第二节　药理学的发展简史

药理学是一个历史悠久的学科，其发展可以追溯到古希腊和古印度。以下是药理学的发展简史。

在古希腊时期，药理学还没有独立成为一个学科，但已经开始出现与药物有关的论述和实践。希波克拉底是古希腊医学的代表人物之一，他在他的著作《希波克拉底誓言》中提到了医生应该遵守的道德规范，同时也提到了一些药物的使用方法。

在古印度时期，药理学已经开始发展成为一个独立的学科。古印度的草药学和药理学在此时期达到了一个高峰。《阿育吠陀》是古印度最著名的草药学著作之一，其中包括了许多草药的描述和用途。

在中世纪，药理学得到了长足的发展。阿拉伯学者伊本·西那开始研究药物的治疗作用，他的著作《医典》成为了中世纪欧洲的标准药物参考书。

到了近代，药理学开始脱离宗教和神秘主义的束缚，逐渐发展成为一门基于科学实验和数据的学科。18世纪中期，瑞典医师、化学家林奈开始使用实验方法研究药物的作用和剂量，奠定了现代药理学的基础。19世纪末，德国药学家保罗·埃利希森提出了"药效学"这一概念，成为药理学的一个分支。20世纪，随着药物化学和分子生物学的发展，药理学进一步拓展了研究范围和深度，成为一个综合性的学科。

在远古时代，人们从生活经验中获知某些天然物质可以治疗疾病与伤痛，如饮酒止痛、大黄导泻、楝实祛虫、柳皮退热等。在古埃及、古希腊、古印度及中国等地，人们将医药实践经验集成本草，结合本土文化而构建各自的医药理论体系，流传治病。公元前2700多年我国就有草药方剂治病记载，诞生于公元1世纪前后的《神农本草经》是世界上第一部药物书，载药365种，不少药物流传至今，如人参、甘草、当归、麻黄、大黄。该书历代均有修订、增补，愈臻完善。唐朝修订的《新修本草》是世界上最早的药典。明朝李时珍的《本草纲目》是我国传统医学的经典巨著，全书52卷，约190万字，收载药物1892种，插图1160帧，药方11096个，被翻译为英、日、朝、德、俄、法、拉丁等多种文字广为流传。《本草纲目》中记载了药理研究的初步动物实验，其中毒理实验与当今药理实验极其相似。文艺复兴时期后，人们的思维开始摆脱宗教束缚。

瑞士医生Paracelsus（1493—1541年）批判了恶病质唯心学说，结束了医学史上1500余年的黑暗时代。后来英国解剖学家哈维（Harvey, 1578—1657年）发现了血液循环，开创了实验药理学新纪元。德国药剂师弗雷德里克（1783—1841年）在1806年从罂粟中分离出吗啡单体，纯化合物的出现使重复定量给药成为可能，从而产生科学药理学。德国药理学家鲁道夫·布克海姆（1820—1879年）是真正意义上的第一位药理学教授，首先建立了药理学实验室并创立了实验药理学，编写了第一本药理学教科书，提出药物作用是细胞和药物相互作用所致，为"受体"理论奠定了基础。1856年，克劳德·伯纳德（1813—1878年）证实箭毒（arrow poison，curare）作用于神经-肌肉接头，是药物作用机制的最早研究，为药理学发展提供了可靠实验方法。德国药理学家奥斯瓦德·史密德柏格（1838—1921年）进一步发展了实验药理学，提出了包括构效关系、药物受体、选择性毒性等的一系列药理学概念，被誉为现代药理学创始人。随着化学学科的发展，近代药理学的发展步入快车道并达到以多种药物开发应用为标志的全盛时期。例如，20世纪初，德国保罗·埃尔利希发明了治疗梅毒的有效药606（砷凡纳明），从而开始了用合成药物治疗传染病。德国多马克在1934年发明了化学抗菌药物磺胺，在1950年又发明了治疗结核病的化学药物异烟肼。1928年，英国细菌学家弗莱明发现了青霉素，并在1940年由英国科学家弗洛里（Florey）从青霉菌培养液中分离提纯并广泛应用于临床，开辟了细菌感染的化学治疗的新领域。

1943年，瓦克斯曼发现链霉素。艾克曼发现可以治疗神经炎的维生素B_1，而霍普金斯提出著名的维生素学说。1922年，班廷和麦克劳德发现胰岛素并将其用于治疗糖尿病等。此外从天然药物中提取的及半合成的解痉药山莨菪碱，强心苷类药洋地黄毒苷、地高辛，抗疟药青蒿素，抗癌药喜树碱、紫杉醇等，均广泛应用于临床。近年来，随着生物化学、分子生物学等学科的迅速发展及其在药理学中的运用，药效学逐步向微观深入发展。在对药物作用机制的研究中，科学家们发现并获得多种大分子受体并阐述了相关药物对钠、钾、钙通道的作用原理，使受体学说得以发展。分子靶向治疗是在生物大分子水平设计相应的药物，使治疗更为有效、副作用更小的治疗方法。药理学的发展正在逐步走向通过靶向分子，针对疾病的根本原因进行病因特异性的药物治疗。例如，表皮生长因子受体酪氨酸激酶（EGFR-TK）抑制剂吉非替尼主要用于治疗肺癌；利妥昔单抗主要用于治疗非霍奇金淋巴瘤；曲妥珠单抗是信号转导抑制剂，用于治疗乳腺癌；甲磺酸伊马替尼（格列卫）用来治疗慢性粒细胞性白血病和胃肠道基质细胞瘤；靶向PD-1蛋白的纳武单抗（opdivo，O药）和keytruda（K药）用于治疗晚期恶性黑色素瘤。此外，药动学的发展使临床用药从单凭经验发展为科学计算，并促进了生物药剂学的发展。药理学与相关学科相互渗透，彼此借鉴和促进，已衍生出许多分支学科。

近年来，逐渐发展而设立的临床药理学是以临床患者为研究和服务对象的应用科学，其任务是将药理学基本理论转化为临床用药技术，即将药理效应转化为实际疗效。整体上，学科发展由分支学科向交叉学科的发展，形成了心血管药理学、肿瘤药理学、中药药理学、神经精神药理学、临床药理学、生殖遗传药理学、抗炎免疫药理学、化疗药理学、药物代谢药理学、药检药理学、麻醉药理学；由整体器官药理学向微观和宏观药理学深入，形成了生化药理学、分子药理学、定量药理学、网络药理学等。截至2024年，中国药理学会设有29个专业委员会，各专业委员会在各自领域积极开展学术交流，促进了我国药理学在各方面的发展。

> **【案例】　　　　　　彭司勋——我国药学界的"一代宗师"**
>
> 彭司勋（1919—2018年），湖南省保靖县人，中国工程院院士，药物化学家、药学教育家。他一生致力于药学事业，为我国的药学教育和药物研究作出了卓越贡献。
>
> **1. 早年教育与留学**　　彭司勋的药学之路始于艰苦的童年，他生长在湖南一个知识分子家庭，家族中多位从事医学工作的成员培养了他对药物学的浓厚兴趣。1938年，他努力考入位于重庆的药学专科学校，开启了他的药学之旅。尽管当时的中国正饱受战乱之苦，但彭司勋始终坚持自己的初心，为培养人才、推动医药事业发展执着前行。
>
> **2. 迎难而上，回国投身药学事业**　　1948年，彭司勋获得联合国世界卫生组织的赴美留学奖学金，前往美国深造。然而，中华人民共和国的成立引发了他内心深处的报国之情。他决定迎难而上，回国投身药学事业，克服重重困难，终于1950年9月成功回国。这一决定彰显了他对国家和人民的无限热爱，也为中国的药学教育和研究事业注入了新的活力。

3. 药学事业的倾情奉献 彭司勋不仅在药学教育方面取得卓越成就，还在药物研发领域取得了重要突破。他是我国化学制药、药物化学专业的创建者之一，主编的《药物化学》教材被评为国家优秀教材，为培养一代又一代优秀药学人才奠定了基础。他积极探索新药研发，特别是在心脑血管领域取得多项成果，发现的心血管活性物质为我国的医药研究作出了重要贡献。

4. 培养人才，传承药学精髓 彭司勋将培养药学人才视为己任，他对学生的关心和教导深深影响了一代又一代药学学子。他的课程备课充分，讲授深入浅出，引导学生思考和解决问题。他不仅在教育上耕耘，还在生活上关心学生，帮助贫困学生，培养了一批优秀的药学人才，为我国药学事业的蓬勃发展培养了宝贵人才。

5. 社会参与，建言献策 彭司勋不仅在学术领域有所成就，还积极参与国家政治建设。他加入了九三学社，担任政协委员等职务，为国家的发展和决策提供了宝贵意见。他关心国家药品安全，提出实行药品专营，确保人民用药安全等建议，充分展现了他的爱国情怀和社会责任。

6. 传世之功，永不磨灭 2018年12月9日，彭司勋因病去世，享年100岁。他的一生充满了对国家和药学事业的深切热爱，他的贡献将永远铭记在人们心中。彭司勋是我国药学界的"一代宗师"，他的敬业精神、爱国情怀和创新思维将继续激励着后人，为我国的医药事业作出更大的贡献。

第三节 药理学研究内容

药理学主要以药物或毒物处理后的机体为研究对象，其研究内容包括药效学、药代动力学，以及药物毒理学和临床合理用药，为防治疾病提供基本理论、基本知识和科学的思维方法。

一、药效学

药效学主要研究药物和机体（包括病原体）的相互作用及其规律，以及临床用途和不良反应。

（一）药物的基本作用

药物作用（drug action）是指药物与机体组织间的初始作用。这种初始作用具有特异性及对不同脏器的选择性，如阿托品（atropine）能特异性阻断 M 受体而对 N 受体及其他受体不敏感；M 受体主要分布于腺体、眼、平滑肌、心脏及中枢神经系统等，所以阿托品表现出来的效应是对这些器官或系统具有选择性，而对其他器官的作用很弱。

药理效应（pharmacological effect）是药物作用的结果，是机体对药物的反应，其表现形式有两种：兴奋（excitation），即机体功能的增强；抑制（inhibition），即麻痹，机体功能的减弱，包括过度兴奋导致的衰竭。有些药物对不同的器官组织，可产生性质完全相反的效应。例如，阿托品通过阻断 M 受体，在常规治疗剂量下对腺体分泌表现为抑制效应而对呼吸中枢表现为兴奋效应，但大剂量下，中枢可由兴奋状态转而形成抑制状态，甚至表现为昏迷及呼吸麻痹的效应。同时在常用剂量下，药物的药理效应有两重性，包括治疗效果和不良反应。

治疗效果（therapeutic effect）是指有利于改变患者生理、生化功能或病理过程，使患者机体恢复正常或有利于患者康复的药理效应，简称疗效。按治疗目的可将治疗效果分为对因治疗和对症治疗。对因治疗（etiological treatment）是针对病因的治疗，也称治本，其用药目的在于消除原发致病因子，彻底治愈疾病。例如，由于链球菌、破伤风杆菌、淋球菌感染所致疾病，可用青霉素来治疗，因为青霉素可以杀死链球菌、破伤风杆菌、淋球菌等细菌；重金属中毒可用金属配位剂（如二巯基丙醇）来解救，因为金属配位剂通过配位而消除了重金属；缺铁性贫血补充铁剂后可治疗该贫血。对症治疗（symptomatic treatment）是用药物改善疾病症状，缓解病情挽救患者生命，但不能消除病因，也称治标。在临床上，有很多疾病至今没有找到病因，只能进行对症治疗，缓解病痛或急性症状，并且长期如此，但有时候对症治疗可能转为另一种疾病的对因治疗。

例如，休克是机体遭受强烈的致病因素侵袭后，由于有效循环血容量锐减，组织血流灌注广泛、持续、显著减少，导致全身微循环功能不良，表现为重要器官严重障碍的综合征，严重危及患者生命。过敏性休克主要导致循环和呼吸功能减弱或衰竭，可立即皮下注射盐酸肾上腺素，尽早静脉注射糖皮质激素来缓解症状，静脉滴注葡萄糖盐水以补充能量及调节水、电解质平衡，给予氧气吸入以改善缺氧症状等，这些治疗措施都是针对休克症状的对症治疗。同时，立即停止使用或清除引起过敏反应的物质，即为对因治疗。对于剧痛引起的休克，我们首先也需要采取休克的治疗措施，同时用镇痛药缓解剧痛，这些治疗都是对症治疗。但是，剧痛是休克的原因，所以缓解剧痛是治疗休克的对因治疗。

在疾病治疗过程中，一般情况下可遵循"急则治其标，缓则治其本"的原则。药物的不良反应（adverse reaction）是不符合用药目的，给患者带来痛苦的药理效应，是药物固有效应的延伸，也可因剂量增大而引起，常可预知但不一定可避免，一般停药后可以自行恢复。药物的不良反应包括副作用（side effect）、毒性反应（toxic reaction）、后遗效应（residual effect）、停药反应（withdrawal reaction）、变态反应（allergic reaction）、特异质反应（idiosyncratic reaction）等。副作用是在治疗过程中使用治疗剂量时出现的与治疗无关的效应。它是药物所固有的，给患者带来痛苦或不适，一般比较轻微，是可以恢复的功能性的改变。副作用的药理学基础是药物对组织器官的选择性低，作用范围广。

例如，阿托品对腺体、眼、平滑肌、心脏及中枢神经系统等都具有作用。在治疗流涎症时能及时减少唾液的分泌而缓解流涎症状，这就说明阿托品对流涎症具有疗效。但同时阿托品可能转运到其他器官和系统而抑制其 M 受体，如抑制汗腺而表现为皮肤干燥、抑制肠道蠕动而表现为便秘、抑制膀胱逼尿肌收缩而表现为小便困难、抑制窦房结及房室束 M 受体而表现为心悸及心律失常等，这些效应与治疗流涎症的目的无关且给患者带来痛苦，故这些效应是阿托品治疗流涎症时的副作用。副作用还可以随治疗目的的改变而变化，如肠道痉挛时可用阿托品治疗，这时阿托品对肠道蠕动的抑制就不再是副作用了，而其减少唾液的分泌则变成导致口干的副作用。由药物的副作用转为新疾病的治疗作用，称老药新用，如阿司匹林、沙利度胺、氯喹等药物的老药新用。

（二）剂量与效应的关系

药理效应与剂量在一定范围内成正比，这就是剂量与效应关系（dose-effect relationship，简称量效关系）。例如，内源性的乙酰胆碱（acetylcholine，ACh）能激活肠道平滑肌的 M 受体，促进肠道收缩且随剂量的增加而收缩增强。

如图 5-1 所示，以效应强度为纵坐标、药物剂量或血药浓度为横坐标作图，则得量效曲线（dose-effect curve）。

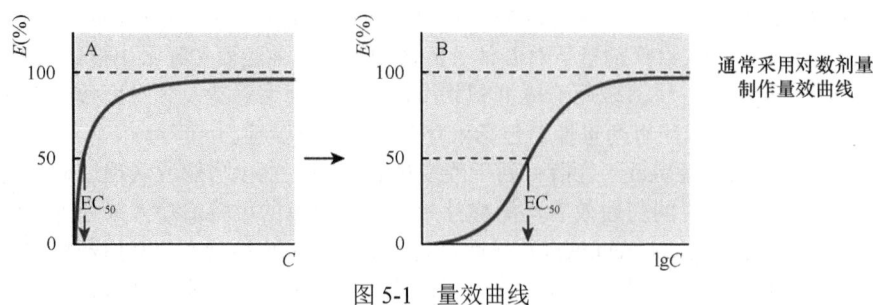

图 5-1　量效曲线

由于个体的年龄、性别、机体状况、遗传、种族等差异的存在，临床实践中常常发现，同样剂量的药物用于同种疾病的不同患者，其疗效往往相差很大，有的表现为药到病除，恰到好处；有的疗效一般，病况稍见好转；有的却疗效不好。其副作用表现也不一样，有的几乎无副作用或轻微；有的表现为严重中毒。例如，苯妥英钠可治疗惊厥和心律失常，用常用量治疗时，对有的人无疗效，而对有的人却导致严重中毒。检测发现苯妥英钠血药浓度变动较大，无疗效的人低到只有 2mg/L，中毒的人却高达 50mg/L，而其有效血药浓度为 10～20mg/L。这就意味着给药后进入全身血液循环的药量存在差异，由此引入药物的生物利用度概念。生物利用度（bioavailability，F）是指药物经血管外途径给药后吸收进入全身血液循环的相对量，即生物利用度等于进入体内药物总量与给药量的比值。由于不同个体对不同药物的生物利用度不同，药物的血药浓度能更准确地反映其药理效应。

血药浓度（blood drug level）是指药物吸收后在血浆内的浓度，包括在血浆中以游离型式存在的、与血浆蛋白结合的或泛指在全血中的药物浓度。药物作用的强度与在血浆游离的药物浓度成正比。一些有条件的医院对患者除掌握药物的剂量和给药的次数以外，还常常测定血药浓度，以便指导临床选择适合不同个体的最佳治疗方案和最合适的治疗剂量。药理效应按性质可以分为量反应和质反应两种情况。效应的强弱呈连续增减的变化，可用具体数量或最大反应的百分率表示者称为量反应（graded response）。

从量反应的量效曲线可以看出下列几个特定位点：最小有效量（minimum effective dose，ED_{min}）或最低有效浓度（minimum effective concentration，EC_{min}），即刚能引起效应的最小药量或最低药物浓度，亦称阈剂量或阈浓度（threshold dose/concentration）。随着剂量或浓度的增加，效应也增强，当效应增强到一定程度后，若继续增加药物浓度或剂量而其效应不再继续增强，这一药理效应的极限称效能（efficacy），也称最大效应（maximal effect，E_{max}），它反映的是药物内在活性的大小。高效能药物所产生的效能是低效能药物无论多大剂量也无法产生的。例如，吗啡可以用于缓解剧痛，而阿司匹林只能缓解钝痛，即使增加阿司匹林的剂量也不能缓解剧痛，这是因为吗啡在镇痛方面的效能远高于阿司匹林。

半数效应浓度（median effective concentration，EC_{50}）是指能引起 50% 的最大效应的浓度。最大效应浓度（maximal effective concentration，EC_{max}），也称极量，是指引起最大效应而不发生中毒的浓度。治疗量指药物的常用量，是临床常用的有效剂量范围，一般为介于最小有效量和极量的量。

效价强度（potency）是指能引起等效反应（一般采用 50% 效应量）的药物相对浓度或剂量，其值越小则效价强度越大，是反映药物与受体亲和力大小的指标。例如，吗啡 10mg 的镇痛效应与哌替啶 100mg 的镇痛效应相当，说明吗啡的效价强度为哌替啶的 10 倍。药物的最大效应与效价强度含义完全不同，二者并不平行。

例如，呋塞米、氢氯噻嗪、环戊噻嗪、氯噻嗪等四种利尿药中，呋塞米的利尿作用最强，利尿效能也最大，其他三种利尿药的效能差不多，故其利尿作用相当；达到一定量的利尿作用所使用的药量依次增加的顺序为环戊噻嗪、氢氯噻嗪、呋塞米、氯噻嗪，说明这些利尿药的效价强度依次减小。如果药理效应不是随着药物剂量或浓度的增减呈连续性量的变化，而是表现为反应性质的变化，那么这种药理效应则称为质反应（qualitative response）。质反应以阳性或阴性、全或无的方式表现，如死亡与生存、惊厥与不惊厥等，其研究对象为一个群体。半数有效量（median effective dose，ED_{50}）是能引起 50% 的实验动物出现阳性反应时的药物剂量；如效应为中毒，则称为半数中毒量（median toxic dose，TD_{50}）；如效应为死亡，则称为半数致死量（median lethal dose，LD_{50}）。治疗指数（therapeutic index，TI）是用以表示药物的安全性的参数，常用药物的 LD_{50}/ED_{50} 值表示，治疗指数大的药物相对安全。有时药物的治疗效应的量效曲线与效应或致死效应的量效曲线首尾重叠，即 ED_{99} 可大于 LD_1 或 TD_1，这就意味该药物并不安全。于是引入可靠安全系数（certain safety factor，CSF）的概念，即 $CSF = LD_1/ED_{99}$，其值越大则越安全。药物浓度太低不产生治疗效应，浓度太高则产生难以耐受的毒性，在这两个浓度之间限定一个合理治疗区域,该浓度区域常称为药物治疗窗(therapeutic window)或治疗范围。例如,地高辛成人口服的维持量为 0.125~0.25mg/d,过低可能无效而过高可能中毒。

(三)药物的作用机制

人们对药物作用机制的认识不是一成不变的理论,而是不断发展、逐渐完善的。药物可通过多方面机制产生药理效应,包括改变细胞周围环境的理化性质,影响细胞物质代谢和转运,递质释放,激素分泌,作用于特定靶点受体、酶、离子通道、载体、核酸和基因,影响免疫功能及非特异性作用等。其中,药物作用于受体方面的机制涉及较广,阐述也较清楚。受体(receptor)是一类存在于细胞膜、质或核中,能识别周围环境中某些微量化学物质和通过细胞信号传递信息,产生特定的生理生化效应的功能蛋白质。受体具有高灵敏性、特异性、饱和性、可逆性、多样性、可调性及竞争性等特点。根据蛋白质结构、信息传导过程、效应性质、受体位置等特点,受体可分为配体门控离子通道受体(ligand-gated ion channel receptor),如烟碱型胆碱受体(N受体);鸟嘌呤核苷酸结合蛋白偶联受体(G蛋白偶联受体,G protein-coupled receptor,GPCR),如毒蕈碱型胆碱受体(M受体)、α受体和β受体、多巴胺受体、阿片受体、组胺受体、γ氨基丁酸受体、血管紧张素Ⅱ(AngⅡ)受体、5-羟色胺(5-HT)受体等;酪氨酸激酶受体(tyrosine kinase-linked receptor),如胰岛素受体;细胞内受体(intracellular receptor),如类固醇激素受体、甲状腺素受体等。

配体(ligand)是能与受体特异性结合的物质,分为内源性配体和外源性配体。内源性配体(endogenous ligand)包括神经递质(neurotransmitter)、激素(hormone)、自体活性物质等,外源性配体(exogenous ligand)可以是药物或其他物质。

药物与受体具有一定的结合能力,称为药物对受体的亲和力(affinity),其单位为 mol。药物与受体结合后具有的激活受体产生效应的能力,称为药物的内在活性(intrinsic activity,α),其值为 $0 \leq α \leq 1$。根据药物的亲和力和内在活性,可将药物分为激动药与拮抗药,包括完全激动药(full agonist)、部分激动药(partial agonist)、竞争性拮抗药(competitive antagonist)、非竞争性拮抗药(noncompetitive antagonist)。

细胞信号转导是指细胞通过胞膜或胞内受体感受信息分子的刺激,经细胞内信号转导系统转换,从而影响细胞生物学功能的过程。物理刺激及化学信号包括多肽类激素、神经递质、细胞因子、药物等细胞外信息刺激因子,我们称为第一信使;第一信使作用于受体后,诱导产生的一些细胞内化学物质,如环腺苷酸(cAMP)、环鸟苷酸(cGMP)、氨基酸(AA)、二酰甘油(DAG)、三磷酸肌醇(IP_3)、NO、Ca^{2+} 等,可作为细胞内信号的传递物质,将信号进一步传递至下游的信号转导蛋白,故称为第二信使。最近有学者提出第三信使,即负责细胞核内外信息传递的物质,包括细胞受刺激而产生的生长因子、转化因子、癌基因产物等,主要参与基因调控、细胞增殖和分化及肿瘤的形成等过程。在细胞信号转导通路中,G蛋白偶联受体是一种最具有代表意义的信号转导受体,G蛋白偶联受体及其所介导的信息转导途径在人体中发挥着至关重要的作用。

二、药代动力学

药代动力学(pharmacokinetics,PK)主要研究药物的体内过程及体内药物浓度随时间变化的规律。

(一)药物的体内过程

药物的体内过程包括吸收(absorption)、分布(distribution)、代谢(metabolism)与排泄(excretion),简称ADME。ADME影响着药物的起效时间、效应强度和持续时间。吸收、分布与排泄涉及药物在机体中的转运,都属于生物转运。药物分子的生物转运都要通过细胞膜,绝大多数药物通过简单扩散(simple diffusion)的方式进行转运。简单扩散是指非极性药物分子溶于细胞膜的脂质层，顺浓度差通过细胞膜的方式，是药物转运最常见、最重要的形式，受药物解离度及体液酸碱度等多种因素影响，如苯巴比妥的生物转运主要是简单扩散方式。药物在体内虽然不一定集中分布于靶器官，但在分布达到平衡后的药理效应强弱与药物血浆浓度成正比。代谢是药物经酶的催化或其他作用使药物化学结构发生改变，故又称生物转化（biotransformation）。代谢与排泄都降低药物在体内的含量和浓度，故统称为消除（elimination）。

药物代谢的主要器官是肝脏，胃肠道、肺、皮肤、肾等也有部分代谢功能。药物通过代谢后可能失活，也可能活化或者毒性增强，如吗啡可在肝脏代谢，生成吗啡-6-葡萄糖醛酸，其活性比吗啡强。药物可以原型或代谢产物通过排泄器官或分泌器官排出体外。

药物主要的排泄途径是肾脏，也可通过消化道、肺、汗腺、乳汁等排出体外，如吗啡大部分通过肾脏排泄，少量通过乳汁和胆汁排泄。机体对药物的消除有两种基本方式：一种是在单位时间内消除的药物的百分率不变，称恒比消除；另一种是在单位时间内消除的药物的量不变，称恒量消除，通常是因为药物在体内的消除能力达到饱和所致。例如，乙醇的血药浓度超过一定量时，先进行恒量消除，再进行恒比消除。

（二）体内药物的时间-药量关系

体内血药浓度随时间而变化的过程，称为时间-药量关系（time-concentration relationship，简称时量关系）。以给药后血药浓度为纵坐标、时间为横坐标作图，即可获得时量曲线。

药物的效应随时间而变化的过程，称为药物的时效关系（time-response relationship）。大多数情况下由于量效关系基本固定，所以在达到"平衡"后时量曲线和时效曲线平行一致。

整体动物单次口服给药的时量曲线在峰值浓度（C_{max}）前是以吸收为主的吸收相；在达峰时间（T_{max}）后是以消除为主的消除相。药物的经时过程分为潜伏期、持续期和残留期。稳态浓度（steady state concentration，C_{ss}）是指经过多次给药后，药物从体内消除的量与进入体内的量相等时的血药浓度。临床上，多次间歇给药或持续滴注的目的是使血药浓度到达 C_{ss} 并维持在有效血药浓度范围内。多次给药后血药浓度达到 C_{ss} 的时间仅取决于药物的消除半衰期（half life，$t_{1/2}$）。

一般来说，药物在剂量和给药间隔时间不变时，经 4～5 个半衰期可分别达到 C_{ss} 的 94% 和 97%。增加给药频率或提高给药剂量均不能使 C_{ss} 提前达到，而只能改变体内药物总量（即提高 C_{ss} 水平）或峰浓度（peak concentration，C_{max}）与谷浓度（minimum concentration，C_{min}）之差。我们可以利用药动学规律，科学计算药物维持剂量（maintenance dose）以达到所需的 C_{ss} 并掌握药效的强弱和持续时间。

三、药物毒理学

毒理学（toxicology）是一门研究外源因素（化学、物理、生物因素）对生物机体的损害作用及其作用机制的科学。经典的毒理学是从医学角度研究化学物质对生物机体的毒性反应和毒性作用机制，为确定化学物质安全限值和采取防治措施提供科学依据的一门学科。

现代毒理学与众多学科交叉渗透，研究范畴不断充实，成为一门重要的学科并形成若干分支。从研究内容上，毒理学可分为描述毒理学、机制毒理学和管理毒理学。从应用角度，毒理学可分为食品毒理学、工业毒理学、农药毒理学、军事毒理学、放射毒理学、环境毒理学、生态毒理学等。从研究领域方面，毒理学可分为药物毒理学、环境毒理学、食品毒理学、工业毒理学、临床毒理学、法医毒理学、分析毒理学、军事毒理学、管理毒理学等。从研究的靶器官或系统上，毒理学可分为器官毒理学、肝脏毒理学、肾脏毒理学、眼毒理学、耳毒理学、神经毒理学、生殖毒理学、免疫毒理学等。

药物毒理学（drug toxicology）是根据药物的理化特性，运用毒理学的原理和方法，对药物进行全面系统的安全性评价并阐明其毒性作用机制，以便降低药物对人类健康危害程度的一门学科。

药物毒理学的研究内容包括药物对机体的毒性作用及相关机制,即药物毒效动力学;也研究机体对产生毒性作用的药物的处置动态变化及规律,即药物毒代动力学。学科的主要目的在于指导临床合理用药,降低药物不良反应及减少因药物毒性导致的新药开发失败。

近年来,分子生物学、细胞生物学、系统生物学等前沿学科及相关技术,特别是基因组学、蛋白质组学和代谢组学的飞速发展赋予了药物毒理学新的发展契机,使之经历了研究思路、方法、技术和理念的巨大转变,从而真正实现了其从器官、组织水平向分子、基因水平的飞跃。药物的使用给人类带来了极大的益处,但也造成了意想不到的伤害。特别是对化学药物的盲目依赖和滥用,已造成了许多不应有的悲剧并引起世界各国对药物毒害反应的高度重视。

例如,砷制剂治疗梅毒可引起黄疸;沙利度胺(反应停)造成了婴儿海豹肢畸形;普拉洛尔引起眼-皮肤-黏膜综合征;异维A酸导致婴儿心脏畸形;服用过量马兜铃可导致马兜铃酸性肾病并引发肾癌;西立伐他汀可引起横纹肌溶解;阿司匹林久服可引起胃肠道出血、胃溃疡及缺铁性贫血等事件。这些事件引起了学术界的重视,如荷兰1972年出版了第一部专著《药源性疾病》,也使各国政府及药企更加重视新药非临床研究质量管理规范、新药临床前安全性评价、新药研发早期毒性快速评估、临床人体安全性评价、临床合理用药等,并制定或多次修改相应法规和细则。

四、合理用药

合理用药(rational use of drug,RUD)是指以当代系统的医学、药学、管理学的知识和理论为基础,根据疾病种类、患者状况和药理学理论,选择最佳的药物及其制剂、制订或调整给药方案,使药物治疗符合安全、有效、经济等基本要求。

药物是人类防治疾病,维护自身健康,保持生命延续的物质基础。迄今为止,在疾病的治疗中,绝大部分疗效是通过药物获得的。药物是社会发展必不可少的宝贵资源,但其实际种类数量十分有限,远远不能满足人类日益增长的卫生保健需求,必须正确选用、合理配伍药物资源,发掘现有药品的作用潜力,提高使用效率。另外,药物作用的两面性使人们在使用药物时不能完全有益无害。实际上,临床用药存在不合理用药现象。我们必须正视临床不合理用药的现状,探究影响合理用药的因素,分析产生临床不合理用药的原因,然后有针对性地寻求解决的办法,加强对药物使用权限、过程和结果的监管,力求应用得当,趋利避害。例如,在服用甲硝唑、呋喃唑酮、甲苯磺丁脲、氯磺丙脲及一些具有甲硫四氮唑侧链的头孢菌素(如头孢美唑、头孢孟多、头孢哌酮、头孢甲肟、头孢替安、拉氧头孢等)等药物期间,如果饮酒或接触乙醇,可引起胸闷、口唇发绀、呼吸困难、面部潮红、头痛、恶心、呕吐、腹部痉挛、血压下降等症状,甚至发生过敏性休克,这些反应称双硫仑样反应(disulfiram-like reaction)。

双硫仑样反应又称酒醉貌反应,1920年左右人们发现橡胶轮胎生产企业的某些工人整天醉醺醺的,竟然酒后上岗。1948年,丹麦哥本哈根的医生Jacobsen把原本用作橡胶硫化催化剂的双硫仑用到了自己的身体上,然后观察发现喝了一点酒的自己居然出现了颜面潮红、头痛、腹痛、出汗、心悸甚至呼吸困难等症状。之后,双硫仑被开发成戒酒的药物,令嗜酒者不再思饮酒而达到戒酒的目的,成为那些慢性酒瘾症的酒精替代品。双硫仑样反应的产生机制是乙醛脱氢酶被双硫仑等药物抑制后,阻挠乙醇的正常代谢,致使摄入少量乙醇也可引起乙醛蓄积而中毒的反应。乙醇在体内肝细胞的代谢过程如下:乙醇被乙醇脱氢酶氧化为乙醛,乙醛经过乙醛脱氢酶的作用氧化为乙酸和乙醛酶A,乙酸进一步代谢为二氧化碳和水排出体外。人体服用某些药物尤其是含有硫甲基四氮唑基团的头孢类抗生素,同时又喝了含乙醇的饮品或输液制剂中含有乙醇溶媒,包括皮肤接触吸收乙醇,都会导致体内肝细胞线粒体内乙醛脱氢酶的活性被抑制而导致乙醛蓄积,出现双硫仑样反应。藿香正气水、十滴水、正骨水都含有一定量的乙醇,所以在服用这些药物时也应避免服用头孢类药物。

1985年,世界卫生组织(World Health Organization,WHO)在内罗毕会议上指出,用药通常包括诊断、处方、标示、包装、分发及患者遵嘱治疗的整个过程,而合理用药应包含安全、有效、经济、适当4个基本要素。安全性是合理用药的首要条件,根据患者的病情及年龄、性别、病情缓急、生理状态和用药目的与药物性质,合理选用给药途径和给药方案,以最小的风险获得最大的治疗效果。有效性是使用药物的关键,临床上不同药物有效性的表现可以是根治致病源治愈疾病、延缓疾病进程、缓解临床症状、预防疾病发生;避免某种不良反应、调节生理功能。经济性指性价比高,减轻患者及社会的经济负担。适当性包括适当的药物、患者、剂量、时间、疗程、途径和治疗目标。1997年,WHO进一步制定了生物医学标准,包括用药指征适宜,药物正确无误,药品调配与提供用药信息无误,剂量、用法、疗程妥当,药物的疗效、安全性、使用、价格对患者适宜,用药对象适宜、无禁忌证、不良反应小,患者遵从医嘱情况良好等。药理学的学习可为临床合理用药、防治疾病提供基本理论、知识和科学的思维方法。

例如,通过临床诊断确定疾病症状和病因后,通过药物作用机制的知识理论来选择相应药物以改善疾病的症状、缓解病情或消除疾病的致病因素,以药物的量效关系为指导选择相应药物以改善疾病的症状、缓解病情或消除疾病的致病因素,以药物的量效关系为指导选择相应的剂量;通过药代动力学知识理论可指导用药的频率及疗程;通过对患者特殊情况的了解,选择对其不良反应较小的药物等。药理学不仅在临床及临床前研究中是关键环节,在临床用药中也是重要部分。

第四节 新时代药理学研究现状及发展趋势

现代药理学是一门综合性的学科,涉及生物化学、分子生物学、生理学、生物物理学、神经科学、计算机科学等多个学科的知识和技术,以研究药物的作用机制、药效学、毒理学等为主要内容。在新时代,药理学研究得到了广泛的关注和发展。以下是当前药理学研究的主要现状和发展趋势。

一、药物作用机制的深入研究

药物作用机制是药理学研究的核心内容之一,随着生命科学技术的不断发展,药物作用机制的研究也逐渐深入。例如,蛋白质组学技术的发展使得研究人员可以更加全面地研究药物与生物分子的相互作用,从而揭示药物作用的分子机制。另外,基因编辑技术的出现也使得研究人员可以更加精准地研究特定基因与药物作用之间的关系,从而进一步深化对药物作用机制的理解。

药物分子设计与合成的进步。随着计算机技术的发展,药物分子设计与合成的效率得到了极大的提高。例如,计算机辅助药物设计技术可以根据目标蛋白的结构信息快速预测药物分子的理化性质,从而快速筛选出具有良好生物活性的药物分子候选物。同时,化学合成技术的不断进步也使得研究人员可以更加高效地合成出目标化合物,从而提高了药物研发的效率。

个性化药物治疗的兴起。随着基因组学和生物信息学技术的发展,人们对于药物治疗的需求越来越个性化。例如,基因检测技术可以帮助医生判断患者是否适合某种药物治疗,从而提高药物治疗的效果和安全性。另外,精准医学的发展也使得研究人员可以更加精准地制订个性化药物治疗方案,从而提高治疗的效果。

药理学研究在新时代得到了快速发展,药物作用机制的深入研究、药物分子设计与合成的进步及个性化药物治疗的兴起等趋势也将进一步推动药理学研究的发展

二、个体化药理学的发展

随着基因组学和药代动力学等技术的发展,个体化药理学正在成为一个热门研究领域。该领域关注个体间药物反应的差异,探索个体化用药策略,并为开发新型药物提供新思路。

个体化药理学是指将个体的基因组信息、代谢功能、药物敏感性等因素纳入药物治疗过程中

的应用。它的发展是为了提高药物治疗效果，减少药物不良反应，从而实现精准医疗。

随着技术的不断进步，如基因组学、蛋白质组学、代谢组学等技术的出现和普及，个体化药理学得以快速发展。这些技术可以对个体的基因型、表型、代谢组分析等进行细致分析，为药物的个体化治疗提供了有力的支持。

当前，个体化药理学已经在临床上得到广泛应用，如基因检测可以帮助医生选择最佳的药物治疗方案；代谢组学可以帮助医生预测药物代谢途径和不良反应风险，从而进行个性化调整；蛋白质组学可以帮助医生了解药物的作用机制和靶点。

未来，个体化药理学的发展将更加深入。例如，人工智能技术的应用将为药物治疗提供更准确的预测和指导；基因编辑技术将为治疗遗传性疾病提供更好的选择。个体化药理学的不断发展将为药物治疗带来更好的效果，为实现精准医疗打下坚实的基础。

三、药物再利用的研究

药物再利用是指已经被批准上市的药物在其他疾病治疗上的再利用。随着对药物作用机制的深入研究和个体化药理学的发展，药物再利用已成为药理学研究的重要方向之一。

药物再利用是指已有的某些药物，在经过一定的药代动力学和药效学研究之后，再用于治疗其他疾病的一种策略。药物再利用可以减少新药研发的成本和时间，提高治疗效果，同时也有助于减少药物的不良反应和副作用。

近年来，药物再利用受到了越来越多的关注和研究。通过大规模的数据库挖掘和数据分析，研究人员可以发现已有药物在治疗其他疾病方面的潜在作用，同时还可以对药物的安全性和药代动力学进行预测与评估。药物再利用的研究不仅可以加速新药研发的过程，还可以为既有药物的治疗领域拓展提供新思路和方向。

然而，药物再利用也存在着一些挑战和难点。首先，需要对药物的作用机制和药效进行深入的研究与分析，以确定其在治疗其他疾病方面的潜在作用。其次，需要对药物的药代动力学和安全性进行充分的评估，以确保其在治疗其他疾病时的有效性和安全性。最后，需要考虑到药物再利用可能存在的知识产权和商业化问题，以保障研究人员和企业的合法权益。

因此，药物再利用的研究是一个复杂而多方面的领域，需要在药理学、临床医学、药学等多个学科领域进行深入研究和探索。

四、新型药物的开发

随着生命科学技术的不断发展，包括基因治疗、干细胞治疗、免疫治疗等新型药物的开发逐渐成为药理学研究的热点。新型药物的开发是药理学的一个重要研究方向。随着生命科学技术的不断发展，药理学的研究方法和技术手段也在不断更新与改进，为新型药物的开发提供了更多的可能性。

目前，新型药物的开发主要包括以下几个方向。

（1）靶向治疗：靶向治疗是指通过药物作用于特定分子或细胞表面的受体或信号传导通路，以达到治疗疾病的目的。靶向治疗的发展可以避免传统药物的不良反应，提高治疗效果，已成为新型药物开发的重要方向之一。

（2）基因治疗：基因治疗是指通过转移、修补或替换异常基因来治疗疾病。随着基因编辑技术和基因传递技术的不断发展，基因治疗已成为新型药物开发的热点领域之一。

（3）仿生药物：仿生药物是指通过模仿生物大分子的结构和功能来设计及合成的新型药物。这类药物具有生物大分子的高度特异性和生物活性，已成为新型药物开发的重要方向之一。

（4）免疫治疗：免疫治疗是指利用免疫系统的反应特点来治疗疾病，包括单克隆抗体、免疫调节剂、癌症免疫治疗等，已成为新型药物开发的热点领域之一。

（5）个性化药物：个性化药物是指基于个体基因和代谢特征来设计和应用药物的新型药物。个性化药物可以提高治疗效果，减少不良反应，已成为新型药物开发的重要方向之一。

总之，随着药理学的发展和技术的不断进步，新型药物的开发正朝着更加精准、有效、安全的方向不断发展。

思 考 题

1. 什么是药理学？
2. 药理学研究的主要内容有哪些？
3. 药物作用规律有哪些？
4. 药理学的发展历程如何反映了人类对药物和治疗的认知与需求的演变？从古代的经验性治疗到现代的科学实验和分子层面的研究，药理学如何不断进步以满足医疗领域的需求？
5. 药理学的多个分支学科和研究方法如何相互交织和促进彼此的发展？举例说明不同分支学科如何应用于不同领域，以改善药物治疗的效果和安全性。
6. 在合理用药方面，如何平衡药物的治疗效应与不良反应之间的关系？有什么策略或方法可以帮助医生和患者作出更明智的用药决策，以确保患者的安全和疾病的有效治疗？
7. 药物的效价强度和药物的最大效应之间的关系是怎样影响临床治疗选择的？举例说明高效能药物和低效能药物在不同治疗情境下的应用，以及这种选择如何影响患者的治疗结果和不良反应。
8. 在药理学研究中，个性化药物治疗的兴起和发展对患者和医疗体系有何潜在影响？这一趋势可能如何改变药物研发和医疗实践的现状？
9. 药物再利用作为一种策略，如何平衡药物作用机制的深入研究、药代动力学和安全性评估，以及知识产权和商业化问题？这个领域的研究和实践可能会如何塑造未来的药物开发和治疗方法？

（胡　航）

第六章　药物分析学

学习目标
1. 掌握：药物分析的定义、研究内容、性质和任务。
2. 熟悉：药品的质量管理规范和药品质量标准、国家药品标准、《中国药典》和主要国外药典。
3. 了解：药物分析的发展概况和相关文献。

药物分析学的主要任务是根据药品质量标准及药品生产质量管理规范（GMP）的有关规定，采用各种有效分析方法，进行药品质量检验、药物生产过程的质量控制、药物储存过程的质量考察和临床药物分析，从各个环节全面控制与提高药品质量，保证用药的安全有效。因此，摆在药物分析学科和药物分析工作者面前的迫切任务，不仅仅是静态的常规检验，而是要深入工艺流程、反应过程、生物体内代谢过程和综合评价的动态分析研究中去。药物分析应该采取更加灵敏、专属、准确和快速的分析方法，力求向自动化、最优化和智能化方向发展，促使药物质量控制研究达到新的水平。具体来说，药物分析学的主要任务包括药物化学分析、药物定量分析和药物质量控制。药物化学分析研究药物的化学成分及其结构，以及药物中杂质的鉴定和分离。药物定量分析研究药物的含量测定方法，包括物理、化学、生物学等各种方法。药物质量控制研究药物制剂的物理、化学和生物学特性，并制定质量标准和检验方法，以保证药物的质量和疗效。

总之，药物分析学是药学的重要分支之一，主要研究药物化学分析、药物定量分析和药物质量控制等方面的内容。它是药物研发、生产和质量监管过程中不可或缺的环节。药物分析学的任务就是对药物进行全面的分析研究，确立药物的质量规律，建立合理有效的药物质量控制方法和标准，保证药品的质量稳定与可控，保障药品使用的安全、有效和合理，为人类健康和生命安全需求服务。

第一节　药物分析的性质和任务

一、药物分析的定义

药物分析（pharmaceutical analysis）是运用物理、化学、物理化学或生物化学等方法和技术的分析测定手段，发展药物的分析方法，研究药物的质量规律，对药物进行全面检验与质量控制的一门学科，是药学学科领域的一个重要组成部分。哪里有药物，哪里就有药物分析。可以说药物分析是研究和发展药品质量控制的"方法学科"和"眼睛学科"。

药物分析研究的对象是化学结构已经明确的合成药物或天然药物及其制剂，也包括中药制剂和生物药物及其制剂，如中药材、中药饮片、中成药、化学原料药及其制剂、抗生素、生化药品、放射性药品、血清、疫苗、血液制品和诊断试剂等。辅料是指生产药品和调配处方时所用的赋形剂和附加剂，也是药物分析研究的对象之一。

二、药物分析的研究内容与研究方向

（一）药物分析的研究内容

药物分析研究的主要内容：①药物的结构鉴定、质量研究与稳定性研究，为药品质量标准制定提供方法与数据基础；②药物的在线监测与分析技术的研究，为药品生产过程的动态质量监控

提供技术支持与保障;③药物在动物或人体内(包括血液、尿液、脏器组织等)浓度分析方法的研究,为药物的临床前或临床药动学研究、临床治疗药物监测及药物滥用监测提供方法与数据基础。下面以阿司匹林(aspirin)的分析为例说明药物分析的研究内容。

阿司匹林是一种历史悠久的典型的解热镇痛药,可用于治疗感冒、发热、头痛、牙痛、关节痛、风湿病,还能抑制血小板聚集,用于预防和治疗缺血性心脏病、心绞痛、心肺梗死、脑血栓形成。分析阿司匹林的结构特征,在结构特征的基础上,运用理化方法对其进行鉴别、杂质检验和含量测定。阿司匹林分子结构中含有苯环、羧基和酯键。因含有游离羧基而具有酸性;因含有酯键,在有酸或碱存在并加热时,可发生水解反应,水解产物可用于鉴别;酯键水解后的酚羟基可与三氯化铁反应而显色,可用三氯化铁反应进行鉴别;因具有苯环和羧基,其紫外-可见光谱具有一定的特征性,可用紫外-可见分光光度法进行鉴别(图6-1)。

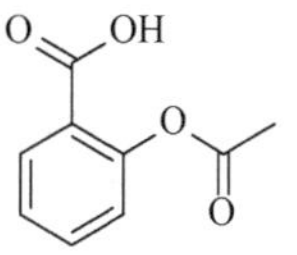

图6-1 阿司匹林结构式

阿司匹林在生产合成过程中会产生水杨酸、乙酰水杨酸酐、乙酰水杨酰水杨酸和水杨酰水杨酸等杂质,上述杂质含量超过规定的杂质限量时,临床上会有过敏性荨麻疹、哮喘、胃肠出血、鼻息肉等不良反应,所以必须控制杂质的限量。2010年版《中国药典》中记载可采用高效液相色谱法检测有关杂质,以控制这些杂质的限量。阿司匹林含有游离羧基,呈酸性,可用酸碱滴定法测定其含量;因含有苯环,可用柱色谱-紫外-可见分光光度法测定阿司匹林胶囊和栓剂的含量,采用高效液相色谱法测定阿司匹林栓剂的含量。

(二)药物分析的研究方向

21世纪,药物分析的研究方向发生重大转变,从传统的以物质成分分析为中心转移到与药物活性分析的深入结合,药物成分分析和药物活性分析贯穿新药研究的全过程。在经典的理化分析基础上,引入细胞和分子生物学分析、影像学分析、芯片分析等方法和技术,除研究传统的药物成分分析(体外分析)外,还必须强化药物活性分析方法和技术(体内分析)的研究,构建药物分析新体系,扩展药物分析的内涵。

药物分析的主要研究方向如下。

(1)化学药物和生物药物的定性和定量分析,药物质量标准的制定。

(2)药物分析中的新技术和新方法,以及其在药学和生物医学中的应用。利用拉曼光谱、稀土荧光、基因组学、代谢组学、量子化学等新方法新技术,开发药物分析新的定性和定量方法和技术。针对代谢组学研究中一些难点问题进行创新性的药物分析方法研究,建立专属、灵敏、快速的生物样品高通量分析方法。

(3)体内药物分析与药代动力学研究。开展创新药物相关的药代动力学基础理论与新方法研究;药物代谢产物结构的快速鉴定研究;建立基于UPLC-MS、UPLC-MS/MS、HPLC-UV和GC-FID等多种分析检测技术整合的代谢组学分析平台。

(4)中药分析和新药开发研究。采用现代分析分离技术建立中药及其制剂的定性定量分析方法,探讨中药的化学组成及药效物质基础。开展中药代谢组学检测方法的关键技术研究,应用代谢组学的策略研究药物活性成分及其作用机制,进行中药药效物质组学的研究。

三、药物分析的研究任务

(一)药物分析在创新药物研究与开发中的应用

创新药物研究和开发是药学的重要任务,需要经过临床前研究、临床试验、申请生产和批准上市(与再评价)四个阶段。药物分析已经深入新药研发的各个阶段,包括新药的结构分析鉴定、含量测定和代谢物分析方法的建立,新药杂质结构的鉴定和分析方法的建立,新药的药理与毒理、药物制剂工艺、药物质量分析及稳定性等研究。通过对药物在体内吸收、分布、代谢和排泄过程的评价，保障药物使用的安全、有效和合理。所以，药物分析是药物研究与开发的重要组成部分。

（二）药物分析在药品生产过程中的应用

药品质量是否合格与其生产过程密切相关，药品生产企业必须对其生产的药品进行质量检验，不符合药品质量标准的产品不得出厂。传统的药品质量控制包括原辅料、中间体和最终产品的质量控制。例如，在化学原料药的生产过程中，对起始原料、反应液、中间体、最终产品及残留溶剂的示踪监测；在中药的生产过程中，对原药材、炮制品、提取物、成品及农药残留等所进行的跟踪考察；在生物制品（如人源单克隆抗体）的生产过程中，对细胞株、液、抗体产物、杂质及抗体活性等进行的鉴定、检查分析。在难溶性药物制剂的生产过程中，须对原料药的晶形和粒度的大小进行控制，对制剂处方工艺条件和药物的溶出度进行跟踪考察。所以，药物分析的任务应该是深入药品生产的过程，对生产过程进行全程跟踪、质量分析控制和管理，从而及时发现和解决生产过程中的质量问题，优化生产工艺，提高药品质量。

（三）药物分析在药品经营过程中的应用

药物在其流通和经营过程中，常常会受到环境因素的影响，如温度、湿度和光照等，从而引起其质量的降解和变化。在这一背景下，药物分析在药品的储运、销售和使用过程中扮演着不可或缺的重要角色。其应用不仅是为了保障药品的品质和安全，更是为了确保药品在规定的有效期限内仍然具备安全和有效的特性。

1. 质量控制与储存条件的关系 药品的质量控制与储存条件密切相关。药品的降解往往受到环境条件的影响，不恰当的储存条件可能导致药品的降解、分解或失效，进而影响其疗效。药物分析可以通过检测药品的各项指标，如含量、溶解度、物理性质等，判断药品是否符合规定的质量标准。

2. 保障药品安全与有效性 药物分析在药品经营过程中的应用，旨在保障药品的安全和有效性。通过定期对药品进行分析检验，可以及时发现药品质量的变化和降解情况，从而确保患者在使用药品时不会因药物质量问题而产生不良反应或无效治疗。

3. 有效期内的销售与使用 药物分析还有助于确定药品的有效期限。药品经过分析检验后，可以明确在规定的有效期内是否适合销售和使用。这样，患者可以放心购买并使用药品，医务人员也可以依据药品质量保障治疗的准确性和有效性。

4. 科学合理的药品管理 药物分析的应用有助于建立科学合理的药品管理体系。药品经营者可以根据药物分析的结果，制订适当的储存和运输条件，以最大程度地保护药品的质量和稳定性。同时，定期的分析检验也有助于监督药品流通环节的合规性，维护药品市场秩序。

5. 提升药品行业信誉 在严格遵守药品质量控制和储存条件的基础上，药物分析为药品行业树立了可靠的质量标杆。良好的药品质量和安全记录有助于提升药品行业的信誉和声誉，吸引更多患者和医疗机构选择优质药品。

6. 创新技术的引入 药物分析领域不断涌现出创新的分析技术，如高效液相色谱、气相色谱、质谱等。这些技术的应用使药物分析更加准确、灵敏和快速，有助于及时捕捉药品质量的变化，为药品经营提供了更强大的保障。

总之，药物分析在药品经营过程中具有不可替代的重要作用。它通过检验药品的质量、有效期和适宜储存条件，为药品的安全、有效使用提供了坚实保障。在药品行业的不断创新发展中，药物分析持续发挥着关键作用，为人类的健康提供了可靠的保障。

（四）药物分析在药品使用过程中的应用

药品在使用过程中，受到患者的多方面生理因素、病理状态及个体差异的影响，这些因素会直接影响药物在体内的行为、疗效和安全性。为了确保药物在临床治疗中的安全性、有效性以及合理性，开展药物分析监测是至关重要的。这一过程揭示了药物在体内的动态行为，从而为医生提供指导，实现个体化用药，最终达到临床用药的安全、有效和合理。

1. 个体差异的重要性　在药物治疗中，患者的个体差异极为重要。不同患者的生理因素如性别、年龄、基因型等，以及病理状态如疾病类型和程度，会导致药物的吸收、分布、代谢和排泄等过程产生差异。这些差异直接影响了药物在体内的浓度和行为，从而决定了药物的治疗效果。

2. 临床药物分析监测的意义　临床药物分析监测是通过对患者的生物样本（如血液、尿液等）进行分析，了解药物在体内的浓度和代谢情况。通过监测，可以及时发现药物的药代动力学变化，判断药物是否达到治疗的理想水平，以及是否有药物累积和过量的风险。这为医生提供了实时的治疗指导，使他们能够调整剂量、频率等，以确保药物在个体中的安全性和疗效。

3. 个体化用药的重要性　基于药物分析监测结果，医生可以实施个体化用药策略。通过了解药物在患者体内的代谢速率、排泄途径等信息，医生可以调整用药方案，以适应患者的个体差异。这种个体化用药不仅可以提高药物的疗效，还可以降低不良反应的风险，从而在治疗中取得更好的临床效果。

4. 提升临床用药的质量　药物分析监测不仅帮助医生作出个体化用药决策，还有助于评估药物的稳定性和质量。如果药物在体内的浓度变化较大，或者存在药物代谢异常，医生可以及时调整治疗方案，避免潜在的治疗失败或药物不良反应。

5. 推动药物研发与改进　临床药物分析监测还可以为药物研发和改进提供有价值的信息。通过分析监测，药物研发者可以了解药物的代谢途径、剂量反应关系等，指导药物设计和优化。此外，药物分析监测也有助于评估新药的安全性和疗效，为药物上市提供可靠的依据。

6. 治疗效果的实时反馈　药物分析监测为医生提供了治疗效果的实时反馈。通过监测药物浓度的变化，医生可以判断药物是否达到了治疗的预期效果。在治疗过程中，随时调整用药方案，确保治疗的连续性和有效性。

药物分析在药品使用过程中的应用不仅仅是为了监测药物的浓度变化，更是为了实现个体化用药、保障药物的安全性和有效性，从而提升临床用药的质量和效果。通过药物分析监测，医生可以更加精准地制定治疗方案，为患者提供更好的医疗服务。

（五）药物分析在药品监督管理中的应用

药品的质量直接关系到人民的健康和生命安全，药品的质量控制和安全保障至关重要。因此，各国政府都设有专门机构对药品的研制、生产、经营和使用进行质量与安全的指导、监督和管理工作，对药品的生产、经营和进口均实行行政许可制度。药品监督管理机构的职责是加强药品的监督管理，保证药品质量，保障人体用药的安全有效，维护人民身体健康和用药的合法权益。为完善市场监管体制，推动实施质量强国战略，营造诚实守信、公平竞争的市场环境，进一步推进市场监管综合执法、加强产品质量安全监管，国务院于 2018 年 3 月组建了国家药品监督管理局（National Medical Products Administration，NMPA），由国家市场监督管理总局管理，主要职责是负责药品、化妆品、医疗器械的注册并实施监督管理。各省、市和自治区食品药品监督管理部门负责本行政区域内的药品监督管理工作，食品药品监督管理部门下设的药品审评中心和检验机构承担药品审评和药品质量监督检查所需要的药品检验工作。

因此，药物分析是国家对药品实施药品审批、维护药品生产及使用秩序、加强市场监督管理、打击假冒伪劣药品的重要技术手段。

四、药物分析的学科地位及与其他学科的关系

药物分析是一门连接化学与生命科学并使其融为一体的交叉学科，是药学领域的一门重要学科。药理学、毒理学、药剂学、药物化学和中药学等学科的发展，都离不开药物分析。保障药品

质量安全离不开各种药物及其杂质或代谢物的分析方法；各类药物组学（药物基因组学、药物转录组学、药物蛋白质组学、药物代谢组学、药物细胞组学等）研究中，分析和鉴定技术发挥着关键的作用；药物分析也为各类生物标志物的发现和药物的体内代谢过程探究提供高灵敏度的分析检测技术。药物分析的发展也离不开相关学科的促进，而药学各相关学科对药物分析不断提出更高更新的要求，只有通过与相关学科的深入交叉和合作研究，才能更好地发挥分析方法先行的作用。

目前，已经形成了一支较大规模的药物分析队伍，研究工作也具有相当的积累。但是，与其他学科比较，基础研究尚显薄弱；学科发展到了一个关键的转折点，即从"服务支撑"向"创新引领"转变。只有完成这个战略转变，药物分析才有可能成为引领学科。为此，需要针对药物特别是大分子的生物技术药物、大分子多糖、mRNA 等，围绕成分分析和活性（生物活性和药物毒性）检测两个方面，在体外和体内两个层面，开展药物分析研究。

（1）与药理学结合发展：化学、生物学检测方法，如基于生物亲和作用（受体、酶、蛋白质、细胞、细胞膜、DNA 等）的活性分子快速识别与筛选新方法，在同一系统中以生物活性成分为检测指标，同时进行化学成分分离分析研究，提高寻找和发现生物活性成分的效率与靶向性。

（2）与工学结合发展：基于传感技术的高内涵药效分析方法（细胞、蛋白质、DNA 等），如微电极阵列传感器芯片、微电子复合传感器芯片、纳米细胞传感器等，可同时检测多组细胞生理参数和化学参数，获得细胞的多种响应参数，检测细胞对药物响应的药理与毒理效应。

（3）与影像学结合发展：基于分子探针和分析仪器的分子成像技术，用于药物分子体内过程和药效或毒性的实时动态检测。

（4）与过程分析结合发展在线检测方法，用于制药过程的全程质量控制。过程分析技术（PAT）监控方法可实时控制产品质量，促进制造的持续改进和创新，从而实现先进过程控制和产品的实时放行。其最终目标是以更高效和更低的成本将更安全的药品迅速推向市场，实现制药工业 4.0 数据化及过程控制系统集成的目标。

（5）与仪器分析结合发展高灵敏度、高通量的分析方法，用于同时检测多种生物标志物、抗体-药物结合物、微量药物杂质和代谢物、微量中药活性成分、多糖、抗体药物、siRNA 等。

第二节 药品质量与管理规范

药品质量的全面、全程控制是一项涉及多方面、多学科的综合性工作。不仅要依据药品质量标准对生产过程及上市流通的药品进行全面的质量分析，而且对药物临床前的实验研究、临床试验、生产及上市后再评价等所有环节进行全程管理。对药物实行全程的质量跟踪与管理，及时解决药品生产过程中的质量问题，监测并及时解决药品使用过程中的药物不良反应事件，才能保障人体用药的安全、有效和合理。

一、我国药品管理法规

20 世纪以来，我国政府为了加强对药品质量的监督管理，保证药品质量，保障人体用药安全，维护人民身体健康和用药的合法权益，于 1985 年 7 月 1 日颁布实施了《中华人民共和国药品管理法》（简称《药品管理法》），现行版本为 2019 年 12 月 1 日起实施的修订版。在此基础上，为了加强药品监督管理的实践和药品生产和经营企业的管理实践，制定了《中华人民共和国药品管理法实施条例》（简称《药品管理法实施条例》）、《药物非临床研究质量管理规范》（GLP）、《药物临床试验质量管理规范》（GCP）、GMP、《药品经营质量管理规范》（GSP）、GAP 等一系列药事管理法规。这些法规从药物的研发到药品上市后的流通进行全程监控，包括质量体系、质量控制、质量保证和质量改进，是药事行政和制药企业管理融合的桥梁和纽带。

二、人用药品注册技术要求

为了加强药品质量管理,世界多数发达国家在制定各项管理规范及实施条例的同时,对药品的研制、生产、销售及进口等环节进行严格的审批,进而形成了药品的注册制度。但是不同国家对药品注册的要求不同,这不仅不利于患者在药品的安全性、有效性和质量方面得到科学的保证及国际技术和贸易交流,同时也造成制药工业和科研、生产部门人力、物力的浪费,不利于人类医药事业的发展。为了寻求解决国际存在的不统一的规定和认识,通过协调逐步取得一致,为药品研究开发、审批上市制定一个统一的国际性指导标准。由欧盟、美国和日本三方药品管理当局及三方制药企业管理机构于1990年4月发起并建立了人用药品注册技术要求规范国际协调会(the International Council for Harmonisation of Technical Requirements for Pharmaceuticals for Human Use,ICH)。ICH由指导委员会、专家工作组和秘书处组成,其中专家工作组协调的专题分为以下四个类别。

(1)质量(quality,以"Q"表示):现已制定12个指南,包括稳定性、分析方法验证、杂质药典、生物技术产品的质量、质量标准、生产质量管理规范、药品研发、质量风险管理、药物质量体系、原料药的研发、生产和生命周期管理。

(2)安全性(safety,以"S"表示):现已制定11个指南,包括致癌性研究、遗传毒性研究、毒物代谢动力学和药动学、毒性试验、生殖毒性、生物技术药品、药理学研究、免疫毒性研究、抗癌药物的非临床研究、光安全性研究、非临床安全性试验。

(3)有效性(efficacy,以"E"表示):现已制定18个指南,包括长期用药的临床安全性、药物警戒、临床研究报告、量效关系研究、种族因素、药物临床研究质量管理规范、老年人群的临床试验、临床试验的一般考虑、临床试验的统计原则、临床试验中对照组的选取、儿童用药品的临床试验、新抗高血压药的临床评价、QT临床评价、药物遗传学/药物基因组学的定义、基因组生物标志物的条件、国际多中心临床试验、基因组采样和安全性数据收集。

(4)综合学科(multidisciplinary,以"M"表示):现已制定10个指南,包括监管活动医学术语、电子标准、非临床安全性研究、通用技术文件、药物词汇的数据要素和标准、基因治疗、基因毒性杂质、电子通用技术文件、基于生物药剂学分类系统的生物等效性豁免和生物样品分析的方法验证。ICH所取得的一致结果对我国药品注册技术指南的制定具有积极的影响。

2017年5月31日至6月1日,ICH 2017年第一次会议在加拿大蒙特利尔召开。会议通过了中国国家食品药品监督管理总局的申请,总局成为国际人用药品注册技术协调会正式成员。2017年6月19日,中国国家食品药品监督管理总局和ICH同时宣布,ICH正式批准中国国家食品药品监督管理总局成为其成员。2018年6月7日,在日本神户举行的ICH 2018年第一次大会上,中国国家药品监督管理局当选为ICH管理委员会成员。加入ICH被认为是中国医药行业与国际标准接轨的标志性事件,同时意味着,中国医药产业将置身全球格局中参与竞争。

ICH自建立以来,通过协调各成员国之间在许多方面达成共识,并进入具体实施阶段,在世界范围引起广泛关注和高度重视。目前,我国的GCP和GLP各项新药研究的指导原则是根据我国基本国情并参照WHO和ICH的指导原则制订的,以使我国的新药研究逐步达到国际水平。

第三节 国家药品标准与药典

一、国家药品标准

国家药品标准是国家为了保证药品质量,对药品质量、规格及检验方法所作的技术规定,是药品生产、经营、使用、检验和监督管理部门共同遵循的法定依据。《药品管理法》明确规定:药品必须符合国家药品标准,即法定药品标准。现行的国家药品标准包括《中国药典》、药品注册标准和其他药品标准，均由国务院药品监督管理部门颁布。国家药品标准的内容包括质量指标、检验方法以及生产工艺等技术要求。

（一）药品注册标准

药品注册标准是指国家药品监督管理局批准给申请人特定药品的标准，生产该药品的药品生产企业必须执行该注册标准。药品注册标准不得低于《中国药典》的规定。药品注册标准的项目及其检验方法的设定，应当符合《中国药典》的通用技术要求、国家药品监督管理局发布的技术指导原则及国家药品标准编写原则。

（二）临床试验用药品标准

我国《药品管理法》规定，研制新药，在进行临床试验或使用之前应先得到国务院药品监督管理部门的批准。为了保证临床用药的安全和临床研究结论的可靠，还需有一个由新药研制单位制定并由国家市场监督管理总局批准的临时性的质量标准，即临床试验用药品标准，该标准仅在临床试验期间有效，并且仅供研制单位与临床试验单位使用。

"临床试验用药品标准"和"药品注册标准"均需经过复核。药品标准复核，是指药品检验所对申报的药品标准中检验方法的可行性、科学性、设定的项目和指标能否控制药品质量等进行的实验室检验和审核工作。

二、企业药品标准

由药品生产企业研究制定并用于其药品质量控制的标准，称为"企业药品标准"或"企业内部标准"。它仅在本企业的药品生产质量管理中发挥作用，属于非法定标准。企业药品标准必须高于法定标准的要求，否则其产品的安全性、有效性和质量可控性不能得到有效的保障，不得销售和使用。企业药品标准在提高产品质量、增加产品竞争力、优质产品自身保护以及严防假冒等方面均可发挥重要作用。国内很多医药企业在药品的生产和管理中均有企业药品标准，并对外保密。

三、《中华人民共和国药典》简介

《中华人民共和国药典》，简称《中国药典》，依据《药品管理法》组织制定和颁布实施，是国家监督管理药品质量的法定技术标准，是药品研制、生产、经营和监督管理等均应遵循的法定依据。

（一）《中国药典》的进展

中华人民共和国成立至今，《中国药典》已经先后颁布11版，分别为1953、1963、1977、1985、1990、1995、2000、2005、2010、2015和2020年版。

（1）1953年版《中国药典》（第1版）仅一部，收载品种531种，其中化学药品215种、植物药与油脂类65种、动物药13种、抗生素2种、生物制品25种，各类制剂211种，但未收载中药。1957年出版了（1953年版）增补本。

（2）1963年版《中国药典》（第2版）分为两部，共收载品种1310种。一部收载中药材446种和中药成方制剂197种；二部收载化学药品、生化药品、抗生素、生物制品等共667种；各有凡例和相关的附录。此外，一部记载药品的"功能与主治"，二部增加了药品的"作用与用途"。

（3）1977年版《中国药典》（第3版）分为两部，共收载品种1925种。一部收载中草药（包括少数民族药材）、中草药提取物、植物油脂及单味药制剂等882种，成方制剂（包括少数民族药成方）270种，共1152种；二部收载化学药品、生物制品等773种。

（4）1985年版《中国药典》（第4版）分为两部，共收载品种1489种。一部收载中药材、植物油脂及单味制剂506种，中药成方制剂207种，共713种；二部收载化学药品、生物制品等776种。

同时出版了药典二部注释选编;并开始出版相应的英文版《中国药典》。

(5) 1990 年版《中国药典》(第 5 版)分为两部,共收载品种 1751 种。一部收载中药材、植物油脂等 509 种,中药成方及单味制剂 275 种;二部收载化学药品、生物制品等 967 种。药典二部品种项下规定的"作用与用途"和"用法与用量",分别改为"类别"和"剂量",另组织编著《临床用药须知》一书,以指导临床用药。有关品种的红外光谱,收入《药品红外光谱集》另行出版,该版药典附录内不再刊印。

(6) 1995 年版《中国药典》(第 6 版)分为两部,共收载品种 2375 种。一部收载 920 种,其中中药材、植物油脂等 522 种,中药成方及单味制剂 398 种;二部收载 1455 种,包括化学药品、抗生素、生化药品、放射性药品、生物制品及辅料等。二部药品外文名称改用英文名,取消拉丁名;中文名称只收载药品法定通用名称,不再列副名。另编著出版:二部注释和一部注释选编、《药品红外光谱集》(第 1 卷)、《临床用药须知》(第 2 版)、《中药彩色图集》《中药薄层色谱彩色图集》及《中国药品通用名称》,形成了国家药品标准配套体系。

(7) 2000 年版《中国药典》(第 7 版)分为两部,共收载药品 2691 种。确立了一部"突出特色,立足提高",二部"赶超与国情相结合,先进与特色相结合"的编写指导思想。一部收载 992 种,二部收载 1699 种。附录有较大幅度的改进和提高,现代分析技术在药品标准中得到进一步扩大应用,二部附录首次收载了"药品标准分析方法验证要求"等六项指导原则。为了严谨起见,将"剂量""注意"项下内容移至《临床用药须知》(第 3 版),另编著出版《药品红外光谱集》(第 2 卷)。

(8) 2005 年版《中国药典》(第 8 版)在"科学、实用、规范"的指导思想下编纂,分为三部,共收载品种 3214 种。一部收载 1146 种,二部收载 1967 种,三部收载 101 种。《中国生物制品规程》并入药典,设为药典三部;并编制首部中成药《临床用药须知》。

(9) 2010 年版《中国药典》(第 9 版)分为三部。共收载品种 4567 种,基本覆盖了《国家基本药物目录》品种范围。药典一部收载药材和饮片、植物油脂和提取物、成方制剂和单味制剂等;药典二部收载化学药品、抗生素、生化药品、放射性药品以及药用辅料等;药典三部收载生物制品。同时出版了《药品红外光谱集》(第 4 卷)、《临床用药须知》(中药材和饮片第 1 版,中成药第 2 版,化学药品第 5 版)、《中药材显微鉴别彩色图鉴》及《中药材薄层色谱彩色图集》(第 1 册、第 2 册)。

(10) 2015 年版《中国药典》(第 10 版)分为四部。本版药典进一步扩大药品品种的收载和修订,共收载品种 5608 种。一部收载品种 2598 种,二部收载品种 2603 种,三部收载品种 137 种。本版药典首次将上版药典附录整合为通则,并与药用辅料单独成卷作为《中国药典》四部。四部收载通则总数 317 个,药用辅料 270 种。

(11) 2020 年版《中国药典》(第 11 版)分为四部。本版药典进一步扩大药品品种和药用辅料标准的收载,共收载品种 5911 种,新增 319 种,修订 3177 种。一部收载中药 2711 种,二部收载化学药 2712 种,三部收载生物制品 153 种,四部收载通用技术要求 361 个,药用辅料 335 种。

(二)《中国药典》的结构与内容

以 2015 年版《中国药典》为例。2015 年版《中国药典》由一部、二部、三部、四部及其增补本组成。一部收载中药,二部收载化学药品,三部收载生物制品,四部收载通则和药用辅料。《中国药典》的内容由凡例、正文和通则共同构成。凡例是对《中国药典》正文、通则及与质量检定有关的共性问题的统一规定。

1. 正文 正文中引用的药品是指本版药典收载的品种,其质量应符合相应的规定。例如,药典中收载的"阿司匹林肠溶片"标准中,引用的"阿司匹林",是指符合阿司匹林药品标准中各项规定的阿司匹林原料药。各部药典收载的正文品种的排列各有特点。正文按药品中文名称笔画顺序排列,同笔画数的字按起笔笔形"横、竖、撇"的顺序排列;单方制剂排在其原料药后面;放射性药品集中编排;通则包括制剂通则、通用检测方法和指导原则,按分类编码;索引按汉语拼音顺序排列的中文索引、英文名和中文名对照索引排列。

2. 通则　本版药典对各部药典共性的检测方法进行了整合,将原药典"附录"更名为"通则",包括制剂通则、检定方法、标准物质、试液试药和指导原则。针对通则重新建立规范的编码体系,并首次将通则、药用辅料单独作为《中国药典》四部。

各类通则项下,大都包括多个单项内容。例如,"0100 制剂通则"项下,包括片剂、注射剂、胶囊剂、气雾剂等 38 种剂型单项;"0400 光谱法"项下,包括紫外-可见分光光度法、红外分光光度法等 11 种方法;"0500 色谱法"项下,包括薄层色谱法、高效液相色谱法、离子色谱法、毛细管电泳法等 11 种方法;"9000 指导原则"项下,包括原料药物和制剂稳定性试验、药品质量标准分析方法验证、药物制剂人体生物利用度和生物等效性、药品杂质分析、药物引湿性、注射剂安全性检查法应用、国家药品标准物质制备等 30 项内容。在药品标准中,用括号加注的通则,即为所用方法的依据。例如,在阿司匹林的药品标准中引用了"高效液相色谱法(通则 0512)、易炭化物检查法(通则 0842)、干燥失重测定法(通则 0831)、炽灼残渣检查法(通则 0841)、重金属检查法(通则 0821 第一法)"等。

3. 索引　为方便使用和检索,《中国药典》均附有索引。《中国药典》除中文品名目次是按中文笔画及起笔笔形顺序排列之外,书末分列有中文索引和英文索引。中文索引按汉语拼音顺序排列,英文索引按英文名称首字母顺序排列。索引可供方便快速地查阅药典中的有关内容。

综上可见,药典中凡例、正文和通则三部分的内容紧密相扣,共同构成了药品标准的法定技术基础,缺一不可。

四、主要外国药典简介

目前世界上已有数十个国家和地区编制出版药典。除《中国药典》一部外,世界各国药典有关化学药物药品标准的主要内容基本相似。对我国药品的生产和质量管理具有参考价值的国外药典有:《美国药典》(USP.NF)、《英国药典》(BP)、《欧洲药典》(EP)、《日本药局方》(JP)和《国际药典》(Ph.Int.)。

(一)《美国药典》

《美国药典》全称 *United States Pharmacopoeia*,缩写为 USP,由美国药典委员会编辑出版,于 1820 年出版第 1 版,1820 年到 1942 年,每 10 年修订出版 1 版;从 1942 到 2000 年,每 5 年出版 1 版;自 2002 年开始每年出版 1 版,目前为第 41 版。《美国国家处方集》(*the National Formulary*,NF)1888 年出版第一版,1980 年起与 USP 合并为一册出版,目前为第 39 版,缩写为 USP44-NF39,简称为 USP44,共分为三卷。《美国药典》由凡例(general notices)、正文(monographs)、通则(general chapters)和索引(index)等内容组成。2018 年版《美国药典》包含 5 卷及 2 个增补版,USP44-NF39 分类收载了包含关于药物、剂型、原料药、辅料、医疗器械和食物补充剂的标准。

(二)《英国药典》

《英国药典》(*British Pharmacopoeia*,BP)由英国药典委员会编辑出版,目前版本为 2021 年版,缩写为 BP(2021),于 2021 年 1 月 1 日生效。《英国药典》共分为 6 卷,第 1 卷和第 2 卷收载原料药物、药用辅料;第 3 卷收载制剂通则、药物制剂;第 4 卷收载植物药物和辅助治疗药品、血液制品、免疫制品、放射性药品,以及手术用品;第 5 卷收载标准红外光谱、附录方法、辅助性指导原则和索引;第 6 卷为兽药典。BP 自 1864 年起,通过通用的权威的药品标准的设立,以保障公众健康,在全球药品质量管理方面影响广泛,并获得许多国家(尤其是英联邦国家)的法定认可。

1. 凡例　凡例分 3 部分,第 1 部分为 BP 中所收录 EP 及 ICH 协调的药品标准的标记;第 2 部分为 BP 的凡例规定;第 3 部分为转录的 EP 凡例规定。

2. 正文　标准正文中,原料药标准的格式包括药品英文名称,结构式,分子式和分子量,

CAS 登录号，作用和用途，制剂、化学名称和含量限度，性状，鉴别，检查，含量测定，储藏，并包含可能的有关物质的结构式和名称等内容。制剂标准的格式包括药品英文名称、作用和用途、性状规定和含量限度、鉴别、检查、含量测定、储藏、标签等内容。

3. 附录 按方法共分为 25 类，如第 1 类为试剂、标准溶液、缓冲溶液、标准物质和多晶型；第 2 类为波谱分析法（IR、UV-Vis、NMR、MS、Raman 等）；第 3 类为色谱法（TLC、GC、LC、SFC、CE 等）。

英国药典委员会为配套药典使用还出版了《英国药品通用名称》（*British Approved Names*，BAN），其中也收录了 INN 名称。药物的化学系统名称或其他科学名称通常比较复杂不便日常交流使用。"药品通用名称"科学和简明地对药物进行命名，以方便使用。

（三）《欧洲药典》

《欧洲药典》（*European Pharmacopoeia*，EP）由欧洲药品质量管理局起草和出版，在欧盟各成员国范围内具有法律效力的标准。EP 第 1 版于 1964 年发行，从 2002 年 EP 第 4 版开始，出版周期固定为每三年修订一版，并每年出版 3 期增补本。

现行 EP 第 10 版（EP10.0），包括三个基本卷，于 2019 年 7 月出版，自 2020 年 1 月 1 日生效。EP 的基本组成有凡例、通用分析方法（包括一般鉴别实验、一般检查方法、常用物理、化学测定法、常用含量测定方法、生物检查和生物分析、生药学方法）、容器和材料、试剂、正文和索引等。

EP 正文品种的内容包括品名（英文名称，拉丁名）、分析结构式、化学式与分子量、含量限度及化学名称、性状、鉴别、检查、含量测定、储藏、可能的杂质结构等。EP 的权威性和影响力正在不断扩大，参与制定和执行 EP 的国家在不断增加，WHO 和包括中国在内的 23 个国家（其中 16 个为非欧洲）已经成为欧洲药典委员会的观察员，增强了 EP 药品标准在欧盟之外的辐射和影响。

（四）《日本药局方》

《日本药局方》（*Japanese Pharmacopoeia*，JP）由日本药典委员会编制，日本厚生劳动省颁布实施。JP 第 1 版于 1886 年 6 月出版，1987 年 7 月实施。目前每 5 年修订出版 1 次，现行版本为 JP18 改正版，于 2021 年生效。JP 分两部，第一部收载原料药及其基础制剂，第二部主要收载生药、家庭药制剂和制剂原料。收载内容：一部包括凡例，原料通则，制剂通则，一般试验方法、医药品各论（主要为化学药品、抗生素、放射性药品以及制剂）；二部包括通则、生药总则、制剂总则、一般试验方法、医药品各论（主要为生药、生物制品、调剂用附加剂等）、药品红外光谱集、一般信息及索引等。JP16 原料药标准包括药品 INN 名称、药品日文名称、化学结构式、分子式和分子量、化学系统名称/CAS 登录号/含量限度、性状、鉴别、检查、含量测定和储藏（保存条件和容器），少数品种列出了有效期限。

（五）《国际药典》

《国际药典》（*International Pharmacopoeia*，Ph.Int.）是 WHO 与成员国药品监督管理部门协调，由 WHO 药典专家委员会编撰出版。其宗旨：实现所收载药物原料、药用辅料及药物制剂质量标准的全球协调统一；对药品进行全面的质量控制和保障，确保药品安全和有效。其主要目的是，满足 WHO 成员国在实施药品监管时的参考和选用的需要。经成员国法律明确规定执行时，Ph.Int. 才具有法定效力。

1948 年第一届世界卫生大会确立了统一药典的专家委员会，1950 年世界医学会批准 Ph.Int. 的出版。第 1 版 Ph.Int. 于 1951 年和 1955 年分两卷用英语、法语和西班牙语出版，于 1959 年出版其增补本。第 2 版于 1967 年用英语、法语、俄语、西班牙语出版。第 3 版于 1971 年、1981 年、1988 年、1994 年、2003 年分 5 卷出版。第 4 版于 2006 年出版发行，将第 3 版分散的 5 卷整合成

2 卷，并新增抗逆转录病毒药物。

现行 Ph.Int. 第 5 版于 2015 年出版，分为 2 卷。第 1 卷收载药典凡例和大多数原料药标准；第 2 卷则收载余下的原料药标准、制剂标准、放射性药品标准、通用测定法、标准红外光谱、试剂和索引。收载了约 400 种原料和 200 种制剂的药品标准。同时发行了网络版和 CD-ROM 版。

第四节　药物分析的发展概况

药物分析从 20 世纪初的一种专门技术，逐步发展成为一门日臻成熟的科学——药物分析学。该学科涉及的研究范围包括药品质量控制、临床药学、中药与天然药物分析、药物代谢分析、法医毒物分析、兴奋剂检测和药物制剂分析等。随着药物科学的迅猛发展，各相关学科对药物分析学不断提出新的要求。它已不再仅仅局限于对药物进行静态的质量控制，而是发展到对制药过程、生物体内和代谢过程进行综合评价和动态分析研究。药物分析学的发展历史与药学的发展历史相伴随。

药物分析是分析化学技术在药学领域中的具体应用。分析化学的进步，尤其是近年仪器分析和计算机技术的进展，为药物分析的发展提供了坚实的基础。随着药物研究的深入，药物分析学也逐渐发展成为一门独立的学科，同时也应用于药物的研究和生产中。

20 世纪初，电化学和色谱分析方法的发展使得药物分析技术得到了重大提升。随后，气相色谱、液相色谱、质谱等分析技术的出现，更加丰富了药物分析学的技术手段。

近年来，随着科技的不断进步，药物分析技术也不断更新换代，高效液相色谱、毛细管电泳、核磁共振、飞行时间质谱等技术被广泛应用于药物分析研究中，为药物的研发和质量控制提供了强有力的支持。

药物分析学的发展经历了从简单的化学分析方法到复杂的高分辨分析技术的漫长过程，不断为药物研究和生产提供更加准确、精细的分析手段。

一、原始阶段——神农尝百草

原始社会，人们在寻找食物时，通过反复尝试，逐渐总结出哪些植物可以食用，哪些味道不佳或有毒；偶然发现一些草、树根、树汁能够治疗病痛。这种观察和经验代代相传，并且不断有后代增加新的经验。这就是众所周知的神农尝百草的故事。神农尝百草与现代的药物分析有几分相似，两者都是根据药物的理化性质来鉴定药物。所谓药物分析，就是运用化学、物理学、生物学及微生物学的方法和技术来研究某些合成药物或天然药物。而神农鉴别的依据，主要是气、味等性质，兼有药物的感观和色泽。这说明神农尝百草就是最基础、最简单、最原始的药物分析。天然药材的质量控制因受制于所用方法和当时的技术水平，而未能进一步发展。

二、发展阶段

19 世纪以后，随着化学科学的发展，利用草药治疗疾病已经不能满足疾病治疗的需求，人们开始进行天然活性成分的提取、分离、鉴定和应用，并逐步形成现代的化学工业制药。例如，1828 年德国药学家巴克勒（Buchner）首次从柳树皮中提取水杨苷；1838 年意大利化学家皮锐亚（Piria）将水杨苷进一步分解，获得水杨酸；1859 年德国著名有机化学家科尔贝（Kolbe）发明了水杨酸的工业制法；1897 年埃登公司率先推出了乙酰水杨酸；1899 年拜耳公司将乙酰水杨酸冠以阿司匹林这一商标名，随后将其推向世界市场。药物质量的分析与控制体系也逐步形成，并不断发展成为一门日渐成熟的学科——药物分析。

药物分析发展初期主要是应用化学分析手段对药物进行定性和定量测定，20 世纪 70 年代以前，容量分析和重量分析方法一直在药物分析技术中占主导地位。其后，随着色谱、光谱及电化学等仪器分析技术的进步，它们已逐渐成为药物分析的主要技术方法，药物分析技术从此走上以仪器分析为主的发展道路。

三、发展趋势

从20世纪90年代开始，随着色谱-质谱等联用技术的发展与应用，使得药物分析技术进一步向自动化和智能化、高灵敏和高通量方向发展。使药物（超）微量物质及杂质的分析、体内药物分析及药物复杂体系（如中药）的全面质量控制等，得以顺利地实施，药物分析水平得到了全面的提高。应用现代分析技术手段，研究药物作用于机体产生的效应及其作用机制，是药物分析正在拓展的一个新领域，而药物分析的进一步发展，也离不开生物学、医学、理学和工学的技术支撑，呈现明显的药品质量分析模式、技术与管理理念的变化。主要集中在以下四个方面。

（1）在经典的理化分析基础上，引入细胞和分子生物学分析、影像学分析、芯片分析等方法和技术，除研究传统的药物成分分析（体外分析）外，还研究药物活性分析方法和技术（体内分析）。

（2）发展高灵敏度、高通量分析方法，用于同时检测多种生物标志物、微量药物杂质及中药活性成分等。

（3）逐步从静态分析过渡到动态分析，从单一技术过渡到联用技术，从小样本分析过渡到高通量分析，从人工分析过渡到计算机辅助分析等研究。

（4）逐步从基于事后控制方式的"质量源于检验"（QbT）发展为"质量源于生产"（QbP），进而跨入"质量源于设计"（QbD）时代。药物分析将集成药学、化学、生物学和仪器工程学等的新理论新方法，发展独创性药物成分分析和药物活性分析方法及相关技术，深入新药研发、药物制造和药品临床使用的各个环节，解决药物学和药理学的科学技术问题，为我国药物科学的基础研究、新药研究、药品安全性评价提供高通量、高内涵、高分辨、超微量分析方法，加速新药研究，保证药品质量和用药安全，形成我国药物分析新体系。

第五节 药物分析学研究现状及发展趋势

药物分析学在药物研发、药物质量控制、药物安全性评价等方面发挥着重要作用。目前，药物分析学的研究主要集中在以下几个方面。

一、高灵敏度、高分辨率的分析技术

随着科技的不断进步，高灵敏度、高分辨率的分析技术在药物分析学中越来越受到重视。这些技术可以更加准确地分析药物的组成成分和结构，并且可以检测到更低浓度的化合物。

其中，液相色谱-质谱联用技术（LC-MS）是目前最常用的高灵敏度、高分辨率的分析技术之一。它可以同时进行药物的分离、检测和结构鉴定，而且灵敏度高、准确度高、特异性好，被广泛应用于药物分析学领域。

此外，近年来光谱学和电化学技术的发展也为药物分析学提供了更多选择。例如，基于光谱学的表征技术，如核磁共振和红外光谱等技术，可以对药物分子进行结构鉴定和质量控制。而电化学技术则可以用于测定药物分子的电化学性质和化学反应动力学，从而更好地评估药物的药效和安全性。

高灵敏度、高分辨率的分析技术在药物分析学中具有重要的应用价值，未来随着技术的不断发展，这些技术的应用范围和效率还将进一步提高。

二、微量分析技术

随着药物研究的不断深入，微量成分的分析越来越重要。药物分析学的研究重点也逐渐转向微量分析技术，如微流控分析技术、微型分离技术等。

微量分析技术是一种在药物分析学中应用广泛的分析技术，它可以对药物和其代谢产物在样品中的微量成分进行检测和定量。微量分析技术的应用可以提高药物分析的灵敏度和准确度，有助于更好地理解药物在体内的代谢和药效学特性。

微量分析技术包括许多方法，如高效液相色谱-质谱联用技术、气相色谱-质谱联用技术、毛细管电泳、原子吸收光谱、荧光光谱等等。这些技术可以有效地对药物及其代谢产物进行定量和鉴定。

未来，随着新技术的出现，微量分析技术也将不断地发展和完善，更多的分析方法将应用于药物分析中，从而提高药物研究和开发的效率和准确性。

三、质量控制技术

药物分析是一门研究和发展药物质量控制的"方法科学"。药物分析学在药物质量控制方面发挥着至关重要的作用。研究人员致力于开发更加准确、快速的质量控制技术，如现代光谱技术、色谱技术等。

质量控制技术是药物分析中的一项重要技术，主要包括以下内容。

（1）药品的质量标准：药品的质量标准是药物分析的基础，药品质量标准应包括质量指标、检验方法和合格标准等内容，确保药品符合规定的质量标准。

（2）产品的稳定性研究：产品的稳定性研究是药物分析中不可或缺的一个环节，通过研究产品在不同温度、湿度、光照等条件下的稳定性，可以确定产品的保存条件和有效期限。

（3）过程控制技术：过程控制技术主要应用于制药过程中，通过对制药过程中的关键环节进行监控和调控，确保产品符合规定的质量标准。

（4）质量风险评估技术：质量风险评估技术是对制药过程中的潜在风险进行评估和控制的一种技术，能够帮助制药企业及时发现并解决潜在的质量风险，确保产品的质量安全。

（5）质量控制工具和方法：质量控制工具和方法包括统计过程控制、六西格玛原则、品质功能部件分析等，通过应用这些方法和工具，可以实现对制药过程中的质量进行全面、科学控制和管理。

未来，随着技术的不断发展和药品监管要求的不断提高，药物分析中的质量控制技术将会越来越重要。同时，质量控制技术也将面临更大的挑战，需要不断进行技术创新和提高，以满足制药企业对产品质量的不断追求。

四、新型样品前处理技术

样品前处理是药物分析的一个重要环节。新型样品前处理技术是指在药物分析前，对样品进行的预处理或加工，以提高检测的准确性和灵敏度。按照样品形态来分，样品前处理技术主要分为固体、液体、气体样品的前处理技术。固体样品的前处理技术主要有索氏提取、微波辅助萃取、超临界流体萃取和加速溶剂萃取等。液体样品的前处理技术主要有液-液萃取、固相萃取、液膜萃取、吹扫捕集、液相微萃取等。气体样品的前处理方法有固体吸附剂法、全量空气法等。新型的样品前处理技术，如固相微萃取技术、分子印迹技术、磁性固相萃取技术等，大大提高了分析效率和准确性。新型样品前处理技术主要有以下几种：

固相微萃取（solid phase micro-extraction，SPME）技术：SPME 是一种无机和有机化合物提取和富集的技术。它利用了吸附和脱附的原理，通过固相微萃取柱对样品进行提取和富集，然后将柱子直接插入色谱柱进行分析，操作简单、分析时间短、样品用量小、重现性好等优点。

固相分散（solid phase dispersion，SPD）技术：SPD 是一种将样品中的目标化合物分散到固相吸附剂中，然后通过洗脱、溶解等步骤，将化合物集中到极小的体积中，以便后续分析的技术。

SPD 具有样品处理快速、操作简单、适用范围广等特点。

超声波萃取（ultra-sound extraction，USE）技术：USE 是一种利用超声波进行样品处理和提取的技术。它能够使样品分子间的化学键断裂，从而使目标化合物释放出来，并与萃取剂结合，进行富集。USE 尤其适用于热不稳定性目标物的提取。USE 具有操作简单、提取效率高、速度快等特点。

液-液微萃取（liquid-liquid micro-extraction，LLME）技术：LLME 是一种将样品中的化合物萃取到微量有机溶剂中，然后通过蒸发浓缩或固相萃取等步骤，将有机溶剂中的目标化合物集中到极小的体积中，以便后续分析的技术。LLME 具有操作简单、化学废料少、富集效率高等特点。

总的来说，药物分析中样品前处理技术的发展趋势是减少甚至不用有毒有机溶剂，减少操作步骤和时间，提高分析准确性。这些新型样品前处理技术的出现，使得药物分析更加高效、准确，可以应用于药物研发、制造和质量控制等方面。

五、药物分析智能化

随着人工智能技术的不断发展，药物分析领域也在不断探索智能化分析的方法。药物分析智能化是指利用人工智能、大数据等技术对药物分析进行自动化、高效化、精准化处理的方法和手段。药物分析智能化旨在提高分析的速度和准确性，同时减少分析的错误率和人工干预，主要包括以下方面。

（1）自动化分析系统：利用自动化仪器和设备对药物进行分析，减少人工操作和干预，提高分析结果的准确性和稳定性。

（2）大数据分析：随着药品研发的不断加速，数据量也成倍增长。因此，基于大数据的分析应用越来越重要，通过收集和分析大量的药物分析数据，建立模型和算法，实现药物分析的自动化和预测，提高分析效率和准确性。能够利用机器学习、数据挖掘等技术，建立药物分析数据库，加速药物研发。

（3）智能识别技术：利用计算机视觉、图像处理等技术，对药物进行智能化识别和分类，提高药物分析的自动化水平。

（4）软件平台开发：建立药物分析的软件平台，实现数据共享、信息交流、自动化分析等功能，提高药物分析的效率和可靠性。

药物分析智能化将成为未来药物分析研究的重要方向，为药物研发和临床治疗提供更加准确和高效的技术支持。

总的来说，药物分析学的发展趋势是越来越注重分析的速度、准确性和自动化程度，同时结合新型技术和新型方法，为药物研发、质量控制和安全性评价提供更加准确、高效的分析手段。

【案例】 　　　　　　周同惠院士——我国兴奋剂检测的奠基人

周同惠院士，是我国分析化学、药物分析和色谱学领域的卓越专家，同时也是中国科学院院士。他的学术生涯和贡献在我国兴奋剂检测领域留下了深刻的印记，体现了坚韧的毅力、创新的精神和无私的奉献，为我国体育事业的发展和国家形象的提升作出了突出贡献。其生平故事是一份珍贵的思政教育素材，为青年学子树立崇高的理想信念和价值观提供了生动的典范。

周同惠院士的求学之路起始于一个富有书香氛围的家庭。祖辈的学识传承和家庭的严谨教育，为他培养了对知识的渴望和扎实的学术基础。在北平师范大学附属中学和北京大学化学系的学习过程中，周同惠展现了卓越的学业成就和对科学研究的浓厚兴趣，为日后的科学探索打下了坚实的基础。

早在20世纪50年代初，周同惠便赴美留学，前往美国深造。他在留学期间选择了分析化学作为研究方向，并在美国著名分析化学家瑞克斯·罗宾逊（Rex Robinson）教授的指导下攻读硕士和博士学位。他的研究成果在海水中硝酸盐的极谱测定等领域取得了显著突破，为他在药物分析领域的未来探索奠定了坚实基础。

周同惠院士在药物分析领域的杰出贡献体现在他筹建了中国兴奋剂检测中心。面对国际赛事对兴奋剂检测的严格要求，他和团队在极短时间内建立了多种禁用药物的分析检测方法。他们的团队合作、创新能力和敬业精神，使中国成为亚洲首个获得兴奋剂检测资格的国家。周同惠不仅亲自参与服药实验，为兴奋剂检测提供了宝贵的阳性尿样，还带领团队顶住压力，成功使中国兴奋剂检测中心获得国际奥委会的认可，成为世界范围内仅有的少数合格实验室之一。

周同惠院士的事迹充分展现了他的无私奉献和为国家争光的精神。他的坚持、勇气和奉献精神，将永远激励着年轻一代勇往直前，在科学研究和国家建设中发挥积极作用。

周同惠院士的故事以及他在药物分析领域的杰出贡献，成为了思政教育的宝贵资源。他的坚守理念、勇攀科学高峰的决心，将为学生树立崇高的人生目标、培养追求卓越的品质提供有力的榜样。周同惠院士的精神，必将继续在我国科学事业和青年学子中发扬光大，为国家的创新发展贡献智慧和力量。

思 考 题

1. 药物分析在药品研发、生产、监督管理和临床应用中的作用如何体现？
2. 药物分析在药品研发、生产、监督管理和临床应用中的哪些方面具有重要作用？药物分析领域如何与其他学科相互关联和合作，以实现更好的药品质量和安全？
3. 药品质量管理的全程控制在药物研发、生产、上市和使用的各个环节都至关重要。在您看来，全程质量管理中最具挑战性的环节是什么？您认为如何解决这些挑战以确保药物的安全、有效和合理使用？
4. 国际药品注册技术要求的协调与一致性对于医药产业的发展具有重要影响。ICH作为一个协调国际标准的机构，在促进不同国家间达成共识方面取得了成功。您认为国际标准的协调对于药物研发和市场准入有哪些重要作用？同时，在实际操作中，不同国家之间如何平衡国内法规和国际标准的差异？
5. 药品注册标准和临床试验用药品标准在药品研制和上市过程中的具体作用是什么？
6. 国家药品标准如何与药品生产、经营、使用、检验和监督管理等环节相互关联？
7. 药典在药品质量监管中的地位和作用是怎样的？
8. 药物分析学的发展历程中，从最早的神农尝百草到现代高级仪器分析技术的应用，展现了分析手段的不断演化。请讨论：随着技术的进步，药物分析方法的提升如何影响了药物研发和生产的质量？
9. 药物分析学作为药学领域的重要分支，不仅在药物研发和生产中具有关键作用，还扩展到了药物在生物体内的效应和机制研究。针对药物分析领域的未来发展趋势，如何看待生物学、医学、理学和工学等多学科的交叉融合，以及这种融合对药物分析技术和质量控制的影响？
10. 药物分析学在药物研发、药物质量控制及药物安全性评价等方面具有重要作用。高灵敏度、高分辨率的分析技术在药物分析学中的应用如何影响药物研发和质量控制的效果？

（王建浩）

第七章 药剂学

学习目标
1. 掌握：药剂学的概念、性质与任务。
2. 熟悉：药剂学的研究内容。
3. 了解：药剂学的发展历程和发展趋势。

药剂学是研究制剂的物理化学性质、质量标准、稳定性、存储条件、剂型设计和制备工艺等方面的学科。其目的是设计和制备具有适当药效的药物制剂，并保证其药学质量的稳定性、安全性和有效性。

药剂学是现代制药学的重要分支，与其他药学学科密切相关，如药理学、药物化学、药物代谢学、生物制药学等。药剂学的研究内容包括药物的选择、配伍、溶解度、稳定性、制剂类型、剂量等。它的主要任务是研究药物制剂的设计、开发、制备、评价和控制。

药剂学的研究涉及各种剂型，如口服药片、注射剂、外用制剂、贴剂、缓释制剂、控释制剂等。同时，药剂学的研究也涉及不同的途径和途径的制剂，如口服制剂、注射制剂、吸入制剂、局部制剂等。

近年来，随着生物技术的快速发展，药剂学的研究也向着基因工程药物、蛋白质药物、纳米药物等方向拓展。药剂学在现代制药学中的地位越来越重要，它为药物的有效使用和临床治疗提供了重要的支持和保障。

第一节 药剂学的概念与任务

一、药剂学的定义

药剂学（pharmaceutics）是制药工业中非常重要的一门综合性技术性学科，是将原料药制备成用于治疗、诊断、预防疾病所需药物制剂的一门科学。

药剂学的核心是以药物制剂为中心，研究其基本理论、处方设计、制备工艺、质量控制和合理应用。

药剂学的宗旨是制备安全、有效、稳定、使用方便的药物制剂。药剂学可具体分为剂型和制剂的概念。剂型：适合于疾病的诊断、治疗或预防的需要而制备的不同给药形式称为剂型（dosage form），如散剂、颗粒剂、片剂、胶囊剂、注射剂、溶液剂、乳剂、混悬剂、软膏剂、栓剂、气雾剂等。根据药物的使用目的和药物性质的不同，可制备适宜的不同剂型。不同剂型的给药方式不同，其结果是药物在体内的行为也不同。制剂：根据药典或药政管理部门批准的标准，为适应治疗、诊断或预防的需要而制成药物应用形式的具体品种，称为药物制剂，简称制剂（preparation），如阿司匹林片剂、胰岛素注射剂、红霉素眼膏剂等。而且把制剂的研制过程（pharmaceutical manufacturing）也称制剂。研究制剂的理论和制备工艺的科学称为制剂学。

二、药剂学的性质

（一）药物制剂的重要性

1. 给药途径与药物剂型的重要性
（1）人体有多种给药途径，如口服、静脉注射给药等方式。剂型是为适应诊断、治疗或预防疾病的需要而制备的不同给药形式，是临床使用的最终形式。剂型是药物的传递体，将药物输送到体内发挥疗效。一般来说一种药物可以制备多种剂型，药理作用相同，但给药途径不同可能产生不同的疗效，应根据药物的性质、不同的治疗目的选择合理的剂型与给药方式。药物剂型的选择与给药途径密切相关。人体有多个给药途径，如口腔、舌下、颊部、胃肠道、直肠、子宫、阴道、尿道、耳道、鼻腔、咽喉、支气管、肺部、皮内、皮下、肌肉、静脉、动脉、皮肤、眼等。例如，眼黏膜给药途径以液体、半固体剂型最为方便；直肠给药应选择栓剂；口服给药可以选择多种剂型，如溶液剂、片剂、胶囊剂、乳剂、混悬剂等；皮肤给药多用软膏剂、贴剂、液体制剂；注射给药必须选择液体制剂，包括溶液剂、乳剂、混悬剂等。总之，药物剂型必须与给药途径相适应。

（2）药物剂型必须根据给药途径的特点来设计与制备，与给药途径相适应。如胰岛素等多肽类药物在胃肠道中受到酶破坏而被分解，链霉素在胃肠道中不吸收，这类药适合制备口腔黏膜片；红霉素在胃酸中分解并刺激性较大，制备肠溶制剂可以克服上述问题。剂型的发展初期只是为了适应给药途径而设计的形态，而新剂型与新技术的发展使制剂具有功能或制剂技术的含义，如缓控释制剂、靶向制剂、透皮吸收制剂、固体分散技术制剂、包合技术制剂、脂质体技术制剂、生物技术制剂、微囊化技术制剂等，从而促进药物传递系统（drug delivery system，DDS）的发展。

2. 制剂的重要性　从以下几个方面可以看出剂型的重要性。

（1）剂型可以改变药物的作用性质。多数药物改变剂型后作用的性质不变，但有些药物能改变作用性质，如硫酸镁口服剂型用作泻下药，但5%注射液静脉滴注，能抑制大脑中枢神经，有镇静、镇痉作用；又如依沙吖啶1%注射液用于中期引产，但0.1%～0.2%溶液局部涂抹有杀菌作用。

（2）剂型可以改变药物的作用速度。例如，注射剂、吸入气雾剂等，起效快，常用于急救；丸剂、缓控释制剂、植入剂等作用缓慢，属长效制剂。

（3）改变剂型可降低或消除药物的不良反应。氨茶碱治疗哮喘病效果很好，但有引起心搏加快的不良反应，若制成栓剂则可消除这种不良反应；缓释、控释制剂能保持血药浓度平稳，避免血药浓度的峰谷现象，从而降低药物的不良反应。

（4）可以改善患者的用药依从性。儿童和老年及吞咽困难的患者难以吞服普通的口服片剂，改变成咀嚼片或口腔速溶膜剂，可以提高患者的依从性。

（5）剂型可产生靶向作用。含微粒结构的静脉注射剂，如脂质体、微球、微囊等进入血液循环系统后，被网状内皮系统的巨噬细胞所吞噬，从而使药物浓集于肝、脾等器官，起到肝、脾的被动靶向作用。

（6）剂型可影响药物的疗效。固体剂型，如片剂、颗粒剂、丸剂的制备工艺不同会对药效产生显著的影响，特别是药物的晶型、粒子的大小发生变化时直接影响药物的释放，从而影响药物的治疗效果。

（7）剂型的改变更有利于运输、储存和使用方便。有些液体制剂使用玻璃装置储存，不利于运输和使用，改用口服的片剂或者冻干制剂均有利于药物的储存和使用。

（二）剂型的分类

1. 按给药途径分类　这种分类方法与临床使用密切结合，即将给药途径相同的剂型分为一类，它能反映给药途径与应用方法对制剂的特殊要求，但同一种制剂可能其给药途径和应用方法不同，所以出现在不同给药途径的剂型里。按给药途径分类常见的剂型，按给药途径分类可分为以下几种。①口服给药剂型：片剂（分散片、咀嚼片、普通片）；胶囊剂（软胶囊剂、硬胶囊剂）；颗粒剂（溶液型颗粒剂、泡腾颗粒剂）；散剂（口服散剂）；口服液剂（混悬剂、乳剂）。②口腔内给药剂型：口腔用片（含片、口腔黏贴片）；口腔喷雾剂；含漱剂。③注射给药剂型：注射剂（静脉注射剂、肌内注射剂、皮下注射剂）；输液（营养输液、电解质输液）；缓释注射剂（微球注射剂）。④呼吸道给药剂型：气雾剂；喷雾剂。⑤皮肤给药剂型：外用液体剂型（洗剂、搽剂、酊剂）；外用固体制剂（外用散剂）；外用半固体制剂（软膏剂、凝胶剂、乳膏剂）；贴剂（储库型贴片）；贴膏剂（凝胶贴膏）；外用气体制剂（气雾剂、喷雾剂）。⑥眼部给药剂型：滴眼剂；眼膏剂；眼膜剂。⑦鼻黏膜给药剂型：滴鼻剂；鼻用软膏剂。⑧直肠给药剂型：直肠栓；灌肠剂。⑨阴道给药剂型：阴道栓；阴道片；阴道泡腾片。⑩耳部给药剂型：滴耳剂；耳用凝胶剂。⑪透析用剂型：腹膜透析用制剂和血液透析用制剂。上述剂型类别中，除了口服给药剂型之外其他剂型都属于非胃肠道给药剂型，而且可以在给药部位起局部作用或被吸收后发挥全身作用。

2. 按分散系统分类 这种分类方法便于应用物理化学的原理来阐明各类制剂的特征，但不能反映用药部位与用药方法对剂型的要求。这种分类可能使一种剂型由于分散介质与制备方法的不同，被分散到几个系统中，如注射剂可分为溶液型、混悬型与乳剂型。剂型按分散系统分类可分为如下几种。①溶液型：芳香水剂、溶液剂、注射剂。②胶体溶液型：胶浆剂、火棉胶剂、涂膜剂。③乳剂型：乳剂（口服、静脉、搽剂）。④混悬型：混悬剂、合剂、洗剂。⑤气体分散型：气雾剂。⑥微粒分散型：微球或微囊制剂、纳米囊制剂。⑦固体分散型：散剂、颗粒剂、片剂、胶囊剂。

3. 按制法分类 浸出制剂（酊剂、流浸膏剂）；无菌制剂（注射剂、供眼科用的滴眼剂、手术用制剂）。

4. 按形态分类 按物质形态分类，即分为液体剂型（溶液剂、水针剂）、气体剂型（气雾剂、喷雾剂）、固体剂型（片剂、胶囊剂、颗粒剂、散剂、丸剂）与半固体剂型（软膏剂、凝胶剂）。形态相同的剂型，制备工艺也比较相近。

剂型的不同分类方法各有特点，也有不完善或不全面的地方，本教材依据现实医疗、教学、生产等方面的长期沿用习惯，采用通用综合分类的方法。

三、药剂学的主要研究任务

药剂学的主要研究任务包括以下几个方面。

1. 药剂学基本理论的研究 药剂学的基本理论是指药物制剂的配制理论，包括处方设计、制备、质量控制、合理应用等方面的基本理论。例如，药物的化学稳定性和物理稳定性的理论研究；提高难溶性药物的溶解度，以提高药物的生物利用度的研究；粉体性质对固体物料的处理过程和制剂质量的影响；片剂的压缩成形理论的研究；流变学性质对乳剂、混悬剂、软膏剂质量的影响；利用生物药剂学和药代动力学理论正确评价制剂质量，为合理制药和合理用药提供依据；微粒分散理论在非均相液体制剂中的应用；表面活性剂在药剂中的重要作用等对开发新剂型、新技术、新产品，提高产品质量有着重要的指导意义。可见，药剂学基本理论的研究，对完善和丰富剂型设计的原理，改进制剂的生产技术，开发新剂型、新制剂和新型给药系统及提高产品质量都有重要的指导意义。

2. 新剂型的研究与开发 剂型是药物应用的具体形式，剂型因素与药效学研究表明，除药物本身的性质和药理作用外，具体剂型也直接影响着该药的临床效果。与片剂、胶囊剂、溶液剂、注射剂等普通制剂相比，缓释、控释和靶向制剂等新剂型可以有效地提高疗效，满足长效、低毒等要求。特别是患部的靶向制剂，甚至病变细胞的靶向制剂，可提高局部病灶的药物浓度，降低全身的不良反应是目前新剂型研究的热点之一。

近年来上市的口腔速溶片剂，不用水可以服药，给患者带来极大的方便；长时间缓释注射剂，一次注射缓慢释放1个月或3个月，不仅克服了每天注射的皮肉之苦，而且血药浓度平稳，可降低不良反应。目前，我国药剂学的研究水平与发达国家相比还有差距，新剂型种类和新制剂品种较少，能出口的制剂品种更少，因此，积极开发新剂型和新制剂在药剂学研究中具有十分重要的地位。

3. 新辅料的研究与开发 辅料有天然的、合成的和半合成的，无论来源如何，必须是药用辅料。辅料与剂型紧密相连，新辅料的研制对新剂型与新技术的发展起着关键作用。例如，乙基纤维素（EC），丙烯酸树脂系列（Eu RS100，Eu RL100等），醋酸纤维素等pH非依赖型高分子的出现使缓、控释制剂得以发展；近年来开发的聚乳酸（PLA）、聚乳酸聚乙醇酸共聚物（PLGA）等体内可降解辅料促进了长时间缓释微球注射剂的发展；微晶纤维素（MCC）、可压性淀粉、低取代羟丙基纤维素（L-HPC）等辅料的开发使粉末直接压片技术实现了工业化。

为了适应现代药物剂型和制剂的发展，辅料将继续向安全性、功能性、适应性、高效性的方向发展。辅料的发展对制剂整体水平的提高具有重要意义。目前，我国也正在积极进行药用新辅料的开发，新开发的片剂新辅料如可压性淀粉，具有可压性好、可增加药物稳定性等优点。因此，辅料的研究和开发，在药物制剂领域中的位置越来越重要，可以说，没有优质的辅料就无法实现药剂学发展的艰巨任务。

4. 制剂新机械和新设备的研究与开发 WHO提出的GMP，对制剂机械和设备的发展提供了前所未有的机遇。为了获得药品质量的更大保障和安全用药，制剂生产向封闭、高效、多功能、连续化和自动化的方向发展。固体制剂生产中使用的流化床制粒机在一个机器内可完成混合、制粒、干燥甚至包衣，因此被人们习惯称为一步制粒机，与传统的摇摆式制粒机相比大幅缩短了工艺过程，减少了与人接触的机会。最近又开发出搅拌流化制粒机、挤出滚圆制粒机、离心制粒机等，使制粒物更加致密、球形化，得到制剂生产的广泛应用。

高效全自动压片机的问世，使片剂的质量和产量大大提高。在注射剂的生产方面，入墙层流式注射灌装生产线、高效喷淋式加热灭菌器、粉针灌封机与无菌室组合整体净化层流装置等减少了人员走动和污染机会。纳米技术与相应设备将对提高难溶性药物的生物利用度或纳米乳和纳米粒等靶向制剂的制备产生重要影响。

5. 中药新剂型的研究与开发 中医药是中华民族的宝贵遗产，在继承和发扬中医中药理论和中药传统制剂的同时，运用现代科学技术和方法实现中药制剂现代化，是中药制剂发展的方向。中药制剂从传统剂型（丸、丹、膏、散等）迈进现代剂型的行列，对提高药效具有重要的意义。已上市的中药制剂类型很多，如注射剂、颗粒剂、片剂、胶囊剂、滴丸剂、栓剂、软膏剂、气雾剂等20多个新的中药剂型。近年来中药缓释制剂和中药靶向给药的微球制剂等也在开发或研究中，丰富和发展了中药的新剂型和新品种，但中药新剂型的研究与开发仍然是我国药剂工作者的一项长期而艰巨的重要任务。

6. 生物技术药物制剂的研究与开发 21世纪生物技术的发展为新药的研制开创了一条崭新的道路。如预防乙肝的基因重组疫苗、治疗严重贫血症的红细胞生长素、治疗糖尿病的人胰岛素、治疗侏儒症的人生长激素、治疗血友病的凝血因子等特效药都是现代生物技术药物的新产品，它们正在改变医药科技界的面貌，为人类解决疑难病症提供了具有希望的途径。基因、核糖核酸、酶、蛋白质、多肽、多糖等生物技术药物普遍具有活性强、剂量小、治疗各种疑难病症的优点，但同时具有分子量大、稳定性差、吸收性差、半衰期短等问题。寻找和发现适合于这类药物的长效、安全、稳定、使用方便的新剂型是摆在药剂工作者面前的艰巨任务。

7. 医药新技术的研究与开发 新剂型的开发离不开新技术的应用。近几年来蓬勃发展的微囊化技术、固体分散技术、包合技术、脂质体技术、球晶制粒技术、包衣技术、纳米技术等，为新剂型的开发和制剂质量的提高奠定了技术基础。但有些技术还不够完善，应用于批量生产有待于进一步发展。

四、药剂学的分支学科

药剂的生产从个体医生的简单调配行为发展至小作坊生产到现代的大规模工业化，从传统、普通的剂型发展到丰富、先进、复杂的剂型或系统经历了很长的历史阶段。将原料药物加工成制剂需要多方面的理论和知识，需要配合多种工艺技术，包括各基础科学、生物科学、材料科学、机械科学等学科理论和技术。随着药剂学的进步，对药剂的研究分工也更细致，形成了以下方向或分支。

(1) 物理药剂学（physical pharmaceutics）是剂型和制剂设计的理论基础，其主要内容是应用物理化学的原理，研究和解释药物制造及储存过程中存在的现象与规律，用以指导剂型和制剂设计，推动具有普遍意义的新剂型和新技术及其应用。它包括化学动力学、界面化学、胶体化学、流变学、结晶化学等。

(2) 工业药剂学（industrial pharmaceutics）：研究药剂工业生产的理论和实际工艺技术，主要内容为剂型研究、制剂处方设计及工艺设计，制剂的质量控制，制剂机械和制剂车间设计（研究制剂机械的基本原理和应用，制剂车间的设计和合理布局）。

(3) 药用高分子材料学（polymers in pharmaceuticals）：研究药剂常用聚合物的性能、应用及其与药剂设计和质量的关系。

(4) 生物药剂学（biopharmaceutics）：研究剂型因素与生理效应之间的关系。生物药剂学是研究药物及其制剂在体内的吸收、分布、代谢、排泄等过程，阐明药物的剂型因素、用药对象的生物因素和药效之间关系的一门学科。

(5) 药代动力学（pharmacokinetics）：研究药物及其代谢产物在体内的运行规律和时效过程。

(6) 临床药剂学（clinical pharmaceutics）：一门以患者为对象，研究合理、有效与安全用药的学科。其主要研究内容包括临床用制剂和处方的研究、药物制剂的临床研究与评价、药物制剂的生物利用度研究、药物的临床监控、药物配伍变化及相互作用研究等在各分支学科的推动下，药物制剂也在不断向前发展：从古罗马著名医学家盖仑发明的盖仑制剂及中国历史悠久的方剂和汤剂，到工业化生产的各种剂型如片剂和胶囊、注射剂和软膏剂等；从短效或速效的制剂发展为长效和缓释的剂型；从被动地依赖于人体的自主吸收过程发展到靶向给药、定位给药、定时给药等药物传输系统。制剂在人类的防病治病过程中发挥着越来越重要的作用。

五、与药剂学相关的基本理论

（一）表面活性剂

表面活性剂是指具有固定的亲水亲油基团，并能使表面张力显著下降的物质。其结构中，烃链碳原子在 8 个以上。表面活性剂分为阴离子型表面活性剂，阳离子型表面活性剂，两性离子型表面活性剂，非离子型表面活性剂。

（二）药物的溶解度

溶解度（solubility）是指在一定温度（气体在一定压力）下，在一定溶剂中达饱和时溶解的最大药量，是反映药物溶解性的重要指标。溶解度有两种表示方法：①溶解度常用一定温度下 100g 溶剂中（或 100g 溶液或 100mL 溶液）溶解溶质的最大质量（g）来表示；②溶解度也可用物质的摩尔浓度 mol/L 表示。

（三）微粒分散体系

分散体系（disperse system）是一种或几种物质高度分散在某种介质中所形成的体系。被分散的物质称为分散相（disperse phase），而连续的介质称为分散介质（disperse medium）。分散体系按分散相粒子的直径大小可分为小分子真溶液（直径<10^{-9}m）、胶体分散体系（直径为 10^{-9}～10^{-7}m）和粗分散体系（直径>10^{-7}m）。将微粒直径为 10^{-9}～10^{-4}m 的分散相统称为微粒，由微粒构成的分散体系则统称为微粒分散体系。

（四）粉体学与流变学

粉体最基本的性质是粒子的大小、粒度分布与形状、比表面积、密度、孔隙率、流动性、润湿性等。研究物体性质的科学为粉体学。流变学：研究物体变形和流动的物理力学。

(五)药用辅料

药用辅料(pharmaceutic adjuvant)系指生产药品和调配处方时使用的赋形剂和附加剂;是除活性药物以外,在安全性方面已进行了合理的评估,且包含在药物制剂中的物质。药用辅料除了赋形、充当载体、提高稳定性外,还具有增溶、助溶、缓控释等重要功能,是可能会影响药品的质量、安全性和有效性的重要成分。

药物制剂处方设计过程实质是依据药物特性与剂型要求,筛选与应用药用辅料的过程。药用辅料是药物制剂的基础材料和重要组成部分,是保证药物制剂生产和发展的物质基础,在制剂剂型和生产中起着关键的作用。它不仅赋予药物一定剂型,而且与提高药物的疗效、降低不良反应有很大的关系,其质量可靠性和多样性是保证剂型和制剂先进性的物质基础。辅料的来源很丰富,有天然的、合成的和半合成的。无论来源如何,药用辅料应对人体无毒害作用、化学性质稳定、与主药及辅料之间无配伍禁忌、不影响制剂的检验,且尽可能用较小的用量发挥较大的作用。

药用辅料在制剂中的分类方式有多种,可从来源、作用和用途、给药途径等进行分类。

(1)按来源可分为天然产物、半合成产物和全合成产物。

(2)按辅料在制剂中的作用和用途分类有65种,分别是pH调节剂、螯合剂、包合剂、包衣剂、保护剂、保湿剂、崩解剂、表面活性剂、病毒灭活剂、补剂、沉淀剂、成膜材料、调香剂、冻干用赋形剂、二氧化碳吸附剂、发泡剂、芳香剂、防腐剂、赋形剂、干燥剂、固化剂、缓冲剂、缓控释材料、胶黏剂、矫味剂、抗氧剂、抗氧增效剂、抗黏着剂、空气置换剂、冷凝剂、膏剂基材、凝胶材料、抛光剂、抛射剂、溶剂、柔软剂、乳化剂、软膏基质、软胶囊材料、润滑剂、润湿剂、渗透促进剂、渗透压调节剂、栓剂基质、甜味剂、填充剂、丸芯、稳定剂、吸附剂、吸收剂、稀释剂、消泡剂、絮凝剂、乙酸改性剂、硬膏基质、油墨、增稠剂、增溶剂、增塑剂、黏合剂、中药炮制辅料、助滤剂、助溶剂、助悬剂、着色剂。

(3)按给药途径可分为口服、注射、黏膜、经皮或局部给药、经鼻或口腔吸入给药和眼部给药辅料等。有些辅料可用于多种给药途径,但用量和质量要求亦不相同,如用于注射剂时应符合注射用质量要求,用于口服时应符合口服制剂的质量要求。药用辅料的包装上应注明为"药用辅料"及其适用范围(给药途径)等。

药剂学中使用辅料的目的是多方面的,药用辅料有着以下作用。

1. 使剂型具有形态特征 如溶液剂中加入溶剂;片剂中加入稀释剂、黏合剂;软膏剂、栓剂中加入适宜基质等使剂型具有形态特征。

2. 使制备过程顺利进行 在液体制剂中根据需要加入适宜的增溶剂、助溶剂、助悬剂、乳化剂等;在片剂的生产中加入助流剂、润滑剂以改善物料的粉体性质,使压片过程顺利进行。

3. 提高药物的稳定性 化学稳定剂、物理稳定剂(助悬剂、乳化剂等)、生物稳定剂(防腐剂)等。

4. 调节有效成分的作用部位、作用时间或满足生理要求 如使制剂具有速释性、缓释性、用溶性、靶向性、热敏性、生物黏附性、体内可降解性的各种辅料;还有生理需求的pH调节剂、等渗剂、矫味剂、止痛剂、色素等。

药用辅料曾在相当长的时期内没有受到中国制药行业的重视,药用辅料的标准数量少、标准项目不齐全,影响了辅料的管理和使用。由于中国药用辅料起步较晚,整体水平较低,国内药用辅料在整个药品制剂产值中所占的比重还比较低,只有2%~3%,而国外药用辅料占整个药品制剂产值的10%~20%。

新型药用辅料对于制剂质量的提高、制剂性能的改造、新剂型的开发、生物利用度的提高具有非常关键的作用。为了适应现代化药物剂型和制剂的发展,药用辅料的更新换代越来越成为药剂工作者关注的热点。

随着科学技术的发展、社会的进步,新型、优质、多功能的药用辅料不断涌现,药物的新剂型与制剂新技术也得到进一步的开发。例如，①在液体制剂中，泊洛沙姆、磷脂的出现为静脉乳的制备提供了更好的选择；②在固体药物制剂中，羧甲淀粉钠（CMS-Na）、交联聚维酮（交联PVP）、交联羧甲纤维素钠（交联 CMC-Na）、低取代羟丙基纤维素（L-HPC）等超级崩解剂的研制，微晶纤维素、预胶化淀粉等优良可压性辅料的出现，不仅提高了片剂质量，而且使粉末直接压片工艺得到了新的机遇；③在经皮给药制剂中，月桂氮䓬酮（azone）的问世使药物透皮吸收制剂的研究更加活跃；④在注射剂中，聚乳酸（PLA）、聚乳酸聚乙醇酸共聚物（PLGA）等体内可降解辅料的出现，使1次注射给药缓释1～3个月的新型长效注射剂开发成功，在以速效为特色的注射剂里增添了以长时间缓释为特征的注射剂新品种。国内目前使用的药用辅料有500多种，2015年版《中国药典》四部将药用辅料另设为正文品种，辅料品种的收载数量由2010年版《中国药典》的132种增至270种。而在美国约1500种辅料中，约有50%收载于《美国药典》和《法国药典》；欧洲的药用辅料约有3000种，在各种药典中的收载数量也达到了50%。为简化药品审批程序，2016年开始，国家食品药品监督管理总局将药用辅料由单独审批改为在审批药品注册申请时一并审评、审批。

第二节　药剂学的发展简史

药剂学是研究药物制剂、药物配伍、药物稳定性、药物储存、药物给药途径和剂量等方面的学科。下面是药剂学的发展简史。

一、古代药剂学

早在中国古代，人们就开始研究如何制备药物。《神农本草经》《本草纲目》等经典著作记载了许多药物制剂的制备方法。我国最早的医书《内经》中早有关于药物汤剂、丸剂、散剂、膏剂、药酒剂型制备及应用的记载。西晋皇甫谧的《针灸甲乙经·序》序中即有"汤液始于伊尹"，说明汤剂于商代即已开始使用。古医书《五十二病方》《甲乙经》《山海经》均有记载将药材加工制成曲剂、汤剂、洗浴剂、饼、膏剂等剂型使用。东汉末年医学家，被后人尊称为"医圣"的张仲景在其传世巨著《伤寒杂病论》中就创造记载了大量有效的剂型，如治疗肺炎的麻黄杏仁石膏甘草汤；治疗胆道蛔虫的乌梅丸；治疗心律不齐的炙甘草汤等都是从古至今乃至现代临床中仍在使用的治病良方，其中的汤剂、丸剂、散剂、膏剂、酒剂、洗剂、浴剂、熏剂、滴耳剂、灌鼻剂、灌肠剂、阴道栓剂、肛门栓剂等都有着颇为详细的描述，此书是集秦汉以来医药理论的大成，其对医药制剂的发展有着巨大作用。唐代药王孙思邈在数十年的临床实践中，编著成《备急千金要方》《千金翼方》，其中记载了大量药方制剂，系统地总结了唐代以前的医学成就，是一部科学价值极高的著作，孙思邈晚年还主持了世界上第一部国家药典《新修》的编撰，为我国药剂学的发展奠定了基础，孙思邈将张仲景的六经辨证法改为按方剂主治及临床表现特点相结合的分类法，成为以方类证之指南，对后世影响深远。宋朝时期，中药成方制剂生产规模日益扩大，出现了官办手工药厂，几经演变最后成为"惠民和剂局"，并于公元1080年颁布了《太平惠民和剂局方》，这是我国最早的一部国家制剂规范，比英国最早的局方早500多年。明代著名医药学家李时珍所编著的《本草纲目》是我国的医药宝库，被誉为东方医药巨典，全书首列总目、凡例、附图。卷一，卷二为序例，介绍了历代诸家本草及中药基本理论等内容，列举《神农本草经》《雷公炮炙论》《唐本草》等41种本草著作，并加简要评价，基本反映出明代以前本草学发展概况；另又附列引用医书277种，经史百家书籍440种，共计717种，使中药理论获得系统整理。卷三，卷四为百病主治，大致沿袭宋以前本草"诸病通用药"旧例，以诸风等113种病证为纲，分列主治药物，或于病证下再分若干证，类列药物用法，复设草部、菜部、果木等为小纲，并详其主治，编次有序，便于临证参考。卷五至卷五十二为药物各论，总目原称载药1892种，经实核为1897种。各论均以"部"为纲,以"类"为目分类,分为水、火、土、金石、草、谷、菜、果、木、服器、虫、鳞、介、禽、兽、人等十六部,每部之前均有简要论述。《本草纲目》对医药本草处方进行了系统的汇总,充分展示了我国丰富的药物剂型,提供了丰富的药剂学研究资料,推动了我国中药本草学的研究与发展,对世界药学的发展也有重大贡献。近现代,自鸦片战争以来至中华人民共和国成立初期,受外国侵略与西方思想的影响,我国传统药剂学发展缓慢,乃至停滞不前。中华人民共和国成立后,在政府政策扶持与方针指引下,我国医药生产事业逐渐恢复发展,1950年召开了全国制药会议,1952年成立医药工业管理局,并设立中国医药公司,1956年成立上海医药工业研究院药物制剂研究室,自此以后,全国各地先后成立医药工业研究机构,药物制剂学的研究逐步步入正轨,尤其是在"中医药学是一座宝库,应当努力发掘加以提高"的方针指引下,中药制剂的发展更是突飞猛进。同时为了加强制剂质量的整理和提高,卫生部加强了药典编纂工作,于1953年出版了第1版《中国药典》,为了适应当时迅速发展的制药工业和临床需要,1957年又在1953年版《中国药典》的基础上出版了增补本,为了更好适应医药科学迅速发展和我国医药工业生产水平不断提高的需要,在整理祖国医药遗产、吸收国外先进经验和充分利用我国资源的基础上,又编纂出版了1963年版《中国药典》。以后又相继制订出版了1977年版、1985年版、1990年版、1995年版、2000年版、2005年版、2010年版和2015年版《中国药典》。1985年版《中国药典》开始分一、二部,共收载中西药品1489种。1990年版《中国药典》收载药品1751种,对药品名称根据实际情况做了相应修订,并对附录收载的制剂通则和检测方法也做了相应的修改和补充,新技术、新方法有较大幅度的增加。1995年版《中国药典》收载药品共2375种,除常规剂型外,还收载了茶剂、露剂、颗粒剂、口服液和缓释制剂等品种。2000年版《中国药典》收载药品共计2691种。2005年版《中国药典》收载药品共计3214种,并且明确规定了某些具体剂型的定义和分类。2010年版《中国药典》收载药品共计4567种,除了主要收录中药的一部和化学药品的二部,将生物制品单列为第三部。2015年版《中国药典》收录药品已达5608种,在2010年版三部的基础上,增加了收载辅料的第四部。2020年版《中国药典》进一步扩大药品品种和药用辅料标准的收载,收载品种5911种,新增319种,修订3177种,不再收载10种,因品种合并减少6种。一部中药收载2711种,其中新增117种、修订452种。二部化学药收载2712种,其中新增117种、修订2387种。三部生物制品收载153种,其中新增20种、修订126种;新增生物制品通则2个、总论4个。四部收载通用技术要求361个,其中制剂通则38个(修订35个)、检测方法及其他通则281个(新增35个、修订51个)、指导原则42个(新增12个、修订12个);药用辅料收载335种,其中新增65种、修订212种。

  古代药剂学起源于人类最早开始使用植物、动物等自然物质治疗疾病的时期。最早的药剂学文献可以追溯到公元前3000年左右的古巴比伦,他们发明了制药的基本工具,如研钵、研杵等。古埃及也有许多药剂学文献,药剂师们使用各种天然物质进行药物制备和治疗。古印度的阿育吠陀医学也有药物制剂的相关记载。

  古代药剂学在中世纪时期进入了一个繁荣期,阿拉伯帝国崛起后,医学与药剂学在阿拉伯地区得到了巨大的发展。著名的阿拉伯医学家伊本·西那在其所著的《医典》中对许多药物的制备和应用进行了详细的描述。

  在欧洲,药剂学始于古希腊时期,随着罗马帝国的兴起,药剂学得到了发展。中世纪时期,药剂学成为医学的重要组成部分,药剂师们通过实验和经验不断改进药物制剂,使得药物的疗效得到了提高。

  现代药剂学的起源可以追溯到19世纪,当时随着化学分析和有机合成技术的发展,人们开始研究和制备新药物,药剂学也逐渐成为一门独立的学科。20世纪以来,随着药物的不断研发和应用,药剂学得到了进一步的发展和完善。

二、中世纪药剂学

在中世纪欧洲，人们开始研究药物的分离和提纯技术。当时使用的药物制剂包括药水、药丸、药膏等。

中世纪药剂学是指欧洲从公元 500 年到 1500 年期间的药剂学发展。在这段时期中，药剂学作为一门科学开始在欧洲各地得到了广泛的发展。在这个时期中，草药仍然是主要的药物来源，但也开始使用一些矿物和动物成分。同时，一些古代文化的药剂学知识也得到了欧洲的传播和应用。

在中世纪的药剂学中，神秘主义和魔法的因素仍然存在，但科学方法和实验也开始被应用。一些重要的药剂师和医生如伊本·西那、阿维森纳和帕拉塞尔苏斯等的贡献也推动了药剂学的发展。药剂学开始在欧洲的大学中教授，并逐渐形成了一些专业的组织和标准。

中世纪药剂学的发展奠定了现代药剂学的基础，为今后的药物研发和制造提供了技术和知识的支持。

三、现代药剂学

随着化学、生物技术等科学技术的进步，药剂学也逐渐发展为现代化学和生物学的交叉学科。现代药剂学研究内容广泛，涉及药物的制备、稳定性、质量控制、给药途径和剂量等方面。

18 世纪，由于从植物中提取到了吗啡、咖啡因等单体药物和有机化学的发展，使药物从天然物质逐渐转变为化学药物。1928 年英国弗莱明（Fleming）偶然发现青霉素，从此人类可以治疗细菌性感染。19 世纪法国的医师 Pravas 首次发明注射器后，发现了注射给药的药效迅速，1843 年威廉（William）首次发明压片机，开创了机械压片的历史，1847 年默多克（Murdock）发明了硬胶囊剂，1886 年利穆赞（Limousin）发明了安瓿，使注射剂得到了快速的发展。19 世纪为西方科学与工业技术蓬勃发展的时期，药剂学也得到发展，片剂、注射剂、胶囊剂、橡胶硬膏剂等剂型相继出现。又由于制药机械的发明，药剂生产的机械化、自动化在此时期突飞猛进。现代药剂学起源于 19 世纪末 20 世纪初，是药学中的一个重要分支。随着化学和生物技术的不断发展，药剂学的研究内容和研究方法得到了不断扩展与改进，逐渐形成了完整的学科体系。现代药剂学主要研究药物的制剂、储存、稳定性、药代动力学、给药途径、药物相互作用等方面的问题，旨在为临床应用提供更为安全、有效的药物制剂。

随着纳米技术、3D 打印技术等的不断发展，现代药剂学也在不断地向着更加精细化、个性化、智能化、环保化等方向发展。同时，药物制剂的研究也越来越注重药物的安全性和可控性，如控释制剂的研究。总体而言，现代药剂学的研究方向和内容非常广泛，正在不断推动药物制剂的发展和创新。

四、当代药剂学

随着纳米技术、基因工程技术等的发展，药剂学研究也逐渐向着新的方向发展。当代药剂学研究主要关注于提高药物的效果、减少副作用、降低药物成本等方面。

当代药剂学是以利用先进技术制备药物和研究药物释放、吸收、分布、代谢和排泄等过程为主要内容的药学分支学科。随着科技的不断发展，当代药剂学的研究也在不断深入和拓展。

当代药剂学研究的主要方向如下。

（1）现代药物制剂技术：药物制剂技术是当代药剂学的重要研究方向之一，其主要目标是研究药物制剂的物理化学特性、制剂工艺、质量控制和生产工艺等，以开发高效、安全、方便使用的药物制剂。

（2）药物控释技术：药物控释技术是指通过一定的技术手段，控制药物在体内的释放速率和时间，从而实现药物的持续作用。药物控释技术已经在药物治疗和预防疾病方面得到广泛应用。

(3）药代动力学研究：药代动力学研究是当代药剂学的重要方向之一，其主要目的是研究药物在体内的代谢过程、药物代谢产物的形成、排泄途径及药代动力学参数的测定等。

（4）药物制剂的评价：药物制剂的评价是当代药剂学的重要研究内容之一，包括制剂质量的评价、药效学评价、安全性评价和稳定性评价等，以保证制剂的质量和疗效。

（5）生物制剂技术：随着生物技术的发展，生物制剂技术也成为当代药剂学的研究热点之一，包括基因工程制剂、蛋白质制剂和抗体制剂等。生物制剂具有高效、低毒、高靶向性等优点，在治疗癌症、炎症、免疫性疾病等方面具有重要应用价值。

（6）新型制剂技术：新型制剂技术是指应用新型材料和新型技术制备药物，具有高效、低毒、高生物利用度、控制释放速率和时间等优点，如纳米粒子制剂。

总的来说，药剂学的发展是与医药科学的发展密不可分的。随着科技的不断进步，药剂学也在不断地完善和发展。

第三节　药物剂型的作用与分类

药物剂型指的是药物的物理形态，以及药物与辅料的组成和制备方法。药物剂型的作用是将药物转化为适合于患者使用的物理形态，使药物具有适当的生物利用度和药效，并且满足患者使用的方便性和舒适性。

根据药物剂型的不同特点和适用范围，临床医生会根据患者的病情和用药需求选择合适的药物剂型。

一、液体制剂

液体药剂是指药物分散在适宜的分散介质中形成的液体形态的制剂，即以液态的形式应用于临床的所有药物制剂统称为液体药剂（图7-1）。

图 7-1　均相液体制剂（左）和非均相液体制剂（右）

1. 均相液体制剂　药物以分子状态均匀分散的澄明溶液，属热力学稳定体系。其中的溶质称为分散相，溶剂称为分散介质。

（1）低分子溶液剂：又称溶液剂，是由低分子药物分散在分散介质中形成的液体制剂，分散微粒小于1nm。

（2）高分子溶液剂：包括由高分子化合物分散在分散介质中形成的液体制剂，也包括由表面活性剂形成的缔合胶体溶液（又称亲液胶体）。分散相微粒大小为1～100nm。

2. 非均相液体制剂　非均相液体制剂所形成的体系为多相分散体系，其中固体或液体药物以分子聚集体（1～100nm），微粒（大于500nm）或小液滴（大于100nm）分散在分散介质中，属于不稳定体系。

（1）溶胶剂：指固体药物微细粒子分散在水中形成的非均匀分散的液体制剂，又称疏水胶体溶液。胶粒直径大小为1～100nm，属热力学不稳定系统。

（2）混悬液型液体药剂简称混悬液或混悬剂：指难溶性药物以微粒状态分散在液体分散介质中形成的多相分散体系，分散相质点直径为 0.1～10μm。

（3）乳浊液型液体药剂简称乳剂或乳浊液：指两种互不相溶的液体，其中一种液体以小液滴的形式分散在另一种液体中所形成的多相分散体系的液体药剂。形成液滴的液体称分散相、内相或不连续相；另一种称为分散介质、外相或连续相。具体分为水包油型（O/W 型）和油包水型（W/O 型）。

二、固体制剂

1. 散剂　指药物或与适宜辅料经粉碎、均匀混合而制成的干燥粉末状制剂。散剂分为内服散剂和局部用散剂。

2. 颗粒剂　指药物与适宜的辅料制成具有一定粒度的干燥颗粒状制剂；粉末状或细粒状称细粒剂。颗粒剂可分为可溶颗粒剂、泡腾颗粒剂、肠溶颗粒剂、缓释颗粒剂和控释颗粒剂等，供口服用。

3. 片剂　指药物与适宜的辅料均匀混合，通过制剂技术压制而成的圆片状或异形片状制剂。片剂以口服普通片为主，也有含片、舌下片、口腔贴片、咀嚼片、分散片、泡腾片、阴道片、速释或缓释或控释片与肠溶片等。

4. 胶囊剂　指药物或加辅料充填于空心胶囊或软质囊材中的制剂，供口服。

5. 丸剂、滴丸剂

（1）丸剂：是指药材细粉或药材提取物加适宜的黏合剂或辅料制成的球形或类球形制剂。丸剂按黏合剂不同，可分为蜜丸、水丸、水蜜丸、糊丸、浓缩丸和微丸等。按制备方法又可分为泛制丸、塑制丸等。

（2）滴丸剂：是指固体或液体药物与基质加热熔化混匀后，滴入不相混溶的冷凝液中，收缩冷凝而制成的制剂。滴丸主要供口服，也可供外用和局部如眼、耳、鼻、阴道、直肠等腔道使用。

6. 膜剂　指药物与适宜的成膜材料经加工制成的膜状制剂，供口服或皮肤、黏膜外用，也可供口含、舌下、眼结膜囊内或阴道内使用（图 7-2）。

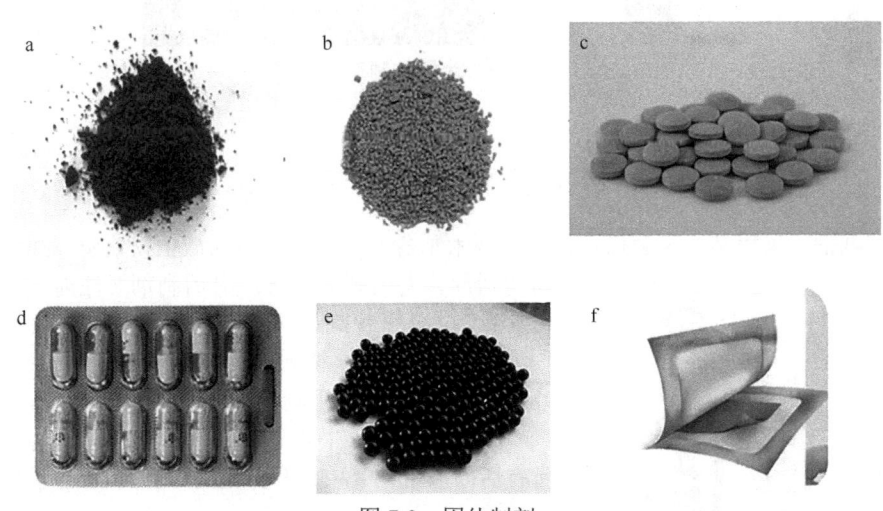

图 7-2　固体制剂
a. 散剂；b. 颗粒剂；c. 片剂；d. 胶囊剂；e. 丸剂；f. 膜剂

三、半固体制剂

1. 软膏剂　指药物与适宜的基质混合制成的半固体外用制剂。用乳剂型基质制成的软膏剂也称乳膏剂。软膏剂主要起保护、润滑和局部治疗作用，但近年来透皮吸收理论的研究和发展，软膏通过皮肤还可起全身治疗作用，应用于临床的品种也显著增多。

2. 凝胶剂　指药物与能形成凝胶的辅料制成均一、混悬或乳剂型的乳胶稠厚液体或半固体制剂，主要供外用。

3. 栓剂　指药物与适宜的基质制成供腔道给药的制剂，常温下为固体，塞入腔道后，在体温下能迅速软化、熔化或溶解于分泌液中，逐渐释放药物而产生局部或全身作用。

4. 气雾剂　指药物与适宜的抛射剂同时封装于具有特制阀门系统的耐压容器中，使用时借抛射剂的压力将内容物喷出的制剂。药物喷出时多为细雾状，也可以呈烟雾状、泡沫状或细流状。气雾剂是一种可在呼吸道、皮肤或其他腔道使用，药物进入呼吸道深部、腔道黏膜或皮肤等体表发挥全身或局部作用的给药系统。该给药系统应对皮肤、呼吸道与腔道黏膜和纤毛无刺激性、无毒性。

5. 喷雾剂　指不含抛射剂，借助于手动泵的压力将内容物以雾状等形态释出的制剂。喷雾剂分为单剂量和多剂量两种。喷雾剂是通过机械（喷雾器或雾化器）作用将药液喷成雾状（图7-3）。

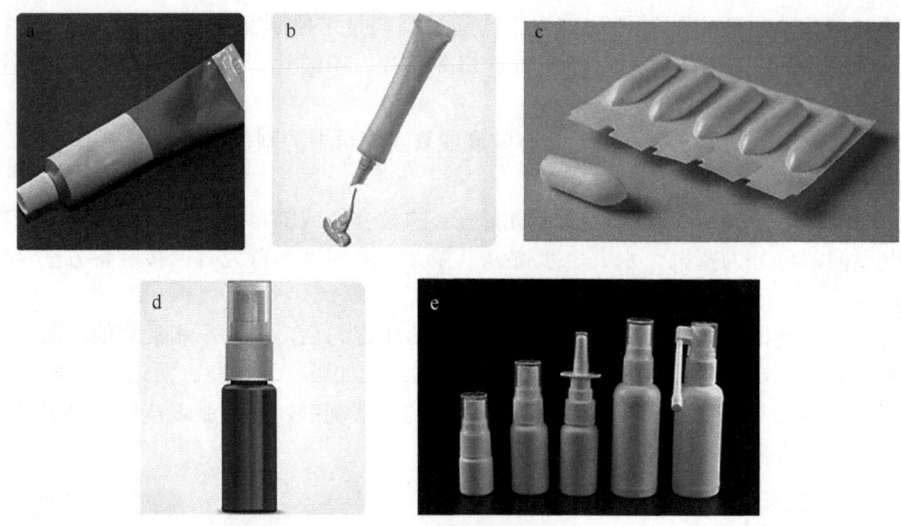

图 7-3　半固体制剂
a. 软膏剂；b. 凝胶剂；c. 栓剂；d. 气雾剂；e. 喷雾剂

四、无菌制剂与灭菌制剂

1. 无菌制剂　采用某一无菌操作方法或技术制备的不含任何活的微生物繁殖体和芽孢的一类药物制剂。无菌制剂包含注射用制剂（注射剂、输液、注射粉针）；眼用制剂（滴眼剂、眼用膜剂、软膏剂、凝胶剂）；植入型制剂（植入片）；创伤用制剂（溃疡、烧伤及外伤用溶剂）；手术用制剂（止血海绵、骨蜡）。

2. 灭菌制剂　采用某一物理或化学方法将杀灭或除去所有活的微生物繁殖体和芽孢的一类药物制剂（图7-4）。

五、缓释制剂和控释制

剂缓释制剂是指用药后能在较长时间内持续释放药物以达到延长药效目的的制剂。控释制剂是指药物能在设定的时间内自动以设定速度释放，使血药浓度长时间恒定地

图 7-4　滴眼剂（左）和无菌注射剂（右）

维持在有效浓度范围内的制剂。缓释制剂和控释制剂的主要区别是药物的释放速度，一般缓释制剂是指其中的药物释放缓慢，常为非零级过程；而控释制剂的释药速度常为零级或接近零级过程，且其释药速度不受体内环境 pH、离子强度、酶及胃肠道蠕动等因素的影响。

六、靶向制剂

目前广泛使用的片剂、注射剂、丸剂、缓释剂等剂型，对于治疗一般疾病是合适的，但对局部疾病如肝癌、肝炎、肝寄生虫、肺癌、肺结核等的治疗不尽合适。因为这些剂型给药后，药物在体内几乎是全身分布的，而药理作用强烈的药物，如抗癌药在治疗过程中会出现严重的不良反应。靶向制剂是指载体将药物通过局部给药或全身血液循环选择性地浓集于靶组织、靶器官、靶细胞或细胞内结构的给药系统。靶向制剂的意义在于提高药物疗效、降低不良反应。理想的靶向制剂应具备定位浓集、控制释药及载体无毒可生物降解三个要素。与普通制剂相比，它具有高效、低毒、靶向性等特点。

七、生物技术药物制剂

现代生物技术产品的开发，已取得显著的成绩。有人预言，新的生物技术制药的产业化前景十分光明，21 世纪整个医药工业将面临全面的更新改造，由传统生物技术制药向现代生物技术制药产业飞速转变，成为 21 世纪的发展方向。生物技术又称生物工程，是利用生物有机体（动物、植物、微生物）或其组成部分（包括器官、组织、细胞或细胞器）发展各种生物新产品或新工艺的一种技术体系。生物技术包括基因工程、细胞工程、发酵工程与酶工程。以基因工程为核心及具备基因工程和细胞工程内涵的发酵工程与酶工程才被称为现代生物技术。生物技术药物是指采用现代生物技术，借助某些微生物、植物或动物来生产所需的药品。运用 DNA 重组技术和克隆技术生产蛋白质、多肽、酶、激素、疫苗、单克隆抗体和细胞生长因子等药物。生物技术药物绝大多数是生物大分子性内源物质，对于治疗病毒感染、癌症、艾滋病等疾病，有特殊疗效，临床使用剂量小，药理活性高，副作用小，但其稳定性很差，易产生过敏反应，在酸、碱性及体内环境下易失活；且生物技术药物分子量大，且以多聚体存在，口服给药不易吸收，并存在体内半衰期短等劣势。

第四节 药剂学的发展与任务

药剂学的主要任务是研究药物在体内的吸收、分布、代谢和排泄过程，以及药物与体内外环境的相互作用，从而为药物的剂量和给药途径的选择提供科学依据。药剂学在药物研究和开发中具有重要作用，它涉及药物的制备、稳定性、制剂的选择、剂型的设计等方面，这些都是确保药物能够发挥最大疗效的关键环节。

随着药物研究和开发的不断深入，药剂学的研究也在不断发展。目前，药剂学的发展趋势主要有以下几个方向。

一、个性化药剂学

针对不同个体的生理特征、疾病特征和药物代谢特征，进行针对性的制剂设计和个性化给药方案的制订，实现治疗效果的最大化和副作用的最小化。

个性化药剂学是针对患者个体差异性而开展的药物治疗个体化的一种药剂学领域。其主要任务是通过对患者个体特征和药物特性的研究，制订个性化的药物剂量和用药方案，以实现最佳疗效和最小副作用。

个性化药剂学的发展与任务与基因组学、蛋白质组学、代谢组学、药理学、药代动力学等领域密切相关，它需要深入了解患者的遗传背景、代谢状态、药物相互作用等信息，并结合药物的药代动力学和药理学等特性，制订个性化用药方案。

随着技术的不断进步，个性化药剂学在药物治疗中的应用越来越广泛，已经成为当前药剂学领域的重要研究方向之一。

二、智能化制剂设计

利用现代信息技术和生物技术手段，对制剂进行智能化设计和控制，实现药物释放的精确控制和药效的最大化。

智能化制剂设计是指利用现代化学、生物技术、信息技术等多种学科手段，通过对药物的性质和生理药理特征的深入研究，设计出更加智能化、精准化、个性化的药物制剂。智能化制剂设计的目的是优化药物治疗效果、减少药物不良反应、提高患者的生活质量。

智能化制剂设计的主要任务如下。

1. 通过对药物药代动力学和药效学的深入研究，了解药物在体内的代谢、分布和排泄特征，为药物的剂型设计提供理论依据。

2. 利用现代化学和材料学等学科的研究成果，研究制剂材料的物理化学特性，设计出更加稳定、安全、可控的制剂。

3. 利用信息技术手段，建立药物分子的三维结构模型，预测药物的物理化学性质和作用机制，为药物的制剂设计提供参考。

4. 生物技术手段，研究药物在生物体内的药效学特征，探索靶向药物输送系统的设计，提高药物的作用效果和降低不良反应。

5. 利用先进的制剂工艺技术，开发出更加智能化、个性化的制剂，为临床治疗提供更好的药物选择和治疗效果。

三、绿色制剂设计

注重制剂的可持续性和环境友好性，采用可再生资源和低污染制剂技术，减少对环境的影响。

绿色制剂设计指的是在药剂学制剂设计的过程中考虑环境保护和可持续性发展的理念，通过选择环境友好型的原料和采用环境友好型的制剂工艺来减少对环境的影响。这一理念是在全球环境保护意识不断提高的背景下出现的，旨在实现可持续发展和循环经济。

在药物制剂设计中，绿色制剂设计可以从以下几个方面实现。

（1）原料选择：选择生物可降解的、环境友好的原料，避免对环境造成污染。

（2）制剂工艺：采用环保型工艺，减少对环境的影响，如采用水相工艺、微波辅助技术等。

（3）废物处理：对生产过程中的废物进行分类和回收，减少污染物排放和资源浪费。

（4）药物包装：采用可回收的材料进行包装，减少包装废弃物的产生。

通过绿色制剂设计，可以最大限度地减少制剂过程对环境的影响，实现可持续发展和循环经济的目标。

四、多功能制剂设计

设计具有多种功能的制剂，如靶向制剂、缓释制剂、控释制剂等，以满足不同临床需求。

多功能制剂是指具有多种药物作用或多个功能的药物制剂，可以同时或依次实现不同的治疗效果，为治疗多种疾病或症状提供了方便和有效的选择。其设计包括物理制剂设计和化学制剂设计两种。

物理制剂设计是通过改变制剂的物理特性来实现多功能。例如，通过制备含有多种活性成分的复合纳米粒子，使其在体内同时释放多种药物，达到多功能治疗的目的。

化学制剂设计则是在一个分子中融合不同的药物结构，使其具有多种药效，也称为"单分子多靶点"（single molecule multi-target）药物。这种制剂设计不仅可以提高治疗效果，还可以降低副作用和药物相互作用的可能性，因为所有药物活性成分均来自同一分子，不存在不同药物之间的药物相互作用。

多功能制剂的设计旨在提高药物疗效，减少不良反应，增加患者依从性和治疗效果的可控性。它是药物制剂设计的一个重要发展方向。

综上所述，药剂学是现代药学领域中重要的分支之一，其发展趋势主要是向个性化、智能化、绿色化和多功能化方向发展。

第五节　药物制剂的新技术与新剂型

药物制剂的新技术与新剂型是药剂学领域的热点研究方向，其目的是开发更有效、更安全、更方便使用的药物制剂，提高药物治疗的疗效和患者的依从性。以下是一些新技术和新剂型的介绍：

一、纳米药物制剂

纳米技术被广泛应用于药物制剂的研究中，可以通过控制药物的粒径和表面性质来改善药物的生物利用度、药效和不良反应等方面的问题。

纳米药物制剂是一种应用纳米技术制备的药物制剂，其粒径通常在 1~100nm。由于其独特的物理、化学和生物学特性，纳米药物制剂在药物输送和治疗方面具有广泛的应用前景。以下是一些纳米药物制剂的例子。

1. 纳米粒子药物制剂　包括聚合物纳米粒子、脂质体、纳米乳液、纳米微球和纳米胶束等，可以用于靶向药物输送和增强药物生物利用度等。

2. 纳米化药物　将常规药物通过纳米技术改变其药物性质和生物活性，提高其药效和减少副作用。

3. 纳米薄膜制剂　通过制备纳米压电薄膜、纳米多孔薄膜、纳米纤维薄膜等，可以控制药物释放和输送。

4. 纳米复合材料药物制剂　将纳米材料与药物相结合，例如，磁性纳米粒子和药物的复合物可以用于靶向治疗癌症等。

纳米药物制剂的应用领域非常广泛，包括肿瘤治疗、神经疾病治疗、传染病治疗和组织修复等。随着纳米技术的不断发展，纳米药物制剂在药物治疗中将会扮演更加重要的角色。

二、控释制剂型

控释制剂型是指药物在给药后能够以一定的速度持续地释放出来的制剂。控释制剂型可以分为长效控释、延时控释和靶向控释等多种类型。控释制剂型的优点是减少药物给药的频率、维持药物在体内的持续作用时间和提高药物疗效，从而增加药物的安全性和患者的依从性。

常见的控释制剂型包括胶囊、片剂、注射剂和贴剂等，其中最常见的是胶囊和片剂。控释胶囊和片剂通过改变药物的物理及化学特性来控制药物的释放速率，从而延长药物在体内的作用时间。注射剂和贴剂则通过改变药物的注射方式或贴剂的结构来实现控释作用。

近年来，随着纳米技术和材料科学的发展，纳米控释技术已经成为一种新型的控释制剂型。纳米控释制剂通过纳米材料的特殊性质来控制药物的释放速率，从而实现更为精确和个性化的药物治疗。

三、多肽药物制剂

多肽药物制剂是指以多肽为活性成分，采用不同的技术和载体，设计制备出具有一定稳定性、生物利用度和生物效应的制剂。多肽药物具有高度的特异性、亲和性和活性，可用于治疗多种疾病，如糖尿病、心血管疾病、肿瘤等。

常见的多肽药物制剂如下。

1. 脂质体包封多肽制剂 将多肽包封于脂质体内，以提高其生物利用度和稳定性。

2. 聚乙二醇化多肽制剂 通过与聚乙二醇的结合，增加多肽的血浆半衰期。

3. 微球制剂 将多肽包裹在聚合物微球内，实现控释效果，延长多肽的作用时间。

4. 靶向纳米制剂 将多肽与纳米颗粒结合，实现对特定受体或组织的靶向输送。

随着制剂技术的不断发展，多肽药物制剂在临床应用中得到了越来越广泛的应用，为疾病治疗带来了新的希望。

四、蛋白质工程技术

通过改变蛋白质的结构和性质，使其具有更好的药理学特性和稳定性，从而设计出更好的蛋白质制剂。

蛋白质工程技术是一种将DNA重组技术和蛋白质化学修饰技术相结合，通过改变蛋白质的结构和性质，使之更适合特定的药物治疗需求的技术。这项技术可以产生人工合成的蛋白质，使研究人员能够更深入地理解蛋白质结构和功能，并制备具有特定功能的蛋白质，如治疗疾病的药物或其他生物技术产品。

蛋白质工程技术的发展使得制备大量高纯度蛋白质变得更加容易，并能够制备具有特定生物活性的蛋白质。该技术在生物医学、制药工业和农业等领域中都得到了广泛应用。例如，通过蛋白质工程技术，制备出了一些重要的生物制剂，如重组人胰岛素、重组人生长激素等。

蛋白质工程技术主要包括以下几个方面。

（1）基因工程：通过对DNA的改造和重组，设计新的蛋白质序列，使其具有特定的生物活性。

（2）蛋白质表达：将基因工程后的DNA序列转化为蛋白质，通常采用细胞培养和重组蛋白表达系统。

（3）蛋白质纯化：通过多种分离技术，如离子交换层析、凝胶过滤层析、亲和层析等，从复杂的混合物中纯化蛋白质。

（4）蛋白质修饰：对蛋白质进行物理化学性质的改变，如酰化、磷酸化、糖基化等，以提高蛋白质的稳定性、溶解度、药代动力学等特性。

（5）蛋白质功能研究：通过对蛋白质结构和功能的深入了解，改进蛋白质的性质，提高其在治疗和诊断等领域的应用价值。

五、生物黏合剂技术

生物黏合剂技术指的是利用生物材料作为黏合剂的技术。生物黏合剂主要有两类，一类是天然生物黏合剂，如动物和植物体内分泌的黏合物质，如蛋白质、胶原蛋白等。另一类是合成生物黏合剂，如仿生物材料、聚合物、生物降解材料等。生物黏合剂技术具有以下优点：

（1）生物黏合剂是天然材料，对人体无害，不会引起排斥反应。

（2）生物黏合剂可以与组织结合，促进组织愈合，降低并发症发生率。

（3）生物黏合剂在应用过程中可以精确控制，能够根据具体需要进行剂量、制备等调整，具有很强的个性化优势。

（4）生物黏合剂的生产成本相对较低，有较好的市场竞争力。

（5）生物黏合剂技术可以应用于多个领域，如医疗、生物工程、农业等，具有广泛的应用前景。

生物黏合剂技术在医疗领域的应用前景广阔，如可以用于组织修复、手术止血、伤口闭合等方面。同时，生物黏合剂技术还可以应用于药物递送系统、人工器官制备等领域。随着科技的不断发展，生物黏合剂技术将会有更加广阔的应用前景。

六、3D 打印技术

通过 3D 打印技术可以制备出精准的药物制剂，根据患者的具体需要进行个性化制剂设计。

3D 打印技术是一种快速原型制造技术，可以根据数字模型的设计在 3D 打印机上进行层层叠加，最终制造出具有所需形状和尺寸的物品。在药物制剂领域，3D 打印技术可以制造出具有不同释放速率、控释性质和特定形状的制剂，如口服制剂、处方药、医疗器械等。3D 打印技术的优点是可以根据患者的具体需要和药物治疗方案来制造个性化的药物制剂，从而提高治疗效果和患者的生活质量。此外，3D 打印技术还可以在新药研发中发挥重要作用，可以快速制造出药物载体、药物颗粒和体内组织结构的模型等，有助于药物的研发和评价。

【案例】　　　　　中国药学界泰斗、药剂学奠基人——顾学裘

顾学裘（1912—2011 年），出生在江苏青浦（今属上海市），作为杰出的药剂学家和药学教育家，长期致力于药学教育和药学研究，为中国医药事业作出了卓越的贡献，尤其在抗癌药物新剂型——多相脂质体的研究领域取得了重要的成就。

顾学裘教授在 20 世纪 30 年代早期就开始培养药学专业人才。他毕业于上海中法大学药科，并于 1936 年加入南京国立药学专科学校。怀着振兴国家药学的志向，他不仅在这所新建的学校中教书育人，还担任附设高级药剂职业科的主任。他的付出和努力为中国药学教育的发展奠定了基础。

在 50 年代初，顾学裘教授决定将精力投入到药物制剂的研究中。当时，中国的药物制剂研究和生产相对滞后，大量药需要依赖进口。顾学裘深知作为一名药剂学教授，他应该以自己的专业知识为国家的制剂领域作出贡献。尽管研究条件艰苦，他组织药剂教研室的教师，在有限的条件下进行生物制剂、乳剂及制剂辅料等方面的研究。他的努力获得了成果，1955 年，他发表了关于白及胶质的研究论文，这些研究被国内外许多单位引用。

进入 60 年代，顾学裘教授在困难环境下坚持进行长效制剂和前体药物制剂的研究。他首创性地研制了长效维生素 B_{12} 和长效普鲁卡因等新制剂。他设计的新型制剂包括速效和长效两部分，用药后不仅能够迅速发挥药效，还能够持续一段时间的作用。他在这个领域取得了国内的领先地位。

到了 1978 年，顾学裘教授领导的制剂研究室将研究方向转向了抗癌药物的新剂型。在接下来的十年中，他带领团队开展了富有成效的研究工作，成功创制了抗癌药物"导弹"式载体——多相脂质体系列。这些多相脂质体能够精确瞄准淋巴系统，提高药效，降低不良反应。这一突破将新型药物载体从实验室推向临床应用，为抗癌药物的研究和治疗带来了新的希望。

顾学裘教授不仅在科研方面取得卓越的成就，还积极参与药学著作的创作。他编写了多本药学专著，其中《制剂学》代表了当时国内制剂学的先进水平。他的著作为中国的药学事业提供了重要的参考和知识更新，对培养药学人才起到了积极的作用。

顾学裘教授不仅是杰出的药学家，还是一位热爱祖国、为人民服务的杰出党员，他的一生充满了爱国情怀、追求真理、为人正直、淡泊名利等优良品质，是广大知识分子学习的楷模。

顾学裘教授的故事如同中国药学发展史上的一颗璀璨明珠，他的精神将继续激励新一代的药学人才，不断追求科学真理，为国家的医药事业贡献智慧和力量。

思 考 题

1. 剂型、制剂、药剂学的概念是什么？
2. 简述药物剂型的各分类方法的优缺点。
3. 液体制剂的定义和特点是什么？
4. 片剂的常用辅料有哪些？
5. 说明固体制剂和液体制剂各自的优缺点。
6. 如何改善固体制剂的药物溶出速度？
7. 喷雾剂和粉雾剂有什么区别？
8. 药物制剂设计时需要考虑的问题有哪些？
9. 常用的脂质体制备方法有哪些？常用哪些材料进行修饰？
10. 当代药剂学研究的主要方向包括哪些？
11. 绿色制剂设计可以从哪几个方面考虑？
12. 药物制剂新技术与新剂型的研究与开发主要包括哪些内容？

（周舒文）

第八章 药事管理学

学习目标
1. 掌握：药事管理学的定义及主要内容。
2. 熟悉：药事管理的重要性和组织机构。
3. 了解：药事管理的原理与方法。

药事管理学是指对药物的采购、储存、配制、配送、使用、监测、评价和信息管理等方面进行管理和研究的学科。它的目标是通过合理的药事管理，确保药物的质量和安全，优化药物的使用效果，最大程度地保护患者的利益。

药事管理学是一门跨学科的综合学科，包括药学、医学、管理学、信息学等多个领域的知识。其主要任务是规范和管理医疗机构和药品流通企业的药事行为，确保药物的合理使用和管理，主要包括药物的采购、配送、质量控制、临床使用、药物安全、药物信息管理等方面。

随着医疗技术和制度的不断改进，药事管理学也在不断发展。当前，药事管理学研究的重点是如何优化药物管理和使用，降低药物的不良反应和副作用，促进药物的安全合理使用，提高医疗质量和效率。

第一节 药事管理学概述

一、药事及药事管理的含义

"药事"一词同源于我国古代医药管理用语。20世纪80年代，"药事管理""药事管理学科"成为我国高等教育课程和专业名称、专业教学计划用语，并用于机构名称、药学社团名称、药学期刊名称等，广泛应用于高等药学教育、医药卫生行政管理、药品管理立法、司法活动中。

（一）药事

"药事"一词早已存在并在药学文献中广泛使用。我国史书《册府元龟》中记载："北齐门下省，统尚药局，有典御二人，侍御师四人，尚药监四人，总御药之事。"北周设有"主药"六人，主管药物事宜。由此可见，早在南北朝时期，医药管理已有明确的分工，设有专职人员负责掌管药事工作。随着社会的发展，药事成为药学界的常用词，药事一词的含义也在变化，现代"药事"一词的概念是泛指一切与药有关的事项，是由药学若干部门（行业）构成的一个完整的体系。根据《药品管理法》的适用范围、管理对象和内容，以及《中共中央、国务院关于卫生改革与发展的决定》中加强药品管理的陈述，"药事"的含义是指与药品的研制、生产、流通、使用、价格、广告、信息、监督等活动有关的事。根据国家药物政策内容，药事还包括保证和控制药品质量，公平分配药品，合理用药，基本药物目录等相关事项。

（二）药事管理

1985年以前，"pharmacy administration"这个词语在我国曾被译为"药房管理""药学行政""药政"等。1985年，华西医科大学药学院将该词译为药事管理，成立了药事管理教研室，正式给药学各专业本科生开设药事管理学必修课程。之后，"药事管理"很快被公认并广泛使用。1986年，中国药学会成立"药事管理"分科学会。1987年，教育部决定将"药事管理"列入药学专业必修课，同年，卫生部决定在华西医科大学、浙江医科大学成立药事管理培训中心。1987年，《中国药事》杂志发行。1988年，卫生部药政局组织编写的《药事管理学》出版发行。1989年，《医院药剂管理办法》规定，医院成立"药事管理委员会"。从上述事项可看出，自1985年以来"药事管理"已被政府、学术界、社团、新闻出版等各方面正式使用。

药事管理是指对药学事业的综合管理，是运用管理学、法学、社会学、政治学、经济学的原理和方法对药事活动进行研究，总结其规律，并用以指导药事工作健康发展的社会活动。药事管理包括宏观和微观两个方面。宏观的药事管理是指国家的行政机关，运用管理学、社会学、法学、经济学等多学科理论和方法，依据国家的法律、法规，运用法定权利，为实现国家制定的医药卫生工作的社会目标，对药事进行有效治理和改革的活动，在我国又称为药品监督管理（drug administration）。

微观的药事管理是指药事各部门内部的管理，包括人员管理、财务管理、物资设备管理、药品质量管理、技术管理、信息管理及药学服务管理等。药事管理学（pharmacy administration）是一门运用社会学、法学、经济学、管理学与行为科学等多学科的理论和方法，研究药事的管理活动及其规律的科学体系，是以药品质量监督管理为重点，解决公众用药问题为导向的应用学科，具有社会学的性质。

二、药事管理的重要性

药物是用于预防、治疗、诊断人的疾病，有目的地调节人的生理功能，并规定有适应证或者功能主治、用法和用量的物质。药品是由药物经一定的处方和工艺制备而成的，用于临床治病救人、保护健康的特殊商品。药品的特殊性表现在：它与人的生命直接相关，具有严格的质量要求。因此，如何保障药品的安全、有效、价格适中，做到合理用药，使病有所医，一直是政府和公众关注的热点问题，也是药事管理学亟待解决的问题。结合现今医药卫生事业的发展和现状，药事管理的重要性体现在以下几个方面。

（一）建立基本医疗制度，提高全民健康水平，必须加强药事管理

深化医疗改革，全面建立中国特色基本医疗卫生制度、医疗保障制度和优质高效的医疗卫生服务体系，健全现代医院管理制度，让人人享有基本医疗卫生服务。报告确立了实施健康中国战略，作出了健全药品供应保障制度部署。按照党中央、国务院的决策部署和深化医改工作安排，国家卫生健康委员会同有关部门在深入调研、广泛听取各方意见的基础上，以强化基本药物"突出基本、防治必需、保障供应、优先使用、保证质量、降低负担"的功能定位，形成了《关于完善国家基本药物制度的意见》。

该意见主要从以下五个方面进行了调整和完善。

一是更加注重临床需要，突出药品临床价值，目录实行动态调整，对新审批上市、疗效有显著改善且价格合理的药品，可适时启动调入程序。

二是更加注重发挥好政府和市场两方面作用，强调对市场供应易短缺的基本药物，通过市场撮合、定点生产、纳入储备等措施保证供应。

三是更加注重做好上下级医疗机构用药衔接，强调各级医疗机构全面配备、优先使用基本药物，助力分级诊疗制度建设。

四是更加注重与仿制药质量和疗效一致性评价联动，强调按程序将通过一致性评价的药品品种优先纳入基本药物目录，逐步将未通过一致性评价的基本药物和仿制药品种调出目录。

五是更加注重与医保支付报销政策做好衔接，医保部门按程序将符合条件的基本药物优先纳入医保目录范围或调整甲乙分类，逐步提高实际保障水平。同时，为确保取得实效，切实增强群众获得感，《关于完善国家基本药物制度的意见》提出三方面要求：一是加强组织领导，将基本药

物制度实施情况纳入政府绩效考核工作体系；二是加强督导评估，根据督导评估结果及时完善基本药物制度相关政策；三是加强宣传引导，为基本药物制度实施营造良好社会氛围。

（二）保障人民用药安全，必须加强药事管理

药品作为一种商品，一方面具有防病治病、保健康复的功能；另一方面又具有不良反应。药品作为一种特殊商品，具有以下特点。

1. 专属性强 根据《中华人民共和国药品管理法》的规定，药品是指用于预防、治疗、诊断人的疾病，有目的地调节人的生理功能并规定有适应证或者功能主治、用法和用量的物质，包括中药材、中药饮片、中成药、化学原料药及其制剂、抗生素、生化药品、放射性药品、血清、疫苗、血液制品和诊断药品等。因此，药品和一般的商品比较，具有更强的专属性。为了严格监控药品不良反应，保障用药的安全有效，国家成立了国家药品不良反应监测中心负责相关的工作。

2. 具有严格的质量要求性 药品作为一种特殊商品，直接关系着每个人的身心健康和生命安危，因此，保障药品的质量具有重要意义。为保证药品的质量，《中华人民共和国药品管理法》规定，药品必须符合国家药品标准。

2020年版《中国药典》和其他的国家药品标准对药品的外观性状、鉴别方法、检查项目和含量限度等做了明确的规定，并对影响药品稳定性的储存条件做了明确的要求。药品作为商品，只有合格品和不合格品，不合格品可能降低甚至失去药品的作用，不得使用。

3. 具有社会公共福利性 药品从研发到上市的过程，制药公司花费了大量的人力、财力，一个新药才能最终上市，而且有些药品的需求量有限，从而导致药品的价格较高。但是，药品是用于防病、治病，维护人体健康的商品，具有一定的社会效应，即社会公共福利性。为了保证人民群众能买得起药，用得到药，国家发展和改革委员会规定于2015年6月1日起取消绝大部分药品政府定价。截至2017年9月9日，已全部取消公立医疗机构药品加成，同步调整医疗服务价格，一举结束了60多年"以药补医"的历史，初步建立了公立医院科学补偿新机制；改革低价药价格管理，在促进低价药品恢复生产供应的同时，又抑制了低价药品价格的过快上涨，减轻社会医药费用负担。坚持放管结合，强化价格、医保、招标采购等政策的衔接，充分发挥市场机制作用，同步强化医药费用和价格行为综合监管，有效规范药品市场价格行为，促进药品市场价格保持合理水平，满足人民群众不断增长的医疗卫生需求，减轻患者不合理的医药费用负担。例如，国务院关税税则委员会发布公告，自2018年5月1日起，以暂定税率方式将包括抗癌药在内的所有普通药品、具有抗癌作用的生物碱类药品及有实际进口的中成药进口关税降为零，其中包括了103种已经上市的抗癌药；已纳入医保的抗癌药实施政府集中谈价和采购，对未纳入医保的抗癌药实行医保准入谈判。为响应国家号召，2018年8月30日14个省区共同制定了《省际联盟进口抗癌药品专项采购议价方案》，并完成进口抗癌药联合议价，47个药品平均降幅11.3%。

（三）增强医药经济在全球的竞争力，必须加强药事管理

在经济全球化背景下，制药业的竞争十分激烈。随着管理科学和经济学的发展，以及相关法律法规的制定和完善，药品质量和新药品种的竞争逐渐转变为药品质量管理、新药研发的质量、药学服务、药业道德秩序的竞争。近年来，国内医药企业发展迅速，不仅在产品质量上，还在产品创新上实现了多项突破，中国正在由"制药大国"向"制药强国"转变。

20世纪以来，我国政府为了加强对药品质量的监督管理，于1985年7月1日颁布实施了《中华人民共和国药品管理法》，简称《药品管理法》，现行版本为2019年4月24日颁布的修订版。在此基础上，为了加强药品监督管理的实践和药品生产和经营企业的管理实践，制定了《中华人民共和国药品管理法实施条例》（简称《药品管理法实施条例》）、GLP、GCP、GMP、GSP、GAP等一系列药事管理法规。这些法规从药物的研发到药品上市后的流通进行全程监控，包括质量体系、质量控制、质量保证和质量改进，是药事行政和制药企业管理融合的桥梁和纽带。

三、药事管理的原理与方法

药事管理学是一门交叉学科,涉及与"药"相关的管理学、经济学、法学等的相关内容。药事管理包括国家对药事的宏观管理,即国家对整个医药行业的发展进行调控,通过对药物研发、药品的生产、经营、使用等各个环节进行管理,确保药品的安全有效;医药企业对药事的微观调控,即医药企业为了降低成本、获取一定的利润,同时保障药品质量,满足消费者的需求,也必须对药品的研发、生产、营销等各个环节进行严格的管理。因此,药事管理具有明显的社会属性,必须遵循管理的基本原理。将管理原理和方法运用于药事管理时,还要结合药品的特殊性及医药行业的特点,使药事活动有秩序、有规律、公平合法地进行。

(一) 药事管理的原理

药事管理是指将管理学的原理和方法运用于"药事"的管理。管理学的宗旨:研究在现有的条件下,如何通过合理组织和配置人、财、物等因素,提高生产力的水平。管理的基本原理体现在以下几个方面。

1. 系统原理 现代管理的任何对象都是一个系统,都必须进行深入细致的系统分析、评价、设计、优化、决策和实施,把握系统特征,进行整体管理,有效地实现预期的目标。系统原理包括整体性原理、动态性原理、开放性原理、环境适应性原理、综合性原理等。

2. 人本原理 职工是企业的主体,职工参与是有效管理的关键,使人性得到最完美的发展是现代管理的核心,服务于人是管理的根本目的。具体地说,管理的核心和动力都来自人的作用。

3. 责任原理 责任原理的内涵包括明确每个人的分工、职责;合理设计职位和委授权限,并作出明文规定;奖惩要分明、公正而及时。

4. 效益原理 效益是某种活动所要产生的有益效果及其所达到的程度,是效果和利益的总称。效益分为经济效益和社会效益两类,经济效益是人们在社会经济活动中所取得的收益和成果;社会效益则是在经济效益之外的对社会生活有益的效果。效益原理的主要观点:一切管理都追求实现系统的职能,应遵循整体优化原则,处理好局部利益和全局利益的关系;要树立可持续发展的效益观,把经济效益与社会效益有机结合起来,追求组织长期稳定的高效益。

5. 伦理原理 一个组织要想维持足够长的生命力,不仅需遵守法律,还需要遵守伦理规范或讲究伦理。

(二) 药事管理的方法

管理的方法包括法律方法、行政方法、经济方法、技术方法和宣传教育方法。这几个方法相辅相成,协同作用,构成了一个完整的管理方法。基于此,我国目前运用行政、法律、技术、舆论宣传和咨询顾问等手段,来实现对药事工作的监督管理。

1. 行政方法 依法行政,加强管理,国家主管部门采用严格审批等有效的管理措施,引导和规范药品生产、经营企业增强企业质量责任意识,完善药品质量管理制度。例如,审批核发许可证、认证证书;审批新药,颁发新药证书;审批核发药品批准文号、药品包装材料注册证、新药临床批件、进口药品注册证等,发布药品质量公告等。

2. 法律方法 制定和颁布法律、法规、规章,规范行为,明确责任,依法治药。通过严厉打击制假、售假行为,依法严惩违法者,增强对制假售假行为的管理威慑力,增强对药品生产经营企业的约束力。坚决查处违法案件,对触犯刑律的,必须依法予以严惩。

3. 技术方法 通过采用先进的质量检验仪器,运用新的检验方法,提高技术监督水平,以实现对药品质量的有效控制,提高监督管理效率。

4. 宣传方法 指导人民群众提高对假劣药品的防范能力和自我保护意识,充分发挥舆论的力量,加大监督力度,共同监督药品生产经营中的违规违法行为,形成良好的社会舆论氛围,使假劣药品如同老鼠过街，人人喊打，无处躲藏。

5. 咨询方法 组织咨询顾问或专家委员会已成为现代管理必要的常规管理手段之一，以此可吸收各方面专家或群众代表，对科学决策、民主决策及时反馈并发挥调节作用。

四、我国药事管理发展和组织机构概况

(一) 我国药事管理组织的历史沿革

在我国，1998 年之前，药品监督管理工作隶属于卫生行政部门，县级以上地方各级卫生行政部门的药政机构主管辖区内的药品监督管理工作。为了加强国家对药品监督管理的监管作用，于 1998 年根据《国务院关于机构设置的通知》，组建了直属国务院领导的国家药品监督管理局，并设置了各级地方药品监督管理局，主管辖区内的药品监督管理工作。2003 年 3 月，根据第十届人大一次会议通过的《国务院机构改革方案》，国务院在国家药品监督管理局的基础上组建了国家食品药品监督管理局（State Food and Drug Administration，SFDA），对药品、食品、化妆品、保健品进行综合监督和组织协调，依法组织开展对重大事故的查处。同时，对省级以下药品监督管理机构实行垂直管理，强化统一监管。确立"地方政府负总责、监督部门各负其责、企业是第一责任人"的食品药品安全责任总体原则。2008 年 3 月，根据第十一届全国人民代表大会第一次会议审议批准的《国务院机构改革方案》，国家食品药品监督管理局归卫生部管理，为其直属机构。卫生部负责国家药品法规的制订，推进国家基本药物制度，处理重大药品安全事故等。省级以下的药监局由垂直管理变为地方政府治理，地方负总责。2013 年 3 月，国家食品药品监督管理局改为国家食品药品监督管理总局（China Food and Drug Administration，CFDA），成为国务院直属机构，负责对药品、食品、化妆品、医疗器械的生产流通进行全程监管。此后，国务院出台了一系列的相关文件。2015 年 8 月，国务院印发了《关于改革药品医疗器械审评审批制度的意见》；2016 年 2 月，国务院办公厅印发了《关于开展仿制药质量和疗效一致性评价的意见》；2017 年 2 月，国务院印发了《"十三五"国家药品安全规划》；2017 年 7 月，由中央全面深化改革领导小组审议通过、10 月 8 日国务院办公厅印发了《关于深化审评审批制度改革鼓励药品医疗器械创新的意见》。除此之外，2015 年 11 月全国人大常委会批准 10 个省市开展药品上市许可持有人制度试点。在药品监管上，也建立起国家级、省级检查员队伍，形成日常检查、抽检、飞行检查等组合监管措施。2018 年 3 月，根据十三届全国人大一次会议审议批准，国务院组建直属机构国家市场监督管理总局，下设国家工商行政管理总局、国家质量监督检验检疫总局、国家药品监督管理局（NMPA）。考虑到药品监管的特殊性，市场监管实行分级管理，药品监管机构只设到省一级，药品经营销售等行为的监管，由市县级市场监管部门统一承担。

(二) 我国药事监督管理组织机构

目前，我国的药品监督管理机构主要有两大类。一类是药品行政监督机构，包括国家药品监督管理局、省级药品监督管理局及市县级市场监管部门。另一类是药品监督管理技术机构，包括中国食品药品检定研究院及各级药品检验机构、国家药典委员会、国家药品监督管理局药品审评中心、国家药品监督管理局食品药品审核查验中心、国家药品监督管理局药品评价中心和药品不良反应监测中心、国家药品监督管理局信息中心、国家药品监督管理局执业药师认证中心等。

1. 药品行政监督机构

（1）国家药品监督管理局：负责药品（含中药、民族药，下同）全程监督管理。主要职责：药品标准管理，参与制定国家基本药物目录，配合实施国家基本药物制度；药品注册管理；药品质量管理；药品上市后不良反应的监测、评价和处置工作，以及药品安全应急管理工作；执业药师资格准入管理；组织指导药品监督直接接触药品的包装材料及容器安全相关的注册检验、监督检验、委托检验、抽查检验和安全性评价检验检测工作，以及相关国家标准制修订的技术复核与

验证工作；负责药品国家标准物质的研究、制备、标定、分发和管理工作；承担药品进口口岸检验工作；承担生物制品批签发相关工作；承担药品广告及互联网药品信息服务的技术监督工作等。

（2）地方药品监督管理部门：贯彻实施国家和省级药品（含中药、民族药，下同）监督管理法律、法规、规章，起草相关地方性法规、规章草案，拟定相关规划、政策并监督实施；负责对药品的行政监督和技术监督。贯彻执行国家药典等药品、分类管理制度及药品研制、生产、经营、使用质量管理规范。负责药品注册管理。建立药品不良反应、医疗器械不良事件监测体系，并开展监测和处置工作。贯彻执行国家执业药师资格准入制度，指导监督执业药师注册工作。推行国家基本药物目录，配合实施国家基本药物制度；组织实施药品监督管理的稽查制度，组织开展相关产品质量抽验并发布质量公告；监督实施问题产品召回和处置制度；审查药品广告内容，组织查处重大违法行为；规范行政执法行为等。

2. 药品监督管理技术机构

（1）中国食品药品检定研究院：承担药品、医疗器械的注册审批检验及其技术复核工作，承担保健食品、化妆品审批所需的检验检测工作，负责进口药品注册检验及其质量标准复核工作；承担药品、医疗器械、保健食品、化妆品和餐饮服务食品安全相关的监督检验、委托检验、抽查检验及安全性评价检验检测工作，负责药品进口口岸检验工作；承担或组织药品、医疗器械检验检测的复验及技术检定工作；承担生物制品批签发相关工作；承担药品、医疗器械和餐饮服务食品安全相关标准、技术规范及要求、检测方法制修订的技术复核与验证工作，承担保健食品、化妆品技术规范、技术要求及检测方法的制修订工作等。

（2）国家药典委员会：编制与修订《中国药典》及其增补本、《中国药典》配套丛书及《中国药品标准》等刊物的编辑、出版和发行；组织制定与修订国家药品标准及药用辅料、直接接触药品的包装材料和容器的技术要求与质量标准；开展药品标准相关国际交流与合作，参与国际药品标准适用性认证合作活动和国际药品标准制修订工作；负责药品标准信息化建设。

（3）国家药品监督管理局药品审评中心：主要负责对申请注册的药品进行技术审评、承担国家药品监督管理局交办的其他事项。

（4）国家药品监督管理局药品评价中心：参与拟定、调整国家基本药物和非处方药目录；组织药品不良反应监测、药品再评价等技术工作及其他的相关业务。

（5）国家药品监督管理局药品认证管理中心：制定并修订 GLP、GCP、GMP、GAP、GSP 等法规，对提出认证申请的企业进行现场和跟踪检查，承担进口药品 GMP 认证及国际药品认证互认等工作。

（6）国家药品监督管理局执业药师资格认证中心：承担执业药师资格考试、注册、继续教育等业务工作，起草执业药师业务规范及总局交办的其他事项。除了上述由政府设置的官方组织外，还有一些以技术为纽带，由民间组织组成的药学学术性群众团体，包括学会和协会两大类。学会主要有中国药学会及下设的中药和天然药物学、药物化学、药物分析、药剂学、生化药物学、抗生素、药学史、药事管理学、制药工程、医院药学等专业委员会。药学相关的协会主要有中国医药企业管理协会、中国化学制药工业协会、中国医药商业协会、中国非处方药协会、中国中药协会、中国医药教育协会、中国执业药师协会等。

第二节 药事管理对象的特殊性

药事管理的对象是医院药物管理和使用过程中的各类事项，包括药物采购、配药、存储、配送、使用、废弃等方面。这些对象的特殊性主要表现在以下几个方面。

一、药物本身的特殊性

药物本身具有一些特殊性质，这些特殊性质需要药事管理人员进行考虑和处理。一些药物本身具有毒性、易滥用、易误用等特点，需要进行特殊的监管和管理。另外，药物的储存、运输和使用也需要特别注意，以确保其有效性和安全性。药事管理人员需要对药物的特殊性质有充分的了解，并制定相应的管理措施。

二、医院药物管理的特殊性

医院药物管理需要严格遵守国家法律法规和相关政策，同时需要结合医院的特殊情况，确保药物的安全、有效使用和质量控制。医院药物管理的特殊性主要表现在以下几个方面。

1. 多方参与 医院药物管理是一个多方参与的过程，涉及医生、护士、药剂师、患者等多个方面。每个环节的负责人都需要对药物管理有一定的认知和掌握，才能确保药物使用的安全和有效性。

2. 药物种类复杂 医院药物种类繁多，包括中药、西药、营养药等多种类型。不同类型的药物使用方式、剂量、剂型、储存条件等都有所不同，需要药物管理人员进行详细的了解和掌握。

3. 药物使用频繁 医院是药物使用频率较高的地方，药物管理人员需要时刻关注药物库存量、药物使用情况和剩余有效期等，及时更新药物信息，确保药物的有效性和安全性。

4. 患者病情不同 医院中患者的病情多种多样，需要针对不同的病情进行合理的药物治疗。因此，药物管理人员需要了解不同疾病的药物治疗方案，并根据医生的指示正确分发和管理药物。

医院药物管理的特殊性需要药物管理人员具有全面的医学知识和药学知识，能够有效地组织和协调各个环节，确保药物使用的合理性、有效性和安全性。

三、医院人员的特殊性

医院药事管理涉及到众多医护人员，包括医生、药师、护士等多个职业群体，他们的职责、能力和知识水平不尽相同，需要进行有效的管理和培训。

医院药事管理涉及的人员包括医生、护士、药师、行政管理人员等，每个人员的职责不同，因此在药事管理中需要考虑不同人员的特殊性。例如，医生需要了解药物的作用、副作用、适应证和禁忌证等，护士需要掌握药物的使用方法、注意事项和副作用的处理等，药师需要熟悉药物的特性、配方和剂量等，而行政管理人员需要协调各个部门之间的工作，确保药物管理的合规性和安全性。因此，在药事管理中需要充分考虑不同人员的特殊性，制订相应的管理方案和培训计划，提高药物管理的效率和质量。

四、药品市场的特殊性

药品市场的复杂性和不确定性较高，市场上存在各种不同品牌、规格、质量等差异，需要进行有效的市场调研和监测，确保选用合适的药品。

药品市场的特殊性在于其受到政府的高度监管，且药品涉及人类健康和生命，因此具有较高的风险和责任。此外，药品市场的竞争激烈，新药研发周期长，且研发成本高，需要较长时间的临床试验和监管批准。另外，药品市场的价格波动性较大，受到多种因素的影响，如政策法规、医保政策等。因此，药事管理需要充分考虑这些特殊性，制定相应的管理措施，以确保药品的质量和安全性。

五、药物使用的特殊性

药物使用的环节较多，需要在医师的指导下进行，同时需要遵守相关的规范和流程，确保药物的安全和有效使用。药物使用具有以下特殊性。

（1）用药对象多样性：药物使用对象不仅包括患者，还包括健康人、儿童、老人、孕妇等特殊人群，对于不同对象的药物使用需要进行个体化的考虑。

（2）副作用风险：所有药物都存在潜在的副作用风险，因此需要对药物使用进行合理的风险评估和管理，避免潜在的危害。

（3）用药过程的复杂性：药物使用过程中包括药品采购、入库、配药、发药、用药等多个环节，需要进行全面的管理和控制。

（4）用药信息的复杂性：药物信息包括药品属性、用法用量、不良反应等多个方面，需要进行全面的信息管理和交流。

（5）药物治疗的特殊性：药物治疗需要进行全面的评估和监测，包括治疗效果、安全性等多个方面，需要进行全面的药物治疗管理。

第三节　药事管理的内容

基于药品特殊属性的客观要求，为了保障用药的安全有效，世界各国都对药品从法律、管理和经济等方面进行全方位的管理，尤以法律、法规为主。因此，药事管理贯穿药物的研发、生产、经营、价格、广告和使用的全流程，还包括药品上市后的监测、特殊药品管理、药品注册管理等。

一、药品研发管理

新药，是指未曾在中国境内上市销售的药品。已上市销售的药品改变剂型、给药途径的，按照新药管理。《药品管理法》规定：研制新药，必须按照国务院药品监督管理部门的规定如实报送研制方法、质量指标、药理及毒理试验结果等有关资料和样品，经国务院药品监督管理部门批准后，方可进行临床试验。完成临床试验并通过审批的新药，由国务院药品监督管理部门批准，发给新药证书。新药的研制包括药物临床前研究和药物临床研究。

（一）药物临床前研究

管理药物临床前研究的内容包括药物的合成工艺、提取方法、理化性质及纯度、剂型选择、处方筛选、制备工艺、检验方法、质量指标、稳定性、药理、毒理、动物药代动力学等。中药制剂还包括原药材的来源、加工及炮制等；生物制品还包括菌毒种、细胞株、生物组织等起始材料的来源、质量标准、保存条件、遗传稳定性及免疫学的研究等。药物临床前研究必须执行《药品管理法》的相关规定，而药物非临床安全性评价研究机构必须执行GLP。GLP规定了有关非临床安全性评价研究机构运行管理和非临床安全性评价研究项目试验方案设计、组织实施、执行、检查、记录、存档和报告等全过程的质量管理要求。

（二）药物的临床试验

管理药物临床试验（clinical trial）是指任何在人体（患者或健康志愿者）进行的药物的系统性研究，以证实或发现试验药物的临床、药理和（或）其他药效学方面的作用、不良反应和（或）吸收、分布、代谢及排泄，目的是确定试验药物的安全性和有效性。药物的临床试验分为Ⅰ、Ⅱ、Ⅲ、Ⅳ期和药物生物等效性试验。《药品管理法实施条例》规定：药物临床试验申请经国务院药品监督管理部门批准后，申报人应当在经依法认定的具有药物临床试验资格的机构中选择承担药物临床试验的机构，并将该临床试验机构报国务院药品监督管理部门和国务院卫生行政部门备案；药物临床试验机构必须执行GCP。GCP是临床试验全过程的标准规定，包括方案设计、组织实施、监察、稽查、记录、分析总结和报告。GCP规定：凡进行各期临床试验、人体生物利用度或生物等效性试验，必须执行GCP的管理规定；所有以人为对象的研究必须符合世界医学大会《赫尔辛基宣言》，即公正、尊重人格、力求使受试者最大程度受益和尽可能避免伤害。

二、药品生产管理

药品生产是指将原料加工制备成能供医疗用的药品的过程。药品生产包括原料药的生产和药物制剂的生产。因药品的特殊性,其生产过程具有以下特点:产品种类和规格多、消耗大;机械化、自动化程度高;生产过程卫生要求严格;产品质量要求基线高,不能出现"等外品""处理品"等,以及生产质量管理法治化。药品由药品生产企业生产。药品生产管理的目的和任务是保证药品生产企业按照国家规定的生产工艺和药品质量标准,优化配置人力、设备、技术、能源和信息,生产合格的药品和提供满意的服务。各国政府从开办药品企业到药品生产过程都作出了严格的法律控制,制定了严格的管理规范。药品生产必须执行《药品生产监督管理办法》。

(一) 药品生产企业的开办条件

《药品生产监督管理办法》规定开办药品生产企业实行药品生产许可证制度,除应当符合国家制定的药品行业发展规划和产业政策外,还应当符合以下条件。

(1) 有依法经过资格认定的药学技术人员、工程技术人员及相应的技术工人,法定代表人、企业负责人、生产管理负责人(以下称生产负责人)、质量管理负责人(以下称质量负责人)、质量受权人及其他相关人员符合《药品管理法》《疫苗管理法》规定的条件。

(2) 有与药品生产相适应的厂房、设施、设备和卫生环境。

(3) 有能对所生产药品进行质量管理和质量检验的机构、人员。

(4) 有能对所生产药品进行质量管理和质量检验的必要的仪器设备。

(5) 有保证药品质量的规章制度,并符合药品生产质量管理规范要求。

具备上述条件后,开办药品生产企业、申办人依据《药品生产监督管理办法》规定准备申报材料,向拟办企业所在地省、自治区、直辖市人民政府药品监督管理部门提出申请。省、自治区、直辖市人民政府药品监督管理部门应当自收到申请之日起30个工作日内,依据《药品管理法》规定的开办条件组织验收;验收合格的,发给药品生产许可证。

(二) 药品生产许可证管理

(1) 药品生产许可证分正本和副本,正本、副本具有同等法律效力,有效期为5年。药品生产许可证由国家市场监督管理总局统一印制。

(2) 药品生产许可证应当载明许可证编号、企业名称、法定代表人、企业负责人、企业类型、注册地址、生产地址、生产范围、发证机关、发证日期、有效期限等项目。其中由药品监督管理部门核准的许可事项:企业负责人、生产范围、生产地址。

(3) 药品生产许可证变更分为许可事项变更和登记事项变更。许可事项变更是指企业负责人、生产范围、生产地址的变更。登记事项变更是指企业名称、住所(经营场所)、法定代表人、企业负责人、生产负责人、质量负责人、质量受权人等的变更。

(三) 药品委托生产的管理

根据《药品管理法》《药品管理法实施条例》的规定,经省、自治区、直辖市人民政府药品监督管理部门批准,药品生产企业可以接受委托生产药品。《药品生产监督管理办法》对药品委托生产的管理做了具体的规定,如:药品委托生产的委托方应当是取得该药品批准文号的药品生产企业;受托方应当是持有与生产该药品的生产条件相适应的GMP认证证书的药品生产企业;委托方负责委托生产药品的质量和销售;疫苗制品、血液制品及国家市场监督管理总局规定的其他药品不得委托生产;麻醉药品、精神药品、医疗用毒性药品、放射性药品、药品类易制毒化学品的委托生产按照有关法律法规规定办理。

(四)药品生产监督检查

《药品管理法》《药品管理法实施条例》《药品生产监督管理办法》规定:省、自治区、直辖市食品药品监督管理部门负责本行政区域内药品生产企业的监督检查工作,应当建立实施监督检查的运行机制和管理制度,明确设区的市级食品药品监督管理部门和县级食品药品监督管理部门的监督检查职责。药品生产监督检查的主要内容包括对药品生产企业执行有关法律、法规及实施 GMP 的情况,监督检查包括药品生产许可证换发的现场检查、GMP 跟踪检查、日常监督检查等。具体的检查方法、要求和结果判定按《药品生产监督管理办法》第五章的规定执行。

(五)《药品生产质量管理规范》及其认证管理

1. GMP 为规范药品生产质量管理,进一步强化药品生产企业的质量意识,建立质量管理体系,根据《药品管理法》《药品管理法实施条例》等法律法规,国家卫生健康委员会制定了 GMP。GMP 规定:企业应建立药品质量管理体系和符合药品质量管理要求的质量目标,将药品注册的有关安全、有效和质量可控的所有要求,系统地贯彻到药品生产、控制及产品放行、储存、发运的全过程中,确保所生产的药品符合预定用途和注册要求。GMP 的内容包括总则、质量管理、机构与人员、厂房与设施、设备、物料与产品、确认与验证、文件管理、生产管理、质量控制与质量保证、委托生产与委托检验、产品发运与召回、自检及附则。同时还有与之相配套的 GMP 附录,包括无菌药品、原料药、生物制品、血液制品和中药制剂。

2. 药品 GMP 认证管理 药品 GMP 认证是药品监督管理部门依法对药品生产企业药品生产质量管理进行监督检查的一种手段,是对药品生产企业实施药品生产质量管理情况的检查、评价并决定是否发给认证证书的监督管理过程。为加强药品 GMP 认证工作的管理,根据《药品管理法》《药品管理法实施条例》及其他相关规定,制定了《药品生产质量管理规范认证管理办法》。

(1)我国药品 GMP 认证的组织机构:①国家市场监督管理总局主管全国药品 GMP 认证管理工作,负责注射剂、放射性药品、生物制品等药品 GMP 认证和跟踪检查工作;负责进口药品 GMP 境外检查和国家或地区间药品 GMP 检查的协调工作。②省级药品监督管理部门负责本辖区内除注射剂、放射性药品、生物制品以外其他药品 GMP 认证和跟踪检查工作及国家市场监督管理总局委托开展的药品 GMP 检查工作。③省级及以上药品监督管理部门设立的药品认证检查机构承担药品 GMP 认证申请的技术审查、现场检查、结果评定等工作。负责药品 GMP 认证工作的药品认证检查机构应建立和完善质量管理体系,确保药品 GMP 认证工作质量。国家市场监督管理总局负责对药品认证检查机构质量管理体系进行评估。

(2)我国 GMP 认证的程序:按《药品生产质量管理规范认证管理办法》的规定执行,即企业向药品监督管理部门提出申请;药品监督管理部门进行材料的受理、审查,并组织认证组进行现场检查;检查组在检查工作结束后 10 个工作日内,将现场检查报告、检查员记录及相关资料报送药品认证检查机构;认证机构对符合规定的申请进行审批、公示(10 天),符合药品 GMP 要求的,向申请企业发放《药品 GMP 证书》;药品监督管理部门应将审批结果予以公告,省级药品监督管理部门应将公告上传国家市场监督管理总局网站。

(3)GMP 证书的管理:药品监督管理部门应对持有药品 GMP 证书的药品生产企业组织进行跟踪检查。药品 GMP 证书有效期内至少进行一次跟踪检查。有下列情况之一的,由药品监督管理部门收回药品 GMP 证书:①企业(车间)不符合药品 GMP 要求的。②企业因违反药品管理法规被责令停产整顿的;③其他需要收回的。药品监督管理部门收回企业药品 GMP 证书时,应要求企业改正。企业完成改正后,应将改正情况向药品监督管理部门报告,经药品监督管理部门现场检查,对符合药品 GMP 要求的,发回原药品 GMP 证书。企业有下列情况之一的,由原发证机关注销药品 GMP 证书:①企业药品生产许可证依法被撤销、撤回,或者依法被吊销;②企业被依法撤销、注销生产许可范围;③企业药品 GMP 证书有效期届满未延续;④其他应注销药品 GMP 证书。

三、药品经营管理

药品生产企业按照 GMP 规定生产的合格药品，上市后进入药品经营环节。药品经营管理的内容包括药品经营企业的开办和许可、药品购销及库存等。药品经营企业分为药品批发和零售企业两大类。

（一）药品经营企业的开办条件

1. 开办药品批发企业 按照《药品管理法》的规定，药品批发企业应符合省、自治区、直辖市药品批发企业合理布局的要求，并符合《药品经营和使用质量监督管理办法》规定设置的相关标准。

（1）有与其经营范围相适应的质量管理机构和人员；企业法定代表人、主要负责人、质量负责人、质量管理部门负责人等符合规定的条件。

（2）有依法经过资格认定的药师或者其他药学技术人员。

（3）有与其经营品种和规模相适应的自营仓库、营业场所和设施设备，仓库具备实现药品入库、传送、分拣、上架、出库等操作的现代物流设施设备。

（4）有保证药品质量的质量管理制度以及覆盖药品经营、质量控制和追溯全过程的信息管理系统，并符合药品经营质量管理规范要求。

2. 开办药品零售企业 应符合当地常住人口数量、地域、交通状况和实际需要的要求，符合方便群众购药的原则，并符合《药品经营和使用质量监督管理办法》设置的规定。

（1）经营处方药、甲类非处方药的，应当按规定配备与经营范围和品种相适应的依法经过资格认定的药师或者其他药学技术人员。只经营乙类非处方药的，可以配备经设区的市级药品监督管理部门组织考核合格的药品销售业务人员。

（2）有与所经营药品相适应的营业场所、设备、陈列、仓储设施以及卫生环境；同时经营其他商品（非药品）的，陈列、仓储设施应当与药品分开设置；在超市等其他场所从事药品零售活动的，应当具有独立的经营区域。

（3）有与所经营药品相适应的质量管理机构或者人员，企业法定代表人、主要负责人、质量负责人等符合规定的条件。

（4）有保证药品质量的质量管理制度、符合质量管理与追溯要求的信息管理系统，符合药品经营质量管理规范要求。

（二）药品经营许可证的管理

药品经营企业的管理实行药品经营许可证制度。开办药品批发企业办理药品经营许可证的程序：申办人应当向拟办企业所在地省、自治区、直辖市人民政府药品监督管理部门提出申请。受理申请的药品监督管理部门在收到验收申请之日起 30 个工作日内，依据开办药品批发企业验收实施标准组织验收，做出是否发给药品经营许可证的决定。符合条件的，发给药品经营许可证；不符合条件的，应当书面通知申办人并说明理由，同时告知申办人享有依法申请行政复议或提起行政诉讼的权利。

开办药品零售企业办理药品经营许可证的程序：申办人向拟办企业所在地设区的市级药品监督管理部门或省、自治区、直辖市药品监督管理部门直接设置的县级药品监督管理部门提出筹建申请。受理申请的药品监督管理部门在收到验收申请之日起 15 个工作日内，依据开办药品零售企业验收实施标准组织验收，做出是否发给药品经营许可证的决定。不符合条件的，应当书面通知申办人并说明理由，同时，告知申办人享有依法申请行政复议或提起行政诉讼的权利。药品经营许可证变更分为许可事项变更和登记事项变更。

许可事项变更是指经营方式、经营范围、注册地址、仓库地址（包括增减仓库）、企业法定代表人或负责人及质量负责人的变更。登记事项变更是指上述事项以外的其他事项的变更。药品经营许可证有效期为 5 年。有效期届满，需要继续经营药品的，持证企业应在有效期届满前 6 个月内，向原发证机关申请换发药品经营许可证。原发证机关按本办法规定的申办条件进行审查，符合条件的，收回原证，换发新证。不符合条件的，可限期 3 个月进行整改，整改后仍不符合条件的，注销原药品经营许可证。

（三）药品经营质量管理规范

为加强药品经营质量管理，规范药品经营行为，保障人体用药安全、有效，根据《药品管理法》《药品管理法实施条例》，制定了 GSP。GSP 规定企业应当在药品采购、储存、销售、运输等环节严格按照 GSP 的规定，采取有效的质量控制措施，确保药品质量。企业一旦违反 GSP 的规定，将收回 GSP 证书，停顿整改，达到 GSP 的要求后才能重新经营药品。为了进一步全程监管药品质量，国家药品监督管理局于 2018 年 11 月发布了《国家药监局关于药品信息化追溯体系建设的指导意见》（国药监药管〔2018〕35 号），其工作目标：药品上市许可持有人、生产企业、经营企业、使用单位通过信息化手段建立药品追溯系统，及时准确记录、保存药品追溯数据，形成互联互通药品追溯数据链，实现药品生产、流通和使用全过程来源可查、去向可追；有效防范非法药品进入合法渠道；确保发生质量安全风险的药品可召回、责任可追究。

四、药品使用管理

药品使用是药品与使用者发生相互作用、发挥作用的关键环节。药品使用管理涉及医疗机构和社会药房。为加强医疗机构药事管理，促进药物合理使用，保障公众身体健康，根据《药品管理法》《医疗机构管理条例》《麻醉药品和精神药品管理条例》等有关法律、法规，制定了《医疗机构药事管理规定》，其相关的主要内容如下。

（一）医疗机构药事管理

医疗机构（medical institution）是以救死扶伤、防病治病、保护人民健康为宗旨，从事疾病诊断、治疗活动的社会组织。常见的医疗机构有各类医院、妇幼保健院、乡镇卫生院、疗养院、社区卫生服务中心、专科疾病防治院（所、站）、诊所、卫生所、医务室、其他诊疗机构等。医疗机构药事管理，是指医疗机构以患者为中心，以临床药学为基础，对临床用药全过程进行有效的组织实施与管理，促进临床科学、合理用药的药学技术服务和相关的药品管理工作，其中包括对药学部门（药房）的建设和管理。

现行医疗机构药事管理具体体现在以下几个方面：一是成立药事管理的组织机构，如药事管理与药物治疗学委员会（组）等，并明确其职责和人员组成；二是建立药学部门，负责药品管理、药学专业技术服务和药事管理工作，开展以患者为中心，以合理用药为核心的临床药学工作，组织药师参与临床药物治疗，提供药学专业技术服务；三是加强药品临床应用管理，贯彻执行国家药物临床应用相关规定，实行临床药师制，开展处方审核、处方点评、药物不良反应监测、患者教育、指导患者安全用药等；四是加强药剂管理，严格按照规定开展招标采购、保管、储存、调配供应等工作；五是加强药学技术人员的配置和管理，推进临床药事管理，保证临床用药安全；六是加强医疗机构药事管理的监督管理。医疗机构药事管理具有专业性强、实践性强和服务性强的特点。①药事管理与药物治疗学委员会：我国《医疗机构药事管理规定》明确指出，二级以上医院应当设立药事管理与药物治疗学委员会，其他医疗机构应当成立药事管理与药物治疗学组。医院药事管理与药物治疗学委员会委员由具有高级技术职务任职资格的药学、临床医学、护理和医院感染管理、医疗行政管理等人员组成，其主要职责：根据医疗卫生及药事管理等有关法律和法规，审核制定本机构药事管理和药学工作规章制度、药品处方集、基本用药供应目录，并监督实施；分析及评估用药风险和药品不良反应、药品损害事件，并提供咨询与临床合理用药指导；

监督及指导麻醉药品、精神药品、医疗用毒性药品及放射性药品的临床使用与规范化管理；对医务人员进行有关药事管理法律法规、规章制度和合理用药知识教育培训；向公众宣传安全用药知识。②医疗机构药学部：医疗机构应当根据本机构功能、任务、规模设置相应的药学部门，配备和提供与药学部门工作任务相适应的专业技术人员、设施和设备。三级医院设置药学部，并可根据实际情况设置二级科室；二级医院设置药剂科；其他医疗机构设置药房。医疗机构药学部的主要职责：负责药品管理、药学专业技术服务和药事管理工作，开展以患者为中心，以合理用药为核心的临床药学工作，组织药师参与临床药物治疗，提供药学专业技术服务。

（二）药物临床应用管理

《医疗机构药事管理规定》指出，药物临床应用管理是对医疗机构临床诊断、预防和治疗疾病等用药全过程实施的监督管理。医疗机构应当遵循安全、有效、经济的合理用药原则，尊重患者对药品使用的知情权和隐私权。具体规定如下：

（1）医疗机构应当依据国家基本药物制度，抗菌药物临床应用指导原则和中成药临床应用指导原则，制定本机构基本药物临床应用管理办法，建立并落实抗菌药物临床应用分级管理制度。

（2）医疗机构应当建立由医师、临床药师和护士组成的临床治疗团队，开展临床合理用药工作。

（3）医疗机构应当遵循有关药物临床应用指导原则、临床路径、临床诊疗指南和药品说明书等合理使用药物；对医师处方、用药医嘱的适宜性进行审核。

（4）医疗机构应当配备临床药师。临床药师应当全职参与临床药物治疗工作，对患者进行用药教育，指导患者安全用药。

（5）医疗机构应当建立临床用药监测、评价和超常预警制度，对药物临床使用安全性、有效性和经济性进行监测、分析、评估，实施处方和用药医嘱点评与干预。

（6）医疗机构应当建立药品不良反应、用药错误和药品损害事件监测报告制度。医疗机构临床科室发现药品不良反应、用药错误和药品损害事件后，应当积极救治患者，立即向药学部门报告，并做好观察与记录。医疗机构应当按照国家有关规定向相关部门报告药品不良反应，用药错误和药品损害事件应当立即向所在地县级卫生行政部门报告。

（7）医疗机构应当结合临床和药物治疗，开展临床药学和药学研究工作，并提供必要的工作条件，制订相应管理制度，加强领导与管理。

（三）药剂管理

《医疗机构药事管理规定》对药剂管理做出如下规定。

（1）医疗机构应当根据《国家基本药物目录》《处方管理办法》《国家处方集》《药品采购供应质量管理规范》等制订本机构《药品处方集》和《基本用药供应目录》，编制药品采购计划，按规定购入药品。

（2）医疗机构应当制订本机构药品采购工作流程，建立健全药品成本核算和账务管理制度，严格执行药品购入检查、验收制度，不得购入和使用不符合规定的药品。

（3）医疗机构临床使用的药品应当由药学部门统一采购供应。经药事管理与药物治疗学委员会（组）审核同意，核医学科可以购用、调剂本专业所需的放射性药品。其他科室或者部门不得从事药品的采购、调剂活动，不得在临床使用非药学部门采购供应的药品。

（4）医疗机构应当制订和执行药品保管制度，定期对库存药品进行养护与质量检查。药品库的仓储条件和管理应当符合药品采购供应质量管理规范的有关规定。

（5）化学药品、生物制品、中成药和中药饮片应当分别储存，分类定位存放。易燃、易爆、强腐蚀性等危险性药品应当另设仓库单独储存，并设置必要的安全设施，制订相关的工作制度和应急预案。麻醉药品、精神药品、医疗用毒性药品、放射性药品等特殊管理的药品，应当按照有关法律、法规、规章的相关规定进行管理和监督使用。

(6) 药学专业技术人员应当严格按照《药品管理法》《处方管理办法》《医疗机构药品调剂质量管理规范》等法律、法规、规章制度和技术操作规程，认真审核处方或者用药医嘱，经适宜性审核后调剂配发药品。发出药品时应当告知患者用法用量和注意事项，指导患者合理用药。为保障患者用药安全，除药品质量原因外，药品一经发出，不得退换。

(7) 医疗机构门急诊药品调剂室应当实行大窗口或者柜台式发药。住院（病房）药品调剂室对注射剂按日剂量配发，对口服制剂药品实行单剂量调剂配发。肠外营养液、危害药品静脉用药应当实行集中调配供应。

(8) 医疗机构根据临床需要建立静脉用药调配中心（室），实行集中调配供应。静脉用药调配中心（室）应当符合静脉用药集中调配质量管理规范，由所在地设区的市级以上卫生行政部门组织技术审核、验收，合格后方可集中调配静脉用药。在静脉用药调配中心（室）以外调配静脉用药，参照静脉用药集中调配质量管理规范执行。医疗机构建立的静脉用药调配中心（室）应当报省级卫生行政部门备案。

(9) 医疗机构制剂管理按照《药品管理法》及其实施条例等有关法律、行政法规规定执行。

（四）药学专业技术人员配置与管理

(1) 医疗机构药学专业技术人员按照有关规定取得相应的药学专业技术职务任职资格。医疗机构直接接触药品的药学人员，应当每年进行健康检查。患有传染病或者其他可能污染药品的疾病的，不得从事直接接触药品的工作。

(2) 三级医院药学部、二级医院药剂科药学专业技术人员不得少于本机构卫生专业技术人员的8%。设置静脉用药调配中心（室）的，医疗机构应当根据实际需要另行增加药学专业技术人员数量。

(3) 医疗机构应当根据本机构性质、任务、规模配备适当数量临床药师，三级医院临床药师不少于5名，二级医院临床药师不少于3名。临床药师应当具有高等学校临床药学专业或者药学专业本科以上学历，并应当经过规范化培训。

(4) 医疗机构应当加强对药学专业技术人员的培养、考核和管理，制订培训计划，组织药学专业技术人员参加毕业后规范化培训和继续医学教育，将完成培训及取得继续医学教育学分情况，作为药学专业技术人员考核、晋升专业技术职务任职资格和专业岗位聘任的条件之一。

(5) 医疗机构药师工作职责：负责药品采购供应、处方或用药医嘱审核、药品调剂、静脉用药集中调配和医院制剂配制，指导病房（区）护士请领、使用与管理药品；参加查房、会诊、病例讨论和疑难、危重患者的医疗救治，参与临床药物治疗，进行个体化药物治疗方案的设计与实施，开展药学查房，为患者提供药学专业技术服务；开展抗菌药物临床应用监测、药品质量监测、药品严重不良反应监测，实施处方点评与超常预警，促进药物合理使用；掌握与临床用药相关的药物信息，提供用药信息与药学咨询服务，向公众宣传合理用药知识等。

五、其他管理

鉴于药品的特殊性、可持续发展和更新速度、不良反应等特点，除了上述对药品研发、生产、经营和使用的管理外，还要加强以下几个方面的管理。

（一）处方药与非处方药的管理

1. 处方药（prescription drug） 是为了保证用药安全，由国家药品监督管理部门批准，需凭执业医师或执业助理医师处方才可调配、购买和使用的药品，是医生为患者在临床上用药的主体。开此类药的医生必须有医师的职业资质，而患者须在医生的监护指导下购买、使用。处方药大多属于以下几种情况：上市的新药，对其活性或副作用还要进一步观察；可产生依赖性的某些药物，如吗啡类镇痛药及某些催眠安定药物等；药物本身毒性较大，如抗癌药物等；用于治疗某些疾病所需的特殊药品，如心脑血管疾病的药物。此外，处方药只准在专业性医药报刊进行广告宣传，不准在大众传播媒介进行广告宣传。

2. 非处方药（over-the-counter，OTC） 是指不需要医师处方，患者根据自己的病情，按药品说明书，即可自行购买和使用的药品。OTC 分为甲、乙两大类。甲类非处方药只能在药店购买，用红底白字标示；乙类非处方药安全性更高，用绿底白字标示，可在药店、超市购买。这类药物已在临床使用多年，临床证实为安全性较大的药品，具有"安全、有效、稳定、方便"的特点，多用于常见病的自行诊治，如感冒、咳嗽、消化不良等。为了保证人民健康，我国非处方药的包装标签、使用说明书中标注了警示语，明确规定药物的使用时间、疗程，并强调指出"如症状未缓解或消失应向医师咨询"。

3. 国家对药品实行处方药和非处方药分类管理 《处方药与非处方药分类管理办法》规定：经营处方药、非处方药的批发企业和经营处方药、甲类非处方药的零售企业必须具有药品经营企业许可证；经省级药品监督管理部门或其授权的药品监督管理部门批准的其他商业企业可以零售乙类非处方药；零售乙类非处方药的商业企业必须配备经由市级药品监督管理机构或省、自治区、直辖市人民政府药品监督管理部门直接设置的县级的药品监督管理部门考核合格，并取得上岗证的人员。

（二）特殊药品管理

特殊药品包括麻醉药品、精神药品、医疗用毒性药品、放射性药品、药品类易制毒化学品和兴奋剂等。特殊药品管理是为了正确发挥特殊药品防病治病的积极作用，严防因管理不善或使用不当而造成危害。

1. 麻醉药品和精神药品管理 麻醉药品一般是指具有依赖性潜力的药品，连续使用、滥用或不合理使用，易产生生理依赖性和精神依赖性，能成瘾癖的药品，如阿片、吗啡、哌替啶等。精神药品一般是指直接作用于中枢神经系统，使之兴奋或抑制，连续使用能产生依赖性的药品，如司可巴比妥、艾司唑仑等。为加强麻醉药品和精神药品的管理，保证麻醉药品和精神药品的合法、安全、合理使用，防止流入非法渠道，根据《药品管理法》和有关国际公约的规定，国务院于 2005 年 8 月 3 日颁布了《麻醉药品和精神药品管理条例》（第 442 号国务院令）。该条例对麻醉药品药用原植物的种植，麻醉药品和精神药品的实验研究、生产、经营、使用、储存、运输、审批程序和监督管理、法律责任都做了具体的规定。

2. 医疗用毒性药品管理 医疗用毒性药品是指毒性剧烈、治疗剂量与中毒剂量接近，使用不当会中毒甚至死亡的药品。医疗用毒性药品包括中药和西药两大类，由国家卫生健康委员会会同国家药品监督管理局、中医药管理局，依照《医疗用毒性药品管理办法》的规定进行管理。

3. 放射性药品管理 放射性药品是指用于临床诊断或者治疗的放射性核素制剂或者其标记药物，包括裂变制品、推照制品、加速器制品、放射性同位素发生器及其配套药盒、放射免疫分析药盒等。为了加强放射性药品的管理，依据《药品管理法》制定了《放射性药品管理办法》（2017 年 3 月），凡在中国境内进行放射性药品的研究、生产、经营、运输、使用、检验、监督管理的单位和个人都必须遵守本办法。国务院药品监督管理部门负责全国放射性药品的监督管理工作。国务院科技工业主管部门依据职责负责与放射性药品有关的管理工作。国务院环境保护主管部门负责与放射性药品有关的辐射安全与防护的监督管理工作。

4. 其他实行特殊管理的药品

（1）药品类易制毒化学品的管理：为加强药品类易制毒化学品管理，防止流入非法渠道，根据《易制毒化学品管理条例》，制定了《药品类易制毒化学品管理办法》。国家药品监督管理局主管全国药品类易制毒化学品生产、经营、购买等方面的监督管理工作。县级以上地方药品监督管理部门负责本行政区域内的药品类易制毒化学品生产、经营、购买等方面的监督管理工作。国务院批准调整易制毒化学品分类和品种，国家药品监督管理局对涉及药品类易制毒化学品的变更应当及时调整并予公布。该条例中规定的药品类易制毒化学品有麦角新碱、麻黄碱、伪麻黄碱、麻黄浸膏、麻黄浸膏粉等。

（2）兴奋剂的管理：按照联合国教科文组织《反对在体育运动中使用兴奋剂国际公约》和国务院《反兴奋剂条例》的有关规定，进行兴奋剂的生产、销售、进出口及反对使用兴奋剂的监督管理工作。蛋白同化制剂和肽类激素的进出口管理按照修订后的《蛋白同化制剂和肽类激素的进出口管理办法》进行监督管理。

（3）生物制品批签发管理：为加强生物制品监督管理，规范生物制品批签发行为，保证生物制品安全、有效，根据《药品管理法》等有关规定，制定了《生物制品批签发管理办法》，并于2018年2月1日起施行。生物制品批签发，是指国家药品监督管理局对获得上市许可的疫苗类制品、血液制品、用于血源筛查的体外诊断试剂及药品监管局规定的其他生物制品，在每批产品上市销售前或者进口时，指定药品检验机构进行资料审核、现场核实、样品检验的监督管理行为。未通过批签发的产品，不得上市销售或者进口。

（三）进口药品管理

为规范药品进口备案、报关和口岸检验工作，保证进口药品的质量，《药品管理法》《药品管理法实施条例》及相关法律法规对进口药品的管理规定如下。

（1）申请进口的药品，应当是在生产国家或者地区获得上市许可的药品；未在生产国家或者地区获得上市许可的，经国务院药品监督管理部门确认该药品品种安全、有效而且临床需要，可以依照《药品管理法》及本条例的规定批准进口。

（2）进口药品应当按照国务院药品监督管理部门的规定申请注册。国外企业生产的药品取得进口药品注册证，中国香港、澳门和台湾地区企业生产的药品取得医药产品注册证后，方可进口。

（3）医疗机构因临床急需进口少量药品的，应当持医疗机构执业许可证向国务院药品监督管理部门提出申请，经批准后方可进口。进口的药品应当在指定医疗机构内用于特定医疗目的。

（4）疫苗类制品、血液制品、用于血源筛查的体外诊断试剂以及国务院药品监督管理部门规定的其他生物制品在销售前或者进口时，应当按照国务院药品监督管理部门的规定进行检验或者审核批准；检验不合格或者未获批准的，不得销售或者进口。

（5）进口、出口麻醉药品和国家规定范围内的精神药品，必须持有国务院药品监督管理部门发给的进口准许证、出口准许证。

（四）药品价格管理

为规范药品价格行为，提高政府管理药品价格的科学性和透明度，保护消费者和经营者的合法权益，国家依据《药品管理法》《药品管理法实施条例》《中华人民共和国价格法》等法律法规制定的药品价格管理内容如下。

（1）依法实行市场调节价的药品，药品的生产企业、经营企业和医疗机构应当按照公平、合理和诚实信用、质价相符的原则制定价格，为用药者提供价格合理的药品。

（2）药品的生产企业、经营企业和医疗机构应当遵守国务院价格主管部门关于药价管理的规定，制订和标明药品零售价格，禁止暴利和损害用药者利益的价格欺诈行为。

（3）药品的生产企业、经营企业、医疗机构应当依法向政府价格主管部门提供其药品的实际购销价格和购销数量等资料。

（4）医疗机构应当向患者提供所用药品的价格清单；医疗保险定点医疗机构还应当按照规定的办法如实公布其常用药品的价格，加强合理用药的管理。具体办法由国务院卫生行政部门制定。

（5）禁止药品的生产企业、经营企业和医疗机构在药品购销中账外暗中给予、收受回扣或者其他利益。禁止药品的生产企业、经营企业或者其代理人以任何名义给予使用其药品的医疗机构的负责人、药品采购人员、医师等有关人员以财物或者其他利益。禁止医疗机构的负责人、药品采购人员、医师等有关人员以任何名义收受药品的生产企业、经营企业或者其他利益。禁止医疗机构的负责人、药品采购人员、医师等有关人员以任何名义收受药品的生产企业、经营企业或者其代理人给予的财物或者其他利益。

（6）政府价格主管部门依照《中华人民共和国价格法》的规定实行药品价格监测时，为掌握、分析药品价格变动和趋势，可以指定部分药品生产企业、药品经营企业和医疗机构作为价格监测定点单位；定点单位应当给予配合、支持，如实提供有关信息资料。

（五）药品广告管理

为加强药品广告管理，保证药品广告的真实性和合法性，根据《药品管理法》《药品管理法实施条例》《中华人民共和国广告法》等国家有关广告、药品监督管理的规定，对药品的广告管理做了如下规定。

（1）药品广告须经企业所在地省、自治区、直辖市人民政府药品监督管理部门批准，并发给药品广告批准文号；未取得药品广告批准文号的，不得发布。

（2）处方药可以在国务院卫生行政部门和国务院药品监督管理部门共同指定的医学、药学专业刊物上介绍，但不得在大众传播媒介发布广告或者以其他方式进行以公众为对象的广告宣传。

（3）药品广告的内容必须真实、合法，以国务院药品监督管理部门批准的说明书为准，不得含有虚假的内容。

（4）药品广告不得含有不科学的表示功效的断言或者保证；不得利用国家机关、医药科研单位、学术机构或者专家、学者、医师、患者的名义和形象作为证明。

（5）省、自治区、直辖市人民政府药品监督管理部门应当对其批准的药品广告进行检查，对于违反《药品管理法》和《中华人民共和国广告法》的广告，应当向广告监督管理机关通报并提出处理建议，广告监督管理机关应当依法做出处理。

（6）非药品广告不得有涉及药品的宣传。

（六）药品包装管理

药品包装包括直接接触药品的包装材料和容器、药品的中包装、外包装、药品标签、说明书。药品包装材料的质量会直接影响药品的质量；药品标签和说明书是否规范、科学、明确，与药品的使用安全性和有效性密切相关。

为加强药品包装管理，保证药品质量，国家依据《药品管理法》制定了相应的管理规定。

（1）直接接触药品的包装材料和容器，必须符合药用要求，符合保障人体健康、安全的标准，并由药品监督管理部门在审批药品时一并审批。药品生产企业不得使用未经批准的直接接触药品的包装材料和容器。对不合格的直接接触药品的包装材料和容器，由药品监督管理部门责令停止使用。

（2）药品包装必须满足药品质量的要求，方便储存、运输和医疗使用。发运中药材必须有包装。在每件包装上，必须注明品名、产地、日期、调出单位，并附有质量合格的标志。

（3）药品包装必须按照规定印有或者贴有标签并附有说明书。标签或者说明书上必须注明药品的通用名称、成分、规格、生产企业、批准文号、产品批号、生产日期、有效期、适应证或功能主治、用法、用量、禁忌证、不良反应和注意事项。

（4）麻醉药品、精神药品、医疗用毒性药品、放射性药品、外用药品和非处方药的标签，必须印有规定的标志。

（七）药品不良反应管理

药品不良反应是指合格药品在正常用法用量下出现的与用药目的无关的有害反应。为加强药品的上市后监管，规范药品不良反应报告和监测，及时、有效控制药品风险，保障公众用药安全，依据《药品管理法》《药品管理法实施条例》《药品不良反应报告和监测管理办法》等有关法律法规，对药品不良反应管理的主要内容如下。

（1）国家实行药品不良反应报告制度。药品生产企业、药品经营企业和医疗机构必须经常考察本单位所生产、经营、使用的药品质量、疗效和反应。发现可能与用药有关的严重不良反应，必须及时向当地省、自治区、直辖市人民政府药品监督管理部门和卫生行政部门报告。具体办法由国务院药品监督管理部门会同国务院卫生行政部门制定。

（2）对已确认发生严重不良反应的药品，国务院或者省、自治区、直辖市人民政府的药品监督管理部门可以采取停止生产、销售、使用的紧急控制措施，并应当在五日内组织鉴定，自鉴定结论做出之日起十五日内依法做出行政处理决定。

（八）药品注册管理

药品注册是指依照法定程序，对拟上市销售的药品的安全性、有效性、质量可控性等进行系统评价，并做出是否同意进行药物临床研究、生产药品或者进口药品决定的审批过程。国家药品监督管理部门主管全国药品注册管理工作，负责对药物临床研究、药品生产和进口的审批。省、自治区、直辖市药品监督管理部门受国家药品监督管理部门委托，对药品注册申报资料的完整性、规范性和真实性进行审核。药品注册管理的内容：药品注册的申请；药物的临床前研究；药物的临床研究；新药的申报与审批；已有国家标准药品的申报与审批；进口药品的申报与审批；非处方药的申报与审批；药品补充申请的申报与审批；药品的再注册；新药的技术转让；药品注册检验的管理；药品注册标准的管理；药品注册时限的规定；复审。

（九）互联网药品信息服务

管理互联网药品信息服务，是指通过互联网向上网用户提供药品（含医疗器械）信息的服务活动。互联网药品信息服务分为经营性和非经营性两类。经营性互联网药品信息服务是指通过互联网向上网用户有偿提供药品信息等服务的活动。非经营性互联网药品信息服务是指通过互联网向上网用户无偿提供公开的、共享性药品信息等服务的活动。为规范互联网药品信息服务活动，保证互联网药品信息的真实、准确，根据《药品管理法》《互联网信息服务管理办法》，制定了《互联网药品信息服务管理办法》。

《互联网药品信息服务管理办法》规定：进行互联网药品信息服务的网站必须持有药品监督管理部门审核发放的互联网药品信息服务资格证书。国家食品药品监督管理总局对全国提供互联网药品信息服务活动的网站实施监督管理。省、自治区、直辖市食品药品监督管理部门对本行政区域内提供互联网药品信息服务活动的网站实施监督管理。

综上所述，药事管理是以《药品管理法》为基础，根据相关的法律和管理规范，将法律学、经济学、社会学、管理学、药学等知识相互融合，来管理药品的研发、生产、经营、使用、价格、广告、不良反应及新药的注册和药品的再评价。通过药事管理，保证药品的质量，提高药学服务的质量。

第四节 药事管理组织

药事管理组织是指医疗机构内或跨机构的管理和监督药品使用、管理的组织体系。药事管理组织通常由药事管理人员、医疗质量管理人员、药师、医生等组成。药事管理组织的设置可以有效提高药品管理水平，减少药品使用风险，保障患者用药安全。在国内，各级医疗机构都设有药事管理部门，负责该机构内的药品采购、配药、储存、使用、监管等各个环节的管理工作。此外，药事管理组织还需要与政府监管机构、药品供应商、药品评价机构等进行协作，共同推进药品管理的改进和创新。

一、药事管理人员

药事管理人员是指在医疗机构从事药事管理工作的专业人员，主要负责医疗机构的药品管理、药品采购、药品分配、药品配送、药品储存、药品调配、药品处方审核、药品信息管理等工作。药事管理人员通常包括药剂师、药库管理员、药品采购员、药品分配员、药品配送员、药品信息管理员等，其具体职责和岗位要求因不同医疗机构而异。

药剂师是医疗机构中从事药事管理和药物治疗的专业人员，主要负责临床用药方案的制订、药品的选择、处方审核、药品储存和配制、药品剂量和用药方法的指导、用药效果的监测和评价等工作。

药库管理员是医疗机构药库中的专业人员，主要负责药品的储存、保管、分配、管理等工作，确保药品的安全、有效、合理。

药品采购员是医疗机构中从事药品采购工作的专业人员，主要负责药品的选购、询价、比价、合同签订、供货商的管理等工作，确保药品的质量、价格和供应稳定。

药品分配员是医疗机构中从事药品分配工作的专业人员，主要负责药品的分装、标识、分配等工作，确保药品的安全、准确。

药品配送员是医疗机构中从事药品配送工作的专业人员，主要负责药品的运输、配送等工作，确保药品的安全、准确、及时。

药品信息管理员是医疗机构中从事药品信息管理工作的专业人员，主要负责药品信息的收集、整理、编制、维护和更新等工作，确保药品信息的准确、及时、全面。

二、药事管理部门

药事管理部门通常由医院或其他医疗机构设立，其主要职责是规范和管理药品使用，保证患者用药的安全有效性。药事管理部门的具体设置和职责可能会因机构规模、类型、性质、管理模式等因素而有所不同。一般来说，药事管理部门的工作人员应具备药学、临床、法律等相关专业知识，并负责制订、实施和监督医院的药事管理制度，包括药品采购、配送、储存、配制、使用、废弃等各个环节的管理。此外，药事管理部门还要与临床科室、医疗技术科室、质控部门等其他相关部门协同合作，共同推进医疗质量和安全管理工作。

三、药品评价机构

药品评价机构是指负责对药品进行评价、审查和批准的机构。不同国家和地区的药品评价机构不尽相同，一般包括药品监管部门、药品注册管理机构、药品评价中心等。例如，美国食品药品监督管理局（FDA）负责审批新药，欧洲药品管理局（EMA）负责审批欧盟境内的药品。药品评价机构的目的是确保药品的质量、安全和疗效，保障公众健康和利益。

四、药品供应商

药品供应商是指向医疗机构、药店等提供药品的企业或组织，包括制药厂、批发商、经销商等。他们负责从生产到销售的全过程，包括药品的生产、储存、运输、销售等环节。药品供应商在药事管理中扮演着重要的角色，负责提供合格的药品，并确保其安全性和有效性。药品供应商还需要遵守国家和地区的相关法律法规，保证药品的质量和供应的安全。

【案例】　　　　　吴蓬教授：中国药事管理学科的奠基人

吴蓬教授是中国药事管理学科的杰出奠基人之一。她的卓越工作为我国药事管理领域的发展和规范化作出了杰出贡献。通过她的教育、研究和管理工作，她为中国药事管理学科的创建、发展和推广树立了榜样。

> **1. 教育和教学方面**
> （1）创建药事管理学科：吴蓬教授于1985年首次开设了"药事管理学"课程，意识到药事管理在药学教育中的关键作用。她的先见之明使得这门课程成为国内首个专门为药学专业学生设计的药事管理课程。这一创举为培养具备管理技能和法规知识的药学专业人才铺平了道路。
> （2）致力于药事管理学教材建设：吴蓬教授不仅开设了药事管理课程，还积极参与了教材的编写。她的主编教材《药事管理学》多次修订，成为国家规划教材，为学生提供了深入了解药事管理领域的教材。这不仅促进了教育的规范化，还为学术界和实践界提供了宝贵资源。
> （3）招收培养药事管理学研究生：吴蓬教授引领下的药事管理学研究方向的硕士研究生项目为高层次药事管理人才的培养提供了机会。这不仅丰富了药事管理领域的人才队伍，还为研究和实践提供了更多支持。
>
> **2. 研究和学术方面**
> （1）深入开展药事管理科研工作：吴蓬教授的科研工作包括药品监督管理、基本药物政策、新药审评管理和药品质量管理等多个领域。她的研究成果不仅为政府制定法规提供了重要依据，还为药事管理实践提供了有力的指导。她的研究工作对我国药学教育事业的发展和药事管理的规范化管理产生了深远影响。
> （2）培训药品监督管理干部：吴蓬教授在卫生部建立的药政干部培训中心中发挥了重要作用。她为药品监督管理干部提供了培训课程，提高了管理水平，确保了药品监管的法规和法律的实施。她的工作为保障药品质量和安全作出了积极贡献。
> （3）举办药事管理学科发展研讨会：吴蓬教授积极参与了全国医药院校药事管理学科的发展研讨会。她的领导下，学科协作组多次召开会议，促进了药事管理学科建设和学术交流。这为该领域的发展和标准化管理提供了平台。
>
> 吴蓬教授的教育案例彰显了她作为中国药事管理学科的奠基人的重要贡献。她的不懈努力和领导力为药学领域的进步和药事管理的规范化树立了榜样。她的教育和研究工作将继续对中国药事管理领域的未来产生积极影响。

第五节　药事管理学的研究方法

研究是人类的一种活动，是用严密的方法探求事理，以期获得正确的结果，发现新的事实、理论或法则。科学研究方法不同于其他了解事物方法的基本特征，在于其系统性、客观性。人类以研究的过程探求知识，解决问题，推动社会改革和进步，是因为研究具有"解释"、"预测"与"控制"的功能。

一、药事管理研究性质及特征

（一）药事管理学科研究具有社会科学性质

药事管理研究具有社会科学性质，主要是探讨与药事有关的人们的行为和社会现象的系统知识。药事管理研究虽然也具有自然科学研究的客观性、系统性、实证性、验证性及复制性等特征，但因研究对象以"人"及"社会"为主，故其研究环境与条件、研究结果的解释程度等，均与以"物"及"自然"为主的自然科学研究有所差别。主要表现在：复制性低、因素复杂、间接测量、普遍性低、误差较大等方面。药事管理与社会科学中的其他学科的研究亦有差别。

（二）药事管理研究特征

1. 结合性　药事管理的对象既有物——药品，也有人——药师及有关人员，药事管理学科不是完全的人文学科，而是自然科学与社会科学交叉渗透的边缘学科。为此，研究者必须具有药学理论知识和技术的基础，药事管理研究要从药学事业整体为出发点。

2. 规范性 药事管理研究的目的在于确定药事活动规律的逻辑和持续模式，制定符合社会规律的规范，包括法律的、伦理道德的、管理的规范，并观察这些规范的影响。当规范随时间推移而改变时，研究者可以观察并解释这些变化，预测变化方向、方式，提出修改、修订意见。

3. 实用性 药事管理研究的结果，主要导向是应用，包括政策建议、标准和规范的方案、可行性报告、市场调查报告、现状分析等，目的是推动药事活动的发展与进步。当然并不因此而忽视理论导向的研究。

4. 开放性 因药事管理研究内容具有多样性，故其研究人员的学术背景也颇为复杂。参加研究工作的人员有教师、公务员、药厂经理、药商、药学工程技术人员；专业有药学、经济学、行政或工商管理学、法律学。药事管理研究的开放性，或许不利于学科的学术研究的主动性、独特性，但却是促进药事管理学术研究发展的一种动力。

二、药事管理研究过程与步骤

（一）药事管理研究流程

药事管理研究流程大致遵循一般问题解决的历程，从感觉或发现问题开始，确定问题后着手收集资料，寻找答案。在整个过程中，大体可分为5个阶段：界定研究问题；设计研究方案；收集资料；分析资料；撰写研究报告。

（二）药事管理研究过程与步骤

1. 界定研究问题 界定研究问题是药事管理研究工作的真正起点。它决定着研究的主攻方向、奋斗目标，应采取的方法和途径。著名科学家维纳说过，知道应该干什么，比知道干什么更重要。在选题时，通常可依据以下几点加以选择：①当前药事管理领域的前沿、热点问题；②接受委托进行研究；③基于个人兴趣或求知欲；④目前该学科（领域）尚未有人研究的；⑤药事管理工作实践中存在的问题。

界定研究问题主要包括两个阶段：选取研究主题、评价研究问题。

（1）选取研究主题：确定研究问题及研究目的后，必须查阅、研究与题目有关的文献资料，并进行整理归纳。以了解在研究问题范围内，有哪些相关的理论，已有哪些研究发现，使用了哪些研究方法，哪些方面尚无定论，或无人探讨等情况。根据文献研究结果来建立研究框架。

（2）评价研究问题：研究问题提出来之后，必须对它进行评价。评价主要是说明本问题研究的意义、价值、可行性以及研究条件等问题。评价一个问题是否值得研究，可根据以下四个原则来衡量：①目的性原则；②创造性原则；③科学性原则；④可行性原则。

2. 设计研究方案 该阶段主要包括提出待答问题或研究假设，选择研究对象，选择研究方法并设计研究方案。

3. 收集资料 药事管理研究收集资料的方法主要有文献研究、调查研究、实验研究、实地研究等。它们既是药事管理研究的主要方法，同时也是研究过程中重要的收集资料的途径。

4. 分析资料 资料整理是资料分析的重要基础，是提高资料质量和使用价值的必要步骤，是保存资料的客观要求。

资料整理是根据药事管理研究的目的，运用科学的方法，对调查所获得的资料进行审查、检验，分类、汇总等初步加工，使之系统化和条理化，并以集中、简明的方式反映调查对象总体情况的过程。资料整理的原则是要具备真实性、合格性、准确性、完整性、系统性、统一性、简明性和新颖性。

资料分析，即对各种研究工具所收集到的"原始资料"作进一步的整理与分析，使能表述其意义。如果是"量的研究",应选择适当的统计方法;如果是"质的研究",也要将原始资料整理后再作适当的描述或阐述。

5. 撰写研究报告 如何将研究的结果、结论公之于众,以发挥传播知识或解决方案的功用,就有赖于研究报告了。研究报告的内容大致包括标题、摘要、绪论、文献探讨、研究方法、研究结果与讨论、研究结论与建议、附注及参考文献等9个方面。

三、药事管理研究方法

药事管理的研究方法是指研究者通过何种手段和途径得出研究结论。药事管理研究具有社会科学性质,主要探讨与药事有关的人们的行为及社会现象的系统知识。药事管理研究虽然也具有自然科学研究的客观性、系统性、实证性、验证性及复制性等特征,但因研究对象以"人"及"社会"为主,故其研究环境与条件、研究结果的解释程度等,均与以"物"及"自然"为主要研究对象的自然科学研究有所差别,主要表现在复制性低、因素复杂、间接测量、普遍性低、误差较大等方面。药事管理的研究方法可分为文献研究、调查研究、实验研究、实地研究4种。

(一)文献研究方法

文献研究法是一种不直接接触研究对象的研究方式。有人称其为无干扰研究。该方法主要指搜集、鉴别、整理文献,并通过对文献的研究,形成对事实科学认识的方法。文献研究是一种不直接接触研究对象的研究方式,其研究数据和信息的来源主要是二手资料。文献研究可划分为内容分析、二次分析及现存统计资料分析三种。内容分析是一种对文献的内容进行客观、系统和定量描述的研究技术。二次分析是指直接利用其他研究者所收集的原始资料数据进行新的分析或对数据加以深度开发。现存统计资料分析是对各种官方统计资料进行的分析研究。

(二)调查研究方法

调查研究既是一种研究方法,也是一种最常用的收集资料的方法。作为一种研究方法,调查研究是以特定群体为对象,应用问卷访问测量或其他工具,经由系统化程序,收集有关群体的资料及信息,籍以了解该群体的普遍特征。调查研究是收集第一手数据用以描述一个难以直接观察的大总体的最佳方法。调查研究方法的一般特征是准确性较低而可靠性较高。调查研究方法广泛应用于描述研究、解释研究和探索研究。

调查研究有两种基本类型即普查和样本调查。药事管理研究常用的是样本调查。样本调查中抽样方法是其基本步骤,抽样设计对研究结果影响很大。样本大小,抽样方式和判断标准,是样本设计的关键环节。

问卷是收集调查数据的重要方法,包括自填式问卷、访问调查问卷。问卷由封面信、指导语、问题及答案、编码等构成。问题和答案是问卷的主体,问卷中的问题,形式上可分为开放式和封闭式两类。开放式问题指不提供具体答案而由回答者自由填答的问题,封闭式问题是在提出问题时,给出若干答案,让调查者选择。从问题的内容来看,可归结为特征、行为和态度三方面的问题。特征问题是指用来测量被调查者基本情况的问题,如年龄、性别、职业、文化程度等;行为问题用来测量被调查者过去发生或现在进行的某些实际行为和事件;态度问题则是指被调查者对某一事物的看法、意愿、情感、认识等涉及主观因素的问题。

(三)实验研究方法

实验研究的目的是研究原因和结果的关系,即研究分析"为什么"。它通过比较分析经过"处理"的实验组与未接受处理的对照组,研究因果关系。所谓"处理"是指采取了某项措施,如为了提高药师水平,采取继续教育的措施。实验研究方法适用于概念和命题相对有限的、定义明确的研究课题及假设检验课题。实验研究是在控制变量的情况下,进行比较分析,结果比较准确。

实验研究,包括以下环节:①明确自变量因变量;②选取实验组与对照组;③进行事前测量与事后测量。实验研究方法实施中有以下要求:①提出假设;②明确自变量、因变量,并分别作出定义;③选定测量因变量的指标及测量方法;④确定实验组、对照组的抽样方法(样本数及抽取样本的方法);⑤根据研究目的与要求,以及主客观条件的可能选定实验设计。

实验方法的优点是,可以控制自变量,可以重复,因果关系的结论较准确。它在药事管理研究中应用的弱点在于其人为性质,往往不能代表现实的社会过程,容易失真。

(四)实地研究方法

实地研究是对自然状态下的研究对象进行直接观察,收集一段时间内若干变量的数据,是一种定性的研究方式。参与观察、个案研究都是重要的实地研究形式。其本质特点是研究者深入所研究对象的生活环境中,通过参与观察和询问,去感受、感悟研究对象的行为方式及其在这些行为方式背后所蕴含的内容。实地研究最主要的优点是它们的综合性,研究者通过直接观察研究对象可以获得许多形象信息供直觉判断,有些研究课题,靠定量分析往往不够或不合适,实地观察则可以发现用其他研究方式难以发现的问题。

思 考 题

1. 药事管理的发展历程如何反映了中国医药管理体系的演变?它对医药领域的影响是什么?
2. 药事管理中的原理和方法如何与药品的特殊性相结合,以确保药品的安全、有效和质量合格?
3. 如何平衡药物管理中的特殊性与医院效率之间的关系?
4. 药物市场的特殊性和不确定性对医院药事管理有哪些影响?
5. 在药品管理中,如何确保药品的质量和安全,特别是在药品研发、临床试验、生产和经营等各个环节?
6. 药品使用管理中的临床药师在医疗机构中扮演着重要的角色,如何确保他们的专业知识和技能得到充分发挥,以促进合理用药和患者安全?
7. 药事管理组织在医疗机构中的角色和重要性如何体现?
8. 药事管理研究方法的选择对药事管理领域的研究有何影响?

(朱天宇)

第九章 药师与药学服务

学习目标
1. 掌握：药师的定义、社会价值及主要职责。
2. 熟悉：药学服务的基本要求，以及药学服务的主要内容。
3. 了解：药学服务领域的新进展，特别是"互联网＋药学服务"的新兴模式。

现代药学的发展历程经历了三个阶段，分别是传统的以药品供应为中心的阶段，现代的参与临床用药实践，促进合理用药为主的临床药学阶段及更高层次的以患者为中心，改善患者生命质量的药学服务阶段。药师是医疗卫生领域中的重要从业人员，主要负责药品管理、合理用药指导、药学服务等工作。药学服务是药师对患者的关怀和责任，药师在不同的医疗保健场所提供不同的服务，包括但不限于以下几个方面。

1. 药物治疗监测 药师通过评估药物治疗的效果和不良反应，以确保患者使用药物的安全性和有效性。

2. 药物治疗决策支持 药师为医疗保健提供者提供有关药物治疗的专业意见和建议，帮助制订个性化的治疗计划。

3. 患者教育和药物管理 药师向患者提供有关药物的信息和指导，以确保患者正确、安全地使用药物，并帮助患者管理药物治疗。

4. 药物安全监测和管理 药师通过监测和管理药物的使用，包括药物的存储和分配，以确保药物使用的安全性和合理性。

5. 制剂和配方设计 药师为医疗保健提供者提供有关制剂及配方设计的专业意见和建议，以确保药物的有效性和稳定性。

药师通过提供专业的药学服务，帮助患者实现更好的治疗效果和健康状况，在医疗保健团队中扮演着重要的角色。

第一节 药师的社会价值

药师又称药剂师，是负责提供药物知识并在药物治疗和使用等药事服务方面提供专业的建议及支持的专业人员。现代药师除了在完成传统的处方调剂、药品检验及药品供应外，还需进行更高层次的临床实践——涵盖了患者用药相关的全部需求，包括选药、用药、疗效跟踪、用药方案与剂量调整、不良反应规避、疾病防治和公共健康教育等等。药师的主要社会价值包括以下几个方面。

一、提高药品使用效果

1. 加强药品宣传教育 通过各种途径宣传药品的正确用法、副作用和不良反应等信息，减少药品使用者的误用和滥用现象。

2. 完善药品管理制度 加强对药品的采购、配送、储存、使用、处置等环节的管理，确保药品的质量和安全。

3. 提高医护人员的药品知识和技能 药师可对医护人员进行药品知识和技能培训，提高医护人员对药品的认识和使用水平。

4. 加强临床用药监测 通过建立临床用药监测体系，对药品的使用效果进行监测和评估，及时发现和解决用药中存在的问题，提高药品使用效果。

5. 推广药师服务 加强药师服务，通过提供患者用药指导、药物监测、药物相互作用检查等服务，促进患者用药的合理化，提高药品使用效果。

二、保障药品质量安全

药师可从以下几个方面进行药品质量控制、监管和评价，确保药品符合相关标准规定，提高药品使用效果，减少不良反应发生，为患者提供更好的药学服务。

（1）采购渠道：查阅相关信息或咨询监管机构选择正规渠道的药品供应商。

（2）药品存储：药师需要确保药品储存环境符合要求，如温度、湿度等条件。不同类型的药品有不同的储存要求，药师需要了解并按要求储存药品。

（3）药品配制：药师需要确保配制过程中不会发生污染、误配等问题。

（4）药品发放：药师需要根据医嘱和患者情况合理发放药品，避免过量或不当使用导致不良反应和药物滥用等问题。

（5）不良反应监测和报告：药师需要关注药品使用过程中的不良反应，及时报告并参与处理，以减少不良反应的发生和危害。

三、实现合理用药

药师可以对患者进行个性化用药指导，根据患者的病情、生理特征、年龄、体重等因素，设计出最适合患者的用药方案，实现合理用药。实现合理用药是药师的重要职责之一。药师可以通过以下措施来实现合理用药。

（1）药品信息宣教：药师可以向患者提供药品相关的知识，包括用药方法、注意事项、药品相互作用等，帮助患者正确使用药品。

（2）用药指导：药师可以根据患者的病情、用药史等情况，为患者提供个性化的用药指导，包括药品的选择、剂量、用药时间等。

（3）药物治疗监护：药师可以定期对患者进行药物治疗监护，帮助患者掌握用药情况，提醒患者按时用药，发现用药不当的情况及时调整。

（4）药品疗效评估：药师可以定期对患者的用药情况进行评估，了解药品的疗效及不良反应情况，根据评估结果提出用药建议。

（5）药物治疗方案制订：药师根据患者的病情和用药史，结合药品的特点和不良反应情况，制订个性化药物治疗方案，确保患者用药合理、有效、安全。

（6）药品合理使用教育：药师可以通过开展药品合理使用教育，提高患者和公众的用药意识，促进社会的合理用药行为。

四、减轻医生负担

药师可协助医生审核处方、提供药品相关信息和解决药品使用中的问题，从而减轻医生的药物管理压力。药师还可为医生提供药品治疗方面的专业知识、不良反应和药物相互作用等信息，从而避免药品使用中的潜在风险。

五、促进医疗服务质量提升

药师可以与医生、护士、患者等多方面进行沟通，促进医疗服务质量的提升，提高医疗卫生服务的整体水平，主要表现在以下几个方面。

（1）药师参与药品信息提供和药学知识宣传，为患者和医护人员提供专业、可靠的药品咨询和用药建议，促进合理用药，提高医疗服务的质量。

（2）药师参与医疗质量管理和药学服务质量评估，发现和解决药物治疗方案和用药过程中的问题，改进医疗服务流程，提高服务质量和患者满意度。

（3）药师在医疗卫生领域中具有不可替代的社会价值，在提高医疗服务质量、保障患者用药安全等方面具有重要作用。

第二节　药学服务的基本要求

药学服务于1990年由美国学者倡导，是药师在医疗保健团队中应用药学专业知识向公众（包括医护人员、患者及家属）提供直接的、负责任的、与用药相关的服务，以期提高药物治疗的安全、有效、经济和适宜性，提高患者健康状况和提高人类生活质量，药学服务的基本要求包括以下几个方面。

一、个　体　化

指根据患者的个体差异和药物治疗需求，提供个性化的治疗方案，包括药物选择、剂量、给药途径等。因为每个人的身体状况、疾病类型、病情严重程度等都不尽相同，需要药师根据个体差异提供个性化治疗方案，以确保疗效和安全性。例如，根据患者的体重、肝肾功能等因素调整药物剂量，或根据患者的用药史、过敏史等因素选择药物，或提供给患者药物使用的注意事项和正确的用药方法等。

个体化的药学服务能帮患者更好地理解和管理他们的药物治疗，提高治疗效果和安全性，同时也可以提高患者的满意度和信任度，促进医疗服务的质量提升。

二、安　全　性

药师需确药物治疗过程中的安全性以防发生不良反应及安全问题，如提供关于药物使用的正确信息，包括药物剂量、用药途径、用药时间等，以确保患者正确、合理地使用药物；预防药物之间的相互作用，对于可能出现的药物相互作用进行评估，并给出相应的建议；对患者在用药过程中可能出现的不良反应和可药物过敏进行监测和管理，包括及时识别、处理和报告，以减少风险。

三、有　效　性

药学服务的有效性是指药师通过专业知识和技能，根据患者的疾病症状、病情、病史等因素，选择最适合的药物达到预期的治疗效果。有效性的实现需要药师具备良好的专业知识和技能，能够根据患者的个体差异提供个性化的药学服务方案，同时还需要与医生和其他医疗人员密切合作，协调完成药物治疗的全过程。

四、经　济　性

药学服务的经济性要求服务内容应该在合理的范围内，不应该过于昂贵，以便患者能够负担。这意味着药学服务应该提供经济、实用的建议，避免不必要的药物和治疗费用，同时也要注意患者的医保政策和药物价格等因素。药学服务的经济性不仅有利于患者，也有利于整个医疗保健系统的可持续发展。

五、合 理 性

合理性是指药学服务应该遵循科学、规范、系统化的原则和方法，根据药物的药理特点、适应证、禁忌证等因素，依据药物治疗的最新研究成果、临床实践指南、药物安全性和成本效益等因素，对药物治疗进行合理的评估和监测，为患者提供合理的药物治疗方案。合理的药学服务不仅能够保障患者的用药安全和治疗效果，还能够避免不必要的药物费用和浪费。同时，合理的药学服务还应该充分尊重患者的知情权、自主权和隐私权，遵循医疗伦理和法律法规的要求。

六、持 续 性

药学服务需要对患者的药物治疗进行持续的监测和评估，及时调整治疗方案，确保药物治疗的持续性和有效性，是一个长期的过程，包括对药物治疗效果监测和评估，以及对患者药物治疗的持续跟踪和调整。药学服务需要与患者、医生和其他医疗机构保持良好的沟通和协作，以确保药物治疗的持续性和有效性。

七、交 流 性

药学服务需要与医生、护士、患者及其家属等进行有效的交流，协调好各方面的工作，共同为患者提供优质的药物治疗服务，确保患者理解药物治疗的重要性和方案，提高患者的依从性和治疗效果。药师应该倾听患者的需求和问题，并及时解答疑问，指导患者正确使用药物。同时，药师也需要向医生、护士等医疗团队成员提供必要的药物信息，确保患者的药物治疗得到全面关注和管理。

药学服务的对象是广大公众如（患者及家属、医护人员及卫生工作者、药品消费者及健康人群）。其中尤为重要的人群如下。

（1）用药周期长的慢性病患者，或需长期或终身用药者。
（2）病情和用药情况复杂，患有多种疾病，需同时合并应用多种药品者。
（3）特殊人群，如特殊体质者、肝肾功能不全者、过敏性体质者、小儿、老年人、妊娠期及哺乳期妇女、血液透析者、听障人士、视障人士等。
（4）用药效果不佳，需要重新选择药品或调整用药方案者。
（5）用药后易出现明显的药物不良反应者。
（6）应用特殊剂型、特殊给药途径者。
（7）药物治疗窗窄需做监测者。

第三节　药学服务的能力要求

药能治病救人，也能致病害人。对从事药学服务的药师而言，只是具备广泛的扎实的药学专业知识和专业技能是不够的，还应与患者及医疗团队其他成员建立良好的沟通关系，坚守职业道德，紧跟时代发展，不断学习进步，提高自己的综合服务素质，为患者提供全方位、高质量的药学服务。具体如下：

一、药物知识和技能

药师除了掌握包括药物的化学性质、药理学作用、药代动力学与不良反应和相互作用等知识，以及审核调配处方、药物制剂制备、药品质量管理、药物信息评价、药物监测与药物治疗、发药用药教育和不良反应监测、治疗方案优化及药学计算等技能。还需深入了解最新的药物研发、更新的药物信息、药品管理和监管政策，以适应药物治疗的不断变化，保证药学服务质量和水平得到持续的提升。

二、患者交流技能

药师应与患者建立良好的沟通关系。具备良好的情绪管理能力,及时发现患者紧张、恐惧、疑虑、焦虑等情绪,并给予倾听、引导、解释、支持和鼓励;简洁明了地表达药物信息,避免使用患者理解困难的专业术语,使患者易于理解和接受对患者进行药物知识的普及和传授,帮其理解药物的作用、用法、副作用和注意事项等;药师应保持耐心、诚信、负责、细致的态度满足患者的需求。

三、协作能力

药师需要具备与医生、护士、临床药师等医疗团队成员进行有效沟通和协作的能力,对药物治疗方案进行评估和提出建议,共同制订最佳的治疗方案,确保患者得到全面的支持和关注,提高治疗效果和安全性。此外,药师还需要在协作过程中充分尊重其他医务人员的专业知识和职责,并积极为患者提供支持和帮助。

四、信息管理和技术应用

药师能够有效地收集和管理患者的病历信息、用药史、药物过敏史等信息;掌握 Micromedex、Lexicomp 等药物知识数据库的使用方法;掌握电子病历和处方的书写和管理技能,能快速准确地处理医生开具的处方;对患者进行定期的药物治疗效果评估,为患者提供全方位、高质量的药学服务。

五、临床知识

药师应掌握常见病的病理生理、流行病学、临床表现、诊断治疗方法等知识,为患者提供准确的药物治疗方案。同时,药师还应对了解临床常用药物如药理作用、适应证、不良反应、相互作用等,从而更好地评估患者的疾病和用药情况。

六、管理和领导能力

药师需要组织和领导药学服务团队,以及协调各种资源,确保提供高质量的药学服务。因此药师需要具备管理和领导能力,包括根据患者的情况和药物治疗方案,作出合理的决策;能与其他医疗人员和患者进行沟通,以达到最佳治疗效果;在药学服务中领导、协调和激励团队成员、制订项目计划、监控进度和结果、风险管理等管理;经济分析、预算制订和成本控制,确保药学服务的经济性。

七、解决问题的能力

药师需根据患者的病情、药物治疗、用药方式等识别问题并全面系统地分析,找出问题的原因,采取科学合理的方法确定解决问题的措施;具备创新思维和实践经验,采用科学合理的方法解决问题,不断跟踪和评估解决效果;面对突发事件和不确定性的能力,能够快速适应变化,保障患者的用药安全和药学服务质量。

八、制订个性化治疗方案的能力

制订个性化治疗方案分为以下几步。

（1）了解患者的病史、病情和用药情况，以及可能的药物相互作用和不良反应，对患者进行个性化评估。

（2）根据患者的个体差异、病情特点、治疗需求和药物特性等因素，制订药物、剂量、给药途径、用药时间和疗程等实际情况的治疗方案。

（3）按照药学服务的标准和流程，与患者和医疗团队沟通和协作，确保个性化治疗方案的实施和监测，及时调整和改进治疗效果。

（4）根据临床实践和药物研究的最新进展更新和完善个性化治疗方案，提高治疗效果和患者满意度。

九、职业道德

药师必须遵守职业道德，忠于职守，以对药品质量负责、保证人民用药安全有效为基本准则，还必须要有良好的人文道德素养，遵循社会伦理规范。全体药师应共同遵守执行职业道德准则，绝不允许调配、发出没有达到质量标准要求的药品、缺乏疗效的药品，要尽力为患者提供专业、真实、准确和全面的信息，并尊重患者隐私，严守伦理道德。

第四节　药学服务的主要内容

药学服务须直接面向需要服务的患者或公众，渗透于医疗健康行为的方方面面和日常工作中：无论是预防性、治疗性用药还是恢复性用药；无论是在医院药房还是在社会药房；无论是针对住院患者、急诊患者、门诊患者还是社区公众。

药学服务包含与患者用药相关的全部需求，其主要内容如下。

一、药物治疗监测

药物治疗监测是指药师根据医生开具的处方，在药物治疗过程中对患者的治疗反应和药物副作用等进行监测和评估，并提出相应的建议和改进措施，以达到更好的治疗效果和减少药物不良反应的目的。药物治疗监测的主要内容如下。

（1）药物治疗效果的监测：观察记录患者病情，评估药物疗效，并提出改进建议。

（2）药物副作用的监测：对患者在用药过程中出现的不良反应进行监测和评估，并提出相应的处理措施。

（3）药物相互作用的监测：对患者在同时使用多种药物时可能产生的相互作用进行监测和评估，并提出相应的避免措施。

（4）用药指导和药品合理使用监测：对患者用药过程中的问题进行指导和解答，并对药品的合理使用情况进行监测和评估。

药师在药物治疗监测中的作用是至关重要的，他们可以通过专业的知识和技能，帮助患者更好地理解和遵守治疗方案，同时与医生和其他医疗人员合作，共同制订和完善治疗方案，确保药物治疗的安全和有效。

二、协助医护人员制订和实施药物治疗方案

药物治疗方案设计指药师根据患者的病情、病史、用药史、药物过敏情况、生理生化指标等，设计最佳的药物治疗方案。药师需具备扎实的药学和临床知识，了解药物的药理学、药代动力学和副作用等信息，能根据患者的个体差异和需要，制订出合理的药物剂量、给药途径和用药时间等方案。同时，药师还需对药物的相互作用、不良反应等风险有深入的认识，能为医生提供可行的药物替代方案，从而确保患者的用药安全和治疗效果。药物治疗方案设计也包括了评估药物治

疗效果的过程，药师需要根据患者的病情和治疗进展，调整治疗方案并进行监测。这有助于确保患者获得最佳的治疗效果，避免药物不良反应和治疗失败等发生。

三、提供药品信息指导患者合理使用药物

药师提供药品相关信息，包括药品的适应证、用法用量、不良反应、禁忌证、注意事项等，帮助患者和医生作出更加明智的用药决策。此外，药师还可以提供药品剂型、包装、储存、配伍等方面的信息，帮助患者更好地使用药品。

四、药品治疗风险评估

药品治疗风险评估是指对药物治疗中可能出现的不良反应、相互作用、用药不当等风险进行评估，以及采取相应措施预防和解决问题的过程。药师可以通过对患者病情、用药史、药物特征等进行分析，评估药物治疗风险，并提供相应的建议方案，如调整剂量、更换药物、监测药物浓度等，以确保患者用药安全有效。

五、药物治疗教育

药物治疗教育是药学服务的一个重要内容，其目的是帮助患者了解药物治疗的基本知识，提高药物治疗的依从性和治疗效果，减少药物治疗风险和不良反应。

药物治疗教育的内容包括以下几个方面。

（1）药物信息：提供药物名称、剂量、给药途径、作用机制、注意事项等信息，使患者了解药物的基本情况，减少用药不当造成的问题。

（2）用药方法：详细介绍药物的正确使用方法，如何正确服药、如何使用药品器具、如何储存药品等，减少药物使用错误造成的风险。

（3）不良反应：告知患者药物可能出现的不良反应和处理方法，如何鉴别和区分轻重缓急，提高患者对药物认知，减少因不良反应造成的医疗纠纷和治疗失败。

（4）药物相互作用：指导患者如何避免药物之间的相互作用，以及如何处理可能出现的药物相互作用，减少用药风险。

（5）用药须知：提供用药须知，如不要改变剂量、不要停药、不要随意更换药品、不要与其他药物混合使用等，增强患者对药物治疗的了解和正确用药的自觉性。

药物治疗教育需要定期对药物的使用和管理进行科学评估，并根据患者的个体情况进行个性化的制订，以满足不同患者的不同需求，提高药物治疗的效果。

六、药物治疗方案落实

药学服务的实施不仅要包括药物治疗方案的设计和制订，还要关注方案的落实和监测，确保患者在治疗过程中能够持续获得支持和关注。

具体而言，药物治疗方案落实的内容包括以下几个方面。

（1）药物使用的合理性和安全性监测：药师监测已经开立的药物方案的合理性和安全性。若发现药物使用存在问题，应及时与医生进行沟通调整药物治疗方案。

（2）药物治疗方案的执行：药师需要与患者沟通，了解患者是否能够按照药物治疗方案执行，发现患者在治疗过程中出现的问题，并为患者提供支持和帮助。

（3）药物治疗效果评估：药师需要对患者进行药物治疗效果的评估，对治疗过程中的问题和不良反应进行监测，及时与医生沟通，并提出必要的治疗建议。

（4）患者教育和指导：药师需向患者提供药物治疗方案的详细信息，指导患者正确使用药物，

向患者介绍药物治疗的注意事项和副作用，以提高治疗效果。

七、定期对药物治疗过程进行管理评估

药物治疗过程管理是指对患者药物治疗过程中的各个环节进行管理和监测，以确保药物治疗的有效性、安全性和合理性，主要包括以下几个方面。

（1）用药监测：包括对药物的疗效、安全性、不良反应等进行监测和评估。
（2）药物管理：包括药品的采购、储存、配药、发放、回收等环节的管理。
（3）信息管理：建立患者用药档案，对药物治疗过程中的关键信息进行记录。
（4）用药指导和培训：对患者和医务人员进行药物治疗方面的指导和培训。
（5）药物治疗方案的评估和优化：定期对患者的药物治疗方案进行评估和优化。

八、药学研究和学术推广

开展药学研究，推广药学知识和技能，提高药学服务的质量和水平。药学服务从事临床实践、实验室研究和药物信息管理等工作，不断积累经验和知识，以便不断提高药学服务的质量和水平。同时，药学服务也需要不断关注新药研究进展、药品安全监管政策和其他药学领域的学术动态，以便将最新的知识和技术应用到药学服务中，不断推进药学领域的发展。因此，药学服务的工作者需要具备一定的药学研究和学术推广能力，如下所示。

（1）能够熟练掌握药学相关的研究方法和技术，能够独立进行药学研究。
（2）能够撰写高质量的学术论文、研究报告等，具备文献检索资料分析能力。
（3）能够关注药学领域的学术动态和政策变化，了解国内外的最新研究进展和技术应用，及时更新药物信息库。
（4）能够与相关的学术机构和专家团队合作，积极参加药学学术交流活动，提升自己的药学专业知识和技能。

第五节 药学服务的新进展

我国卫生医药政策的不断更新，持续推动药学事业的发展，药事服务市场前景广阔。随着药学服务的深入，药师会越来越多地参与到药物治疗中，不仅提升了自身技能，还在医疗团队中发挥着互补作用，同时也使公众对药师这一职业逐渐认识并依赖。从国际交流和国内实践看，药学服务的新进展如下。

1. 药物重整 是药师在患者入院、转科和出院等阶段，通过核对医嘱，比较患者目前正在使用的所有药物与医嘱是否一致的过程。这项工作能够有效减少药物错误和混淆，保障患者用药的连续性和正确性。药师通过收集患者用药历史、核对医嘱、整理药物清单，最终形成新的用药计划。分享完整用药清单给患者，帮助他们在治疗过程中保持正确的用药。其过程如下。

（1）收集用药清单：收集用药史、品种、用法用量、停药原因、患者依从性、过敏史等信息并建立药物重整记录表。
（2）核对及重整：整理医嘱药物，发现不适当用药，与医疗团队成员讨论并调整治疗药物，形成新的用药清单。
（3）分享完整用药清单：将新的用药清单交予患者，告知其在转诊过程中携带。

2. 药物治疗管理 强调通过药师提供的药学服务，优化药物治疗，改善患者的治疗效果。药学服务的宗旨是提高患者生命质量。药师不仅针对疾病症状进行对症用药，还综合考虑患者的个体差异、生活方式、既往病史、遗传和基因组学、家族病史、经济状况等，制订个性化的治疗方案。这种综合治疗方式旨在不仅治疗病症，还从预防疾病发展和避免用药不良后果等多方面考虑，

选择最适合患者的治疗方案。

3. 循证医学 药师会针对特定问题，按照规定的方法收集、归类、分析现有的临床证据信息，并形成系统性评价结果。这有助于药师为患者提供基于科学证据的药物治疗建议，提高治疗的科学性和准确性。

4. 药物警戒 是药师在药物治疗过程中的监测与干预。它包括对不良反应、药品质量缺陷和用药错误的监测。药师在发现与药物相关的不良反应时，会详细记录、分析和处理，并通过国家药物不良反应监测信息网络报告。此外，药师还需关注药物不良反应检测机构发布的药物定期安全性更新报告和药物不良反应警示信息，以防止药物不良反应的重复发生。

5. 个体化药物治疗——治疗药物监测（therapeutic drug monitoring，TDM） 个体化药物治疗通过监测患者的药物浓度，调整药物剂量，以实现更精确的治疗效果。药师通过检测血药浓度等指标，判断药物在患者体内的代谢和清除情况，从而个性化地调整用药方案。这种方法特别适用于一些狭窄治疗窗口的药物，可以减少药物的不良反应和治疗失败的风险。

6. 药物评价 是药学服务中的重要环节，包括药物的有效性评价、安全性评价、经济学评价和质量评价等。药师通过分析临床数据、研究报告和药物数据库，评估药物在临床实践中的实际效果和安全性。同时，药师还会考虑药物的成本效益，为医疗决策提供科学依据，推动药物治疗的合理使用。

总之，药学服务的新进展使药师在临床医疗中扮演着更加重要和多样化的角色。药师不仅关注药物治疗的技术层面，还注重个体化、证据化和综合化的治疗策略，为患者提供更安全、有效的药物治疗，为医疗卫生领域的发展贡献着重要力量。随着科技的不断发展，药学服务的新进展还将继续涌现，不断为患者和医疗体系创造更大的价值。

第六节 "互联网＋药学服务"的新进展

"互联网＋药学服务"是近年来药学服务的一个新方向，它是以互联网技术为基础，将药学服务与互联网相结合，为患者提供更加便捷、高效、个性化的药学服务。目前，随着互联网技术的不断发展，"互联网＋药学服务"也取得了一些新的进展。

一、互联网药学问诊平台

患者可以通过网络与专业的药师进行在线交流和咨询，获得个性化的用药建议和治疗方案。

互联网药学问诊平台是一种利用互联网技术搭建的药学服务平台，可以为广大患者提供线上药学咨询和问诊服务。通过平台，患者可以在家中便捷地向药师咨询药品相关问题，如用药方法、剂量、副作用、药物相互作用等，药师也可以根据患者的具体情况提供个性化的药学建议和治疗方案。这种平台的优势在于为患者提供了更加灵活和方便的药学服务，也可以辅助患者实现药物治疗的个性化和精准化。同时，互联网药学问诊平台也可以帮助药师更好地了解患者的用药情况和药物治疗效果，为临床治疗提供更加全面的信息支持。

二、在线用药指导

建立和维护药物治疗的信息系统，管理药品库存、药品采购和药品使用情况等。通过网络平台提供用药指导，如药品的正确使用方法、药品的不良反应和预防、药品与其他药品之间的相互作用等方面的知识。

在线用药指导是指通过互联网平台向患者提供药物使用指导和解答药物相关问题的服务。这种服务通常由药师或其他医疗专业人员提供，他们可以通过在线平台与患者进行交流，并回答患者提出的药物使用问题。

在线用药指导的优点在于方便快捷，不受时间和空间限制，患者可以在家中或办公室就可以获得药物使用方面的建议和指导。同时，药师和其他医疗专业人员可以通过在线平台为更多的患者提供服务，提高服务的效率和覆盖面。

但是，需要注意的是，在线用药指导并不能代替临床医师和药师的诊断和治疗，尤其是在需要进行身体检查和诊断的情况下。此外，需要保证在线平台的安全性和保密性，确保患者的个人信息不会被泄露。

三、药品直达服务

通过互联网平台提供药品直达服务，用户可以在线下订单，药师会将药品直接送达到用户所在的位置，提高了药品的配送效率。

药品直达服务是指通过在线平台或 APP 等方式，将患者的处方和药品需求直接发送给药店或药企，由其进行配药和快递送达。这种服务的优点在于，能够省去患者到医院或药店排队等待的时间和精力，提高了配送效率和便捷性。同时，药店和药企也能够利用大数据等技术分析用户需求，提供个性化的药品服务。但需要注意的是，该服务的安全性和合法性也需要得到充分保障，以免造成患者的安全问题和药品滥用。

四、多点服务网络

多点服务网络（multipoint service network，MPSN）是指基于互联网技术建立的、覆盖范围广、连接多点的药学服务网络。它是药学服务与互联网技术深度融合的产物，通过建立服务节点和客户端，实现药师与患者之间的在线沟通、信息传递和药学服务，从而提高药学服务的便捷性和普及率。MPSN 可以覆盖更广泛的服务范围，包括城市和乡村地区，提供更为灵活和多样化的服务方式，使得患者可以随时随地获得药学服务。

通过建立多个服务站点和药师联盟，形成药师服务网络，方便患者随时随地获得药学服务。

五、药物临床综合评价

运用"真实世界"数据以及国内外文献等资料，围绕药物的安全性、有效性、经济性、创新性、适宜性、可及性等进行定性与定量数据整合分析。

"互联网＋药学服务"为患者提供了更为便利、快捷和高效的药学服务模式，但在使用时需要注意安全问题，避免因信息不对称等原因造成用药风险。

思 考 题

1. 在现代医疗体系中，药师的角色逐渐演变为提供全面的药物治疗和药事服务支持。如何确保药师在临床实践中充分发挥作用，同时与其他医疗专业人员协同合作，以提供更优质的医疗服务？

2. 药师在药学服务中的主要社会价值包括提高药品使用效果、保障药品质量安全、实现合理用药、减轻医生负担及促进医疗服务质量提升。如何在现实医疗环境中，充分发挥药师的这些价值，推动药学服务的不断创新和提高，以满足患者和医疗系统的需求？

3. 药学服务作为提高药物治疗效果的重要手段，需要在医疗保健团队中与其他专业人员协同合作。如何建立有效的跨学科合作机制，使药师能够与医生、护士、营养师等专业人员紧密合作，为患者提供更全面、个性化的药学服务？

4. 药学服务的基本要求涵盖了个体化、安全性、有效性、经济性、合理性、持续性和交流性等方面。在实际实施药学服务的过程中，如何平衡这些要求之间的关系，确保为患者提供高质量、安全、经济的药学服务，同时兼顾患者的需求和医疗系统的可持续性发展？

5. 在药学服务领域，药师需要具备哪些方面的能力，以便为患者提供全方位、高质量的药学服务？请列举并详细讨论这些能力。

6. 药学服务的主要内容包括药物治疗监测、药物治疗方案制订与落实、药品信息指导、药品治疗风险评估等，这些内容如何协助患者实现更安全、更有效的药物治疗？请分析并提供具体案例说明。

7. 药学服务在我国医疗领域的新进展如何影响了药师的角色和作用？请详细阐述药学服务的新领域及药师在其中的具体作用和责任。

8. 在药学服务的新进展中，药物重整、药物治疗管理、循证医学、药物警戒、个体化药物治疗和药物评价等领域都得到了强调和发展。请选择其中一个领域，详细说明其在药学服务中的意义、具体实施方法及对患者和医疗体系的影响。

（王建浩）